Andreas Drouve
Geheimnis und Mythos Jacobsweg

ANDREAS DROUVE

Geheimnis am Jakobsweg

Historische Personen,
wundersame Legenden und
mysteriöse Geschichten

marixverlag

Genehmigte Lizenzausgabe für Marix Verlag GmbH, Wiesbaden 2008
Copyright © by Verlagsanstalt Tyrolia GmbH, Innsbruck 2004 und 2007
Covergestaltung: Andrea Gratzl, marixverlag GmbH
Bildnachweis: akg-images GmbH, Berlin
Gesamtherstellung: GGP Media GmbH, Pößneck
Printed in Germany

ISBN: 978-3-86539-171-1
www.marixverlag.de

Vorwort

Ein gebratener Hahn, der kräht und wegfliegt ...? Eine monströse Schlange, die einen Mondstein aus ihrem Leib herauswürgt, der dann zum Bau eines Kirchenportals dient ...? Ein Abt, der dem Gesang der Nachtigall lauscht und erst ein paar hundert Jahre später ins Kloster zurückkehrt ...? Wein, der sich in Blut verwandelt und über den Rand des Kelches schäumt ...?

Spaniens Jakobsweg öffnet sich als Schatztruhe mysteriöser Geschichten und Legenden, die Pilger seit frühester Zeit fasziniert und nach Santiago de Compostela begleitet haben. Ein Geflecht aus geheimnisvollen Stoffen voller Blut und Rache, Tod und Teufel, Hexen und Bildnisfunden, *sex-and-crime* aus dem Mittelalter. Räuberpistolen und Krimithemen wechseln sich mit Visionen und Heiligenwundern ab, angereichert mit einem Schuss Moral und einer gehörigen Prise Glaubenskraft, durchsetzt von gespenstischen Elementen und Stimmungen.

*Der Apostel auf dem letzten Weg zu seiner Ruhestätte.
Nach Ankunft des „Engelsschiffes" im heutigen Padrón brachte man
seinen Leichnam auf einem Ochsenkarren nach Santiago.*

Legenden erlauben keine Fragen. Sie sind einfach „wahr". Sie dürfen alles. Sie stimmen zu allen Zeiten und in allen Versionen. Erwachsen aus Volkes Mund, gezielt verbreitet von Kirchen- und weltlichen Fürsten, Traum- und Fantasiegebilde von Hirten und Einsiedlern. In den Ketten der Weiter- und Neuerzähler hat jeder neue Bilder entrollt, eigene Versionen entworfen und detailreich ausgeschmückt.

Ob all die Geschichten und Legenden historisch hieb- und stichfest sind, bleibt ebenso irrelevant wie die Suche nach Logik und wissenschaftlich fundiertem Unterbau. Die meisten unter uns werden weder die Spezies des flugtauglichen Brathendels noch eine Schlange kennen, die Mondsteine speit. Und doch sind all die geheimnisvollen Storys am Jakobsweg anders als andernorts. Sie schweben nicht im luftleeren Raum, sondern nehmen konkrete Schauplätze ein. Besucher von heute stoßen zu nachvollziehbaren Stätten vor. Spuren werden sicht- und Zeugnisse fassbar.

Auf dem langen Weg von den Pyrenäen bis zum Sehnsuchtsziel von Santiago rufen Bauwerke und Kuriositäten die sagenumwobenen Sujets ins Gedächtnis. Ob ein ganzes Kloster, ein Reliquienschrein, ein moosüberzogenes Heiligenrelief im Wald, der „Gralskelch" vom Cebreiro. Oder, im Fall des Hühnermirakels von Santo Domingo de la Calzada, ein Käfig mit leibhaftigem Federvieh in der Kathedrale …

Ohne die Kenntnis der legendären Stoffe, ohne die Hintergründe der geheimnisumwitterten Stellen bleibt das Erleben des Jakobswegs vordergründig. Religiöse Faszination und rauschende Unternehmungslust im Mittelalter erscheinen in neuem Licht. Glaube paart sich mit Aberglaube. Spirituelle Dimensionen verzahnen sich mit historischer Realität.

Camino de Santiago – eine magische Achse. Legenden und Geschichten bringen die stummen Monumente an Europas bedeutendstem Pilgerweg zum Sprechen.

Andreas Drouve

Ursprung des Jakobskultes in Spanien

Wir schreiben Anfang des 9. Jahrhunderts. Schauplatz: ein gottverlas-
sener grüner Hügel in Spaniens Nordwesten. Mysteriöse Lichter weisen
Einsiedler Pelayo den Weg zu einem Grab aus römischen Zeiten, das
man als letzte Ruhestätte eines Heiligen identifiziert: des Apostels Jakobus des Älteren, *Santiago el Mayor*. Ein Wunder!

Der Bischof bezeugt den Fund, das asturisch-leonesische Königshaus posaunt die Nachricht ins Abendland hinaus. Wie ein Lauffeuer
verbreitet sich die Kunde unter den Christen, die in steter Angst vor den
morgenländischen Streitern leben. Ebenso wie in Spanien selber, wo
die Muselmanen seit mehr als einem Jahrhundert ihre Fremdherrschaft
zementiert und als Gegenwehr allenfalls laue Lüftchen gespürt haben.
Mit dem Grabfund des Jakobus bekommt die *Reconquista*, die Rückeroberung des Landes, plötzlich Rückenwind. In der sagenumwobenen
Schlacht von Clavijo erscheint der Heilige den Heeren hoch zu Pferde
als anspornender *matamoros*, als „Maurentöter". Das Eingreifen Santi-
agos verleiht den Christen Flügel. Sie landen einen ersten wichtigen
Sieg und beenden den *Tributo de las Cien Doncellas*, den von den
Mauren alljährlich eingeforderten „Tribut der hundert Jungfrauen".
Ein vergessenes Grab in Galicien?
Wundersame Entdeckungen eines Eremiten?
Ein Heiliger als gnadenloser Schlächter?

Wo fließt die Grenze zwischen Legende und Wirklichkeit? Selbst
die für Mitte des 9. Jahrhunderts angesetzte Schlacht von Clavijo habe
niemals stattgefunden, behaupten Historiker, und war ein gleichermaßen gezieltes macht- und kirchenpolitisches Konstrukt wie die Propaganda des Jakobusgrabes selbst. Ob „wahrer Jakob" oder nicht, steht
hier nicht zur Debatte. Ebenso wenig die Frage, ob die sterbliche Hülle des Apostels wahrhaftig von einem „Engelsschiff" nach Galicien gebracht wurde.

Gesicherte Quellen? Verbürgte Zeugen? Fehlanzeige. Maßgeblich
war der Glaube, der fortan Berge versetzte und die Wallfahrten nach
Santiago de Compostela aufblühen ließ. Hochoffiziell erhoben die

Spanier den heiligen Jakobus zum Schutzpatron der *Reconquista*, riesige Pilgerscharen begaben sich auf den Weg. Einzig übertroffen von Rom und Jerusalem, stieg Santiago im Laufe des Mittelalters zum drittwichtigsten Wallfahrtsziel der Christenheit auf. Kühnste Thesen gehen davon aus, dass zu Zeiten der höchsten Blüte jährlich bis zu 500.000 Pilger in Santiago eingetroffen sein könnten.

Ein Engelsschiff nach Galicien

Folgt man der Apostelgeschichte (12, 2), erfahren wir, welch blutigen Ausgang des Heiligen irdisches Leben nahm: „Jakobus, den Bruder des Johannes, ließ er mit dem Schwert hinrichten." Befehlsgeber war König Herodes Agrippa I., man notierte das Jahr 44.

Die Jünger des Jakobus brachten den Leichnam auf ein „Engelsschiff", landeten im Nordwesten der Iberischen Halbinsel in Iria Flavia, schafften den Leib ein Stück landeinwärts und begruben ihn an der Stelle des heutigen Santiago de Compostela (siehe Legende „Die lange Reise des Jakobus"). Dass der Apostel zuvor jemals spanischen Boden betreten und dort das Wort Gottes verkündet hat, ist ebenso wenig belegbar wie seine Rückkehr als Toter. Die Krypta mit seinem Reliquienschrein liegt unter dem Hochaltar der Kathedrale von Santiago. Als Tag des Heiligen und spanischen Schutzpatrons feiert man den 25. Juli. Fällt dieser auf einen Sonntag, so wie im Jahr 2004, steht ein Año Santo an, ein Heiliges Jahr. Während des letzten Heiligen Jahres verzeichnete Santiago de Compostela einen Rekordbesuch in Höhe von zehn Millionen Menschen.

Ein Spruch besagt: Es gibt so viele Wege nach Santiago, wie es Pilger gibt. Begreift man den Weg als Metapher des irdischen Daseins, trifft dies natürlich zu. Im geografischen Gesamtganzen hingegen wurden die Ströme der Wallfahrer im Osten der Iberischen Halbinsel kanalisiert und passierten in zwei Hauptachsen die Kette der Pyrenäen: über den Pass von Ibañeta („Französischer Weg") und über den weitaus höheren und beschwerlicheren Pass von Somport („Aragonesischer Weg"). Beide Strecken verbinden sich unverändert in Puente la Reina,

Sehnsuchtsziel Santiago –
aus ganz Europa machten sich die Wallfahrer auf den Weg.

einem Städtchen südwestlich von Pamplona. Der Codex Calixtinus, der bis heute berühmteste Pilgerführer, benennt Mitte des 12. Jahrhunderts beide Wegvarianten und ihren Zusammenfluss.

Am *Camino de Santiago* entstanden Klöster und Kirchen, Kapellen und Einsiedeleien, Krankenstätten und Herbergen, Brücken und Burgen, komplett neue Ortschaften – willkommene Schutzschilde, um Spaniens Norden besser vor möglichen Einfällen der gen Süden gedrängten Sarazenen zu sichern. Neusiedler wurden mit steuerlichen Sonderrechten gelockt, Orden wie die mächtigen Templer mit dem Schutz der Pilger beauftragt.

Der Weg brachte Regionen wie Navarra und der Rioja Wohlstand, doch er war gefährlich. Wetterwechsel und Wegelagerer in den Bergen, sommerliche Höllenglut in der Meseta, Krankheit, Kräfteverfall,

11

Tod. Am Weg lagen mehrere Gebeinhäuser für verstorbene Pilger. Wer glaubte, es nicht mehr zu schaffen, fand in León und Villafranca del Bierzo zwei Kirchenpforten, die der spanische Papst Kalixt III. im späten Mittelalter zu *puertas del perdón* erhob, Ablassportalen.

Traf man wohlbehalten in der Apostelstadt ein, gab es ab dem 15. Jahrhundert die „Compostelana"-Urkunde. Eine Tradition, die sich bis heute, wenig abgewandelt, erhalten hat. Das persönliche Schriftstück bekommen zumindest jene, die die letzten hundert Kilometer bis Santiago zu Fuß zurückgelegt haben – und es anhand von Pilgerstempeln beweisen können. In Santiagos Zentralbüro nimmt man es peinlich genau ...

Auf dem Jakobsweg zog ein vereinigtes Europa voran, zu Fuß oder zu Pferde. Eine große Völkergemeinschaft aus Deutschen und Österreichern, aus Franzosen, Italienern, Griechen und vielen mehr. Ob Adelige oder Bischöfe, Künstler oder Könige. Oder einfache Menschen, die den rituellen Weg der Läuterung unter die Sohlen nahmen und sich in neue Menschen verwandelten. Von daheim brachten sie Empfehlungsschreiben der Pfarre oder des Bischofs mit.

Nicht jeder war freiwillig unterwegs. Manchen wurde die Bußpilgerfahrt als Strafe auferlegt – in eisernen Ketten! Andere folgten weltlichen Motiven, nahmen die Reise nach Compostela als Vorwand, der Not in der Heimat zu entfliehen. Endlich raus aus der Enge, endlich reisen, andere Horizonte entdecken! Gen Santiago und dem Kap Finisterre entgegen, Galiciens „Ende der Welt"! Es war gleichwohl ein Weg ins Ungewisse, der Monate, mitunter Jahre, dauern konnte. Berichte von Landschaften, Strapazen und fremder Kultur kannte man daheim allenfalls vom Hörensagen.

Sprachbarrieren überbrückte man mit dem besten kulturverbindenden Element: Musik. „Die Wallfahrten waren eine unerschöpfliche Quelle musikalischer Inspiration und hatten grundsätzlichen Einfluss auf die Entwicklung des religiösen Gesangs, der spontan entstand", heißt es im Pilgermuseum von Santiago de Compostela. In Klöstern und Kirchen verehrte man gemeinsam singend Jesus Christus und die Jungfrau Maria, griff unterwegs gelegentlich zur Flöte.

Ultreja, ultreja – immer weiter, voran!

Auf der Suche nach einem neuen Leben blieben viele am Wege hängen. Händler und Handwerker waren stets gefragt, auch Spielleute machten ihr Geschäft. Mit all den Fremden kamen neue Kunsteinflüsse ins Land, neue Geschichten und Legenden ...

Der Jakobsweg von heute ist ein internationales Sammelbecken geblieben und von der UNESCO zum Weltkulturerbe erhoben worden. Dank moderner PR-Strategien sowie der Infrastruktur mit Pilgerherbergen und markierten Strecken brechen jährlich Hunderttausende ins große Abenteuer des Mittelalters auf. Nicht mitgezählt die Heerscharen an Motorisierten. Symbol aller ist die *vieira*, die Jakobsmuschel, ein Zeichen des Lebens.

Nicht jeder Wallfahrer geht den Weg im dritten Jahrtausend aus religiösen Motiven an. Auf seinen 800 Kilometern deckt der nordspanische *Camino* die Bedürfnisse von Sportsfreunden und Bildungstouristen ebenso ab wie die Selbstfindungsgründe jener, die den kurzatmigen Hochstressgesellschaften eine Zeit lang entfliehen. Ein Leitsatz vereint sie alle: Der Weg ist das Ziel. Gestern wie heute.

Heiligenviten aus dem Mittelalter

Das Schicksal des Apostels Jakobus taucht in der berühmten „Legenda aurea" auf, einer im Mittelalter weit verbreiteten Sammlung von Legenden über die Heiligen des Kirchenjahres. Verfasser war Jacobus de Voragine (um 1230-1298), ein aus dem heutigen Norditalien stammender Dominikaner, der gegen Ende seines Lebens zum Erzbischof von Genua ernannt wurde. An der „Legenda aurea" arbeitete er von 1263 bis 1273 und fasste Material aus unzähligen Quellen zusammen. Allerdings knüpfte er die Heiligenviten nicht an strikt historisch belegbare Geschehnisse, sondern bündelte in ihnen christliche Erzählungen aus über einem Jahrtausend.

Heute liegt die „Legenda aurea" des Jacobus de Voragine in drei empfehlenswerten Bänden vor. Für die Manesse Bibliothek der Weltliteratur hat Jacques Laager eine umfangreiche Auswahl getroffen, die mit farbigen Miniaturen aufgelockert ist (Manesse, Zürich). Eine kompaktere Auswahl bietet Rainer Nickel in der Reclam Universal-Bibliothek, wobei der deutsche neben dem lateinischen Text steht; die Legende um Jakobus den Älteren beschränkt sich hier auf zwei Pilgerepisoden um einen silbernen Becher und einen unkeuschen Jüngling (Reclam, Stuttgart). Die umfangreichste Ausgabe hat Richard Benz im Gütersloher Verlagshaus herausgegeben. Alle Bücher bieten aufschlussreiche Nachworte zu Autor und Werk.

Glossar

Camino – Weg	Monasterio – Kloster
Camino de Santiago – Jakobsweg	Monte – Berg
Capilla – Kapelle	Peregrino – Pilger
Castillo – Kastell	Puente – Brücke
Catedral – Kathedrale	Río – Fluss
Colegiata – Stiftskirche	Santuario – Heiligtum
Cruz – Kreuz	Sierra – Gebirge
Ermita – Einsiedelei	Valle – Tal
Iglesia – Kirche	Vieira – Jakobsmuschel

Das Gelübde des Voto

Zu jenen Zeiten, da die Christen vor der maurischen Feindesmacht in sichere Gebiete flohen, half ein Brüderpaar namens Voto und Félix beim Aufbau einer versteckten Stadt auf dem Monte Pano mit. Hier, in den abgeschiedenen Bergwelten Aragoniens, kamen versprengte Flüchtlingsfamilien und Krieger zusammen. Man umgab die Siedlung mit starken Mauern, versammelte sich und beriet Strategien geplanter Gegenangriffe. Doch die sarazenischen Feinde kamen ihnen zuvor. Sie hatten die Spuren der Christen aufgespürt, legten den Ort in Schutt und Asche und machten bei ihrem Gemetzel weder vor Kindern Halt noch vor Alten. Wie durch ein Wunder überlebten einzig die Brüder Voto und Félix das Massaker vom Monte Pano.

„Bei Gott dem Herrn", gelobte Voto, „ich werde den Grundstein legen für ein neues christliches Reich."

Félix und Voto beschafften sich zwei Pferde und suchten im Gebirge den Schutz der Wälder. Hier wollten sie neue Pläne schmieden. Sie bauten sich wechselnde Unterstände und lebten von Beeren und frisch geschossenem Fleisch.

Eines Morgens brach Voto allein zur Jagd auf. Das Glück schien ihm wohl gesonnen, denn bald erblickte er ein prächtiges Reh, das er durch dichten Forst und Morast verfolgte. Voto, ein junger Heißsporn, vergaß Zeit und Umsicht und entfernte sich weit vom Lager. Als er sich seiner Beute sicher war, trieb er sein Pferd in wildem Galopp voran und hatte kaum Zeit zu reagieren.

San Juan Bautista, steh mir bei!", schrie Voto, den sicheren Tod vor Augen. Geradewegs vor ihm klaffte ein Abgrund, in den das Reh voller Panik hineingestürzt zu sein schien. Voto, krampfhaft an die Mähne des Pferdes geklammert, riss es im letzten Augenblick herum. Unter den Hufen bröckelten Steine in die Schlucht hinab und schlugen auf den nackten Fels. Voto stieg zitternd ab und dankte Gott und *San Juan Bautista*, dem heiligen Johannes dem Täufer, für die Rettung in höchster Not.

Nach einer Weile beruhigte er sich. Er ließ das Pferd zurück und ging behutsam an den felsigen Schlund heran, der ihm jetzt weit weniger bedrohlich erschien. Zwischen den Felsbuckeln wuchsen Gräser und Büsche, denen aromatische Düfte entstiegen. Auf der Suche nach dem Reh suchten seine Augen das Gelände ab, doch es war wie vom Erdboden verschluckt. Auf einmal blieben seine Augen an einer kleinen Schneise hängen, die steil durch das Grün in den Talgrund verlief.

„Ein überwucherter Pfad?", fragte sich Voto. Seine Neugier siegte über die Vorsicht. Er kletterte abwärts und nahm die Spur des Wegleins auf, das ihn an Ast- und Strauchwerk vorbei bis an einen gewaltigen Felsüberhang hinabtrug. Im hintersten Winkel des Felsgebildes, so schien ihm, hob sich ein Bauwerk aus aufgeschichteten Steinen ab. Er vermutete einen längst verlassenen Hirtenplatz. Als er näher kam, erwuchsen aus den diffusen Konturen die Umrisse einer Einsiedelei. Im Eingangsbogen fehlte die Tür. Ins Innere floss spärliches Licht. Er trat ein und erschrak. Auf einem Lager am Boden lag der unversehrte Leichnam eines Mannes. Sein Kopf ruhte, einem Kissen gleich, auf einem Stein. Er war in zerlumpte Tücher aus grober Wolle gehüllt, trug friedliche Züge im Gesicht und hielt mit beiden Händen ein Kreuz fest an die Brust gepresst. Votos Blick fiel auf eine Inschrift, die da lautete: „Ich, Juan, habe diese Einsiedelei zu Ehren Gottes und des *San Juan Bautista* gebaut und viele Jahre hier gelebt. Nun ruhe ich in Frieden. Amen." Für Voto bestand nicht der geringste Zweifel: Vor ihm lagen die sterblichen Überreste des Juan de Atarés. Schon seine Vorväter hatten von jenem Eremiten berichtet, der der Welt entsagt und sein Leben an einem verborgenen Platz in den Dienst Gottes gestellt hatte.

Voto war ergriffen. Sein Entschluss stand fest. Als er zu seinem Bruder zurückkehrte, zögerte auch dieser keinen Augenblick. Voto und Félix traten die Nachfolge des Juan de Atarés an. Im Schutze des Felsgewölbes gründeten sie das Kloster San Juan de la Peña und legten einen Weg in das tiefer liegende Tal an, der Pilgern den Zugang erleichterte. Fortan fanden sich Christen von nah und fern im *Monasterio* ein, dem eine magische Kraft anzuhaften schien. In San Juan de la Peña erbaten viele Gläubige den Beistand Gottes für die bevorstehenden Schlachten gegen die Mauren. Lang anhaltende Kämpfe führten schließlich zum Sieg des Kreuzes über den Islam und brachten ein neues Königreich hervor: Aragonien. So erfüllte sich das Gelübde des Voto.

Monasterio de San Juan de la Peña

Inmitten einer fantastischen Naturkulisse liegt Aragoniens berühmtestes Kloster – spektakulär im Schatten eines Felsüberhangs.

Geschichte und Gegenwart: Umgeben von Gebirgseinsamkeit und Naturidylle geht Aragoniens berühmtestes Kloster auf das 10./11. Jahrhundert zurück. Folgt man der Legende, datieren die Ursprünge aus noch früherer Zeit. Geblieben ist die spektakuläre Lage im Schatten des Felsüberhangs, unter dem sich ein offener Kreuzgang mit interessanten Säulenkapitellen ausbreitet. San Juan de la Peña war Grablege zahlreicher Adeliger sowie aragonesischer Könige, was seine Bedeutung als christlich-politisches Zentrum unterstrich. Während der mittelalterlichen Blüte sollen über 60 Klöster von San Juan de la Peña abhängig gewesen sein. Das einstige *Monasterio* wurde zum Nationaldenkmal erklärt.

Öffnungszeiten: Stark wechselnde Zugangszeiten des Klosters, im Sommer im Regelfall täglich, ansonsten Montag Schließtag. Es ist empfehlenswert, sich vor dem Besuch im Fremdenverkehrsamt von Jaca nach den Öffnungszeiten zu erkundigen.

Lage und Anfahrt: Rund 25 km südwestlich von Jaca, ab der Nationalstraße N-240 ausgeschilderter Abzweig. Auf dem letzten Teilstück windet sich das Sträßchen bergauf bis ans Felsenkloster heran.

Besondere Tipps: Spuren von Voto und Félix führen in die Kathedrale im nahen Jaca. Unterhalb des Hauptaltars verehrt man ihre Reliquien in einem silbernen Schrein. Der romanischen Kathedrale ist überdies ein sehenswertes Diözesanmuseum angeschlossen.

In einem kleinen Tunnel nahe der Krypta des Monasterios Leyre erinnert eine Skulptur an das Schicksal von Abt Virila (s. Seite 23).

Abt Virila und der Gesang der Nachtigall

Virila war ein weiser Abt, der in ferner Zeit die Geschicke des einsamen Klosters San Salvador de Leyre lenkte. In seinen freien Stunden spazierte er durch die nahen Wälder und tief hinein in die Bergwelt der Sierra de Leyre. Mit steigendem Alter und seiner baldigen Aufnahme ins Himmelreich bewusst, begannen seine Gedanken bei solcherlei Märschen um das Mysterium der Ewigkeit zu kreisen.

„Wie mag sie sein, diese endlose Spirale aus Tagen, Wochen und Jahren?", fragte sich der Abt ein ums andere Mal. Würde der Strom der Zeit wirklich niemals versiegen?

Eines Tages im Frühjahr suchte Virila wieder einmal die Stille des Forstes. In tiefe Einkehr versunken, gab er seinen Zweifeln neue Nahrung.

„Ob alle Heiligen in ihrem ewigen Leben Gott wirklich unablässig rühmen und preisen?", grübelte er. „Mag selbst den Frömmsten keine Langeweile überkommen mit der Zeit?"

Plötzlich horchte Virila auf und hielt inne. Auf dem Ast einer Eiche tirilierte eine Nachtigall. Ein Zirpen und Zwitschern erfüllte die Luft, wie er es lieblicher nie vernommen hatte. Er blickte dem Vogel nach, der durch das Geäst und von Baum zu Baum hüpfte und weiter ins Gebirge vordrang. Virila, wie von unsichtbarer Hand gelenkt, kam nicht umhin, ihm zu folgen.

In der Nähe einer Quelle ließ sich die Nachtigall hoch oben auf einem Zweig nieder und flötete in einem fort. Gestützt auf seinen Stab, folgte der alte Abt nach und setzte sich auf einen Stein, um etwas auszuruhen. Verzaubert von den herrlichsten Melodien, fühlte er sogleich, wie Müdigkeit in ihm aufstieg und seinen ganzen Körper wohlig durchfuhr. Seine Glieder gehorchten ihm nicht mehr, seine Lider fielen zu. Unter dem Gesang der Nachtigall sank Virila in Schlaf ...

Die Sonne stand tief, als Virila erwachte. Ihn fröstelte. Er schaute sich um und entdeckte die leise plätschernde Quelle wieder. Ungeordnet flossen seine Gedanken.

„Wo bin ich, warum ist es so spät geworden? Und wo ist mein Ring?" fragte er leise und erhob sich. „Habe ich mich verlaufen und die *Sext* oder gar die *Non* verpasst?" Er nahm seinen Stab, schob die Äste und stachligen Ranken beiseite und bahnte sich mühsam den Weg durch den Wald, beseelt vom Gedanken, wenigstens pünktlich zur Vesper ins Kloster zu kommen.

Endlich, ja endlich, tauchte das Kloster San Salvador de Leyre in der Ferne auf!

Wie immer lag es auf einem kleinen Plateau zwischen Berg und Tal, aber ...

Aber was sah er da nur ...? Träumte er ...? War es möglich, dass sich seine kleine Kirche in ein stattliches Gotteshaus mit großem Turm verwandelt hatte? Das starke Mauerwerk aus Quadern, war es nicht halb so hoch gewesen? Welche Macht hatte ihre Finger im Spiel ...? Sichtlich verwirrt, stürmte der Abt zum Portal und klopfte atemlos an. Wie immer würde ihm der gute alte Jimeno öffnen und alles erklären können ...

„Wer dort?", fragte eine fremde, sonore Stimme aus dem Innern.

„Gott segne Euch. Ich bin es, Abt Virila, so sperrt mir doch auf, was ist nur geschehen?" Schwerfällig ging die Pforte auf, ein unbekannter Mönch in einem weißen Habit stand Virila gegenüber.

„Was wünscht Ihr, Padre? Aber kommt erst einmal hinein, Ihr seht müde aus", sagte der Mann. Virila trat ein. Stotternd gewann er die Sprache wieder.

„Aber ... was ... ich bin Euer Abt!"

Der Ordensbruder lächelte verständnisvoll. „Sicher habt Ihr Euch bei Eurer langen Wanderschaft im Wege geirrt, Padre. Unser Abt ist Don Domingo, und das schon seit mehr als zwanzig

*„Wo bin ich, warum ist es so spät geworden?" –
An der verträumten Virila-Quelle unweit vom
Kloster Leyre empfängt der schlafende Abt seine Besucher.*

Jahren. Aber, bitte, tretet näher, kommt herein und fühlt Euch in
San Salvador de Leyre wie daheim. Sagt, welchem Kloster gehört
Ihr an?"

Ungläubig schüttelte Virila den Kopf. „Nein, das ist nicht
möglich, erst heute bin ich hinaus in die Berge gegangen", sagte
er und deutete mit seinem Stab in jene Richtung. „Plötzlich war
eine Nachtigall da, jetzt alles ist wie verzaubert, die Kirche, die
Mauern, die Bögen. Ich flehe Euch an, bringt mich so schnell Ihr
könnt zu Don Domingo."

21

„Bitte, wartet hier, Padre", sagte der Mönch und hastete hinfort.

„Virila, Virila", murmelte Don Domingo, nachdem ihn der Mönch von dem merkwürdigen Besucher unterrichtet hatte. „Der Name kommt mir bekannt vor. Geht mit den anderen zu ihm, ich komme gleich nach." Unter den Mönchen breitete sich die Kunde von dem seltsamen Gast wie ein Lauffeuer aus. Während sie sich zu Virila in die Vorhalle aufmachten, eilte Don Domingo in die Bibliothek und wurde im Archiv des Klosters fündig.

Aufgewühlt stürzte der Abt zu den andern. „Bei Gott, hier steht es! Don Virila, stammt Ihr aus Tiermas, stimmt das?" Virila nickte.

„Don Virila, gebürtig aus Tiermas, ein Abt aus der Zeit der Könige Sancho Garcés und García Sánchez, der eines Tages in die Berge aufbrach und niemals mehr gesehen ward! Das sind dreihundert Jahre her!"

Wie eine Welle ging ein Murmeln durch die Halle, ehe einer der Mönche ausrief:

„Ein Wunder!"

Dann tönte es aus aller Münder zusammen:

„Ein Wunder!"

Zur Vesper versammelten sich die Mönche in der Klosterkirche von San Salvador de Leyre. Sie lobten und priesen Gott und stimmten den Psalm von der Vergänglichkeit des Menschen an:

„Denn tausend Jahre sind vor dir
wie der gestrige Tag, der verging ... "

Im selben Moment flatterte eine Nachtigall in die Kirche. Sie flog geradewegs auf Virila zu und setzte ihm seinen verschwundenen Ring auf den Finger.

Der alte Abt nickte still in sich hinein. Dreihundert Jahre, welch winziger Wimpernschlag der Ewigkeit! Nun konnte er das immerwährende Glück im Himmelreich kaum erwarten.

Kurze Zeit später holte der Herr Virila endgültig zu sich.

Monasterio de San Salvador de Leyre

Besuch: Bergeinsamkeit und romanische Baukunst machen San Salvador de Leyre zu einem der schönsten Klöster am Jakobsweg. Ein Rundgang führt in die romanische Krypta mit ihren wuchtigen Säulen und Kapitellen sowie zur romanisch-gotischen Klosterkirche, die man durch das reich dekorierte Speciosa-Portal betritt. Sehenswert im Innern: das Bildnis der Santa María de Leyre, ein gekreuzigter Christus aus dem 14. Jahrhundert, die Grabtruhe mit Resten der Könige Navarras sowie eine Seitenkapelle zu Ehren der Märtyrerinnen Alodia und Nunilo.

Geschichte und Gegenwart: San Salvador de Leyre ist seit 848 urkundlich belegt, die Krypta wurde 1057 geweiht. Im Mittelalter diente das *Monasterio* als Rückzugsort und Pantheon navarresischer Könige, ab 1307 Ordensregeln der Zisterzienser. Nach der Säkularisation 1836 lag das Klosterleben bis 1954 brach und ist von Benediktinern aus Santo Domingo de Silos wiederbelebt worden.

> ### Ein Heiliger im unterirdischen Gang
>
> *Virila soll im 10. Jahrhundert gelebt haben, manche Forscher geben seine Lebensdaten mit 870-950 an. Der mündlich tradierte Stoff um den Abt und die Nachtigall hat sich europaweit verbreitet, wobei unklar ist, ob der Ursprung der Legende in Leyre liegt oder von Jakobuspilgern über die Pyrenäen mitgebracht wurde. Im Klosterkomplex erinnert der „San-Virila-Tunnel" an den berühmten Abt. Der unterirdische Steingang nahe der Krypta ist ausgeleuchtet und mit einem Gitter verschlossen, am Ende fällt der Blick auf eine kleine Virila-Skulptur.*

Öffnungszeiten: Täglich vor- und nachmittags.

Lage und Anfahrt: Am Aragonesischen Jakobsweg *(Camino Aragonés)*, rund 50 km südöstlich von Pamplona. Ab der N-240 bei Yesa ausgeschilderter 4-km-Abzweig zum Kloster, das auf einer großen Aussichtsterrasse hoch über dem Stausee von Yesa liegt. Im Rücken des Klosters werfen sich die zerklüfteten Flanken der Sierra de Leyre auf.

Besonderer Tipp: Eine Nacht im Hotel beim Kloster gibt gute Gelegenheit, den abend- und morgendlichen gregorianischen Gesängen der Benediktiner zu lauschen.

Auf den Spuren des alten Abtes

Eine stimmungsvolle Wandertour führt vom Kloster hinein in die Berge zur abgeschiedenen San-Virila-Quelle mit ihrem kleinen Relief des Abtes. Es geht über Stock und Stein und Wurzelwerk, an dunklen Felsüberhängen vorbei und unter Blätterdächern hindurch – ein geheimnisvoller Pfad! Für Hin- und Rückweg braucht man maximal eine Stunde, unterwegs geben Wald und Strauchwerk den Blick auf Leyre und den Yesa-Stausee frei.

*Im Zeichen der Muschel –
modernes Marketing und
die gute Infrastruktur mildern
die Strapazen des Pilgers.*

Der Spielmann
und das traurige Burgfräulein

Einst erhob sich am Zugang zum *Valle de Roncal* die Felsenfestung von Burgui. Hier lebte ein hochbetagter Burgherr mit seiner Familie und dem Gesinde. Der ganze Stolz des Alten war seine Enkeltochter, deren fröhliches Wesen sich durch eine unglückliche Liebe gewandelt hatte. Jahre zuvor war ihr Verlobter an der Seite von König Sancho VII. dem Starken in den Kampf gegen die Mauren gezogen, fern der Heimat der leidenschaftlichen Liebe zu einer sarazenischen Prinzessin erlegen und nie mehr nach Burgui zurückgekehrt. Seitdem war das Herz der jungen Frau von tiefer Trauer erfüllt. Tagelang sperrte sie sich in ihr Turmzimmer ein, wollte keine Menschenseele sehen und verschmähte das Essen. Mit der Zeit wich ihr gesunder Teint einem aschfahlen Grau, sie magerte ab und sprach schließlich mit niemandem mehr. Oft füllten sich ihre Augen mit Tränen. Sie konnte nicht aufhören an den treulosen Edelmann zu denken und vergrub sich in ihren nagenden Schmerz. Selbst ihr weiser Großvater wusste kein Rezept, wie er sie auf den Pfad der Freude zurückbringen konnte.

Eines Tages tauchte ein Fremder vor dem Kastell von Burgui auf und begehrte Einlass. Über den Schultern hing sein Bündel, in Händen hielt er eine Laute. Auf der Suche nach neuem Verdienst hatte ihn der Wind des Fortschritts über die Pyrenäen geweht. Als er dem Burgherrn erzählte, dass er von weit her aus dem Frankenreich gekommen und ein Spielmann sei, erhellten sich die Augen des Alten vor Freude.

„Euch schickt der Himmel!", stieß er begeistert aus. „Seht, meine einzige Enkelin ist umnachtet von der Wehmut einer unerfüllten Liebe. Vielleicht könnt Ihr, Caballero, sie wieder fröhlich machen mit Euren Gesängen. Ich lade Euch ein zu bleiben, solange Ihr wollt, und werde Euch gut entlohnen."

Der Besucher willigte überschwänglich ein, bedankte sich für die Gastfreundschaft und entgegnete selbstsicher:

„Ich kann Euch versichern, dass ich mit meinem Gesang noch nie jemanden enttäuscht habe!"

„Sicher werdet Ihr meiner Enkelin gefallen", sagte der Burgherr, „doch nun erzählt mir zuerst von Euch selbst." Sie verbrachten einen langen gemeinsamen Abend am prasselnden Kaminfeuer, der Fremde berichtete von seinen Wegen und Abenteuern.

Tags darauf bekam der Spielmann die schöne junge Frau zu Gesicht. Als er sie begrüßte, starrte sie gleichmütig an ihm vorbei ins Leere. Nicht ein einziges freundliches Lächeln huschte über ihr Antlitz, doch er war sogleich elektrisiert und überzeugt davon, ihr vereistes Herz aufbrechen zu können. Er sang vor ihr zu den Klängen der Laute und stimmte ein Lied nach dem anderen an. Eine ganze Weile saß das Burgfräulein ungerührt da und verzog keine Miene, dann kehrte sie ihm den Rücken zu und verschwand.

Im Verlauf der kommenden Tage wiederholte sich das Schauspiel. Der Spielmann mühte sich unverdrossen, während die junge Frau in sich selbst versunken dasaß und sich schließlich abwendete. Kraftvoll hob er zu Freudeliedern und Heldenepen an, während seine ganze Sanftmut in Balladen aufging. In seinen Strophen sang er von siegreichen Schlachten und fernen Ländern, von Rittern und Pilgern, von Sehnsucht und Liebe. Er bot sein ganzes Repertoire auf, brachte ihr neue Kompositionen aus durchwachten Nächten zu Gehör und ließ die herrlichsten Melodien aus den Saiten fließen. Nichts geschah. Sie würdigte ihn keines Blickes und gab kein einziges Wort von sich, doch seine Gefühle für das traurige Burgfräulein verstärkten sich von Tag zu Tag und von Vers zu Vers. Er unterließ es jedoch, der verletzlichen jungen Frau seine Liebe zu eröffnen, denn er wollte ihren Schmerz nicht verstärken. Winzige Gesten versuchte der Spiel-

mann zu deuten, aber selbst nach Wochen blitzte nicht ein
Schimmer von Freude in ihr auf.

Eines Tages brach das Burgfräulein sein Schweigen. Es wandte
sich an den Spielmann und sagte: „Haltet endlich inne mit Euren Gesängen, sie schmerzen mich zutiefst." Seine Stimme klang
bitter und ernst.

Der Spielmann sah ein, dass all sein Bemühen vergebens war.
Zu tief hatte sich Gram in ihre Seele gegraben. Er suchte den
Burgherrn auf und berichtete von ihren Worten, worauf der Alte keinen anderen Ausweg sah, als seine geliebte Enkelin in ein
fernes Kloster bringen zu lassen.

Kurz darauf verließ der Spielmann das Kastell. Ziellos durchstreifte er die Sierra de Illón und die Sierra de Leyre, bis er die
Abtei San Salvador de Leyre erblickte. Dort bat er um Aufnahme. Er tauschte die Laute gegen die Kutte, übergab dem Orden
seine kleinen Rücklagen und wurde ein frommer Mönch. Er
blieb es bis zu seinem Tod. Nur eines konnte er bis zu seinem Le-
bensende nicht mehr vergessen: das traurige Burgfräulein von
Burgui.

Burgui und Umgebung

Geschichte und Gegenwart: Das Kastell von Burgui ist heute ebenso verschwunden wie das nahe Monasterio de Urdaspal, das bereits im
9. Jahrhundert ein reges Klosterleben verzeichnete und 1085 von Navarras König Sancho V. Ramírez der nahen Abtei San Salvador de Leyre angegliedert wurde. Als wichtigstes Monument hat Burguis „Römer-
brücke" über den Río Esca die Zeiten überdauert.

Landschaft: Interessanter als Burgui nimmt sich die umliegende Natur
aus, für motorisierte Jakobspilger ein idealer Abstecher. Der 300-Ein-
wohner-Ort bildet das Tor ins Valle de Roncal, Navarras östlichstes Pyre-
näental. In der Vegetation herrscht ein Gepräge aus Kiefern und

Buchenwäldern vor, der grüne Taleinschnitt ist von malerischen Stein-
dörfern wie Roncal und Isaba durchsetzt.

Lage und Anfahrt: Burgui liegt ein Stückchen nördlich des Aragonesischen Jakobswegs, 77 km südöstlich von Pamplona, Anfahrt ab der
N-240 über Sigüés.

Besondere Tipps: Ganzheitliches Erleben im Tal von Roncal: für die
Naturliebhaber zahlreiche Wanderrouten sowie Skilanglauf im Winter,
für Kunstfreunde ein Besuch auf dem Friedhof von Roncal mit Mariano
Benlliures Mausoleum für den Tenor Julián Gayarre (1844-1890), für aller Gaumen typischer Schafskäse und Forellen. Zahlreiche Landhäuser
(*casas rurales*) bieten ein rustikales Dach überm Kopf.

Ein Leben im Bann des Camino –
als eifriger Pilger und hospitalero.

Rückkehr nach Rocaforte

Hoch über dem Tal des Río Aragón thronte im Mittelalter die Felsenburg von Rocaforte. Hinter ihren trutzigen Mauern erinnerten Hufeisenbögen und grazile Arkaden an ihre ursprünglichen Besitzer: die Muselmanen, angeführt von Bravucón.

Navarras Herrscher Fortun Garcés hatte die Feste aus den Händen Bravucóns erobert, sie zum Schutz des Jakobsweges und seines Reiches verstärkt und einem getreuen Kriegsherrn vermacht. Die Gefahr in der Gegend hielt Fortun Garcés für gebannt, zumal seine Soldaten die Mauren noch weiter gegen Süden gedrängt hatten. Während der Herrscher sein Hab und Gut an Ländereien und Burgen vergrößerte, richtete sich der neue Burgherr mit einer kleinen Schar aus Soldaten und Dienern, seiner Frau und seinen beiden halbwüchsigen Töchtern auf der Festung von Rocaforte ein.

Es war an einem milden Morgen im Frühjahr, als das Burgherrnpaar mit seinem gesamten Gefolge in die Berge zum nahen Kloster San Salvador de Leyre aufbrach. Auf Einladung Fortun Garcés' sollten sie dort den Pilgerzug zu Ehren der Märtyrerinnen Alodia und Nunilo begleiten und erstmals Bekanntschaft mit dem neuen Bischof Pamplonas machen. Die jungen Schwestern blieben allein auf der einsamen Burg zurück. Sie erschienen den Eltern zu jung für feierliche Treffen solcher Tragweite. Gehorsam warteten sie mit ihrem treuen Wachhund auf dem Kastell von Rocaforte auf die abendliche Rückkehr der anderen.

Die Mittagssonne stand über der Feste, als es laut am Burgtor klopfte. Der Hund setzte zu wildem Gebell an.

„Still!", mahnte die eine Schwester und erhob sich. „Ich werde nachsehen, wer Einlass begehrt."

„Lasst davon ab", beschwor die andere. „Ihr wisst, dass wir niemandem öffnen dürfen."

„Wir haben doch unseren Wachhund, er wird uns beschützen", erwiderte die Erste forsch.

Wieder klopfte es am Burgtor. „Ein Almosen, gebt mir ein Almosen!" Eine fremdartige Stimme drang durch die Mauern. „Ein Almosen, bitte ein Almosen!"

„Man kann niemanden in Not abweisen, vielleicht ist es ein Bettler oder ein Pilger, der dringend unserer Hilfe bedarf", sagte die Erste.

„Nicht, Schwester, bitte nicht", flehte die andere. Doch das Mädchen ging, von Güte und Neugier getrieben, zum Portal. Der Hund begleitete sie. Er wirkte unruhig.

Mit aller Kraft stemmte sie die Balken beiseite und öffnete das Tor. Der Hund knurrte böse, als er die Gestalt erblickte. Es war ein ausgemergelter Mann mit einem dunklen Gesicht, aus dem ein zotteliger Bart wucherte. Barfuß stand er dort, mit aufgerissenen Füßen und zerschundenen Knöcheln. Er war von den Strapazen gezeichnet und trug nichts weiter als einen schwarzen, wollenen Umhang.

„Habt Erbarmen", sagte der unheimliche Fremde. „Gebt mir ein Almosen, gebt mir etwas zu essen und einen Schluck Wasser. Sicher könnt Ihr etwas entbehren." Seine Stimme klang fremdländisch, die Betonung der Worte auffallend hart.

Mittlerweile war die andere Schwester gekommen und hörte das Leid des Bettlers. Nun war sie es, die ihrem Herzen einen Stoß gab. „Tretet näher", munterte sie ihn auf. „Und du sei ruhig, er tut uns nichts!", befahl sie dem Hund, der im selben Augenblick an dem Fremden hochsprang und wie toll die Zähne bleckte.

„Das reicht", schimpfte sie, packte den Hund am Nackenfell und sperrte ihn in einen Verschlag neben dem Tor.

Dumpf hallte das Gebell des treuen Hundes hinter ihnen her, als die Schwestern den Fremden in den Innenhof neben der Waffenkammer führten. Dort saßen die beiden am liebsten. Ein Tischchen und hölzerne Bänke standen dort.

„Nehmt Platz", sagte die eine zu dem dunkelhäutigen Fremdling. „Was treibt Euch hier in die Gegend? Sicher kennt Ihr Euch nicht gut aus, oder? Seid Ihr ein Pilger? Habt Ihr denn kein Bündel dabei?"

Die Fragen sprudelten nur so aus dem jungen Mädchen hervor, die das eintönige Leben auf der Burg mitunter ein wenig bedrückte. „Schwester!", mahnte die andere. „Wir wollen ihm zuerst zu essen und zu trinken geben. Seht Ihr nicht, wie hungrig er aussieht!?" Leichtfüßig schwebte sie über den Steinboden, auf dem die Arkaden feine Schattenrisse zeichneten. Aus der Speisekammer holte sie Schinken und Oliven.

Bald sah man den Fremden, wie er gierig über das Essen herfiel und den Krug in zwei mächtigen Zügen leerte. Er sprach nichts. Nur ab und an schaute er auf und ließ den Blick über die Mauern schweifen, über die steinernen Muster aus Blüten und Blättern rund um die Hufeisenbögen. Es waren Relikte aus maurischen Zeiten. Wenige Jahre zuvor hatte er an derselben Stelle gesessen und die Ornamente *seiner* Meister bewundert. Wenige Jahre zuvor, ja, da war es seine Burg gewesen, die Burg des Mauren Bravucón. Plötzlich sprang der Fremde auf und wischte mit seinem Arm den Tisch leer. Der Krug fiel zu Boden und barst. Ängstlich starrten die Schwestern auf den unheimlichen Mann. Seine Blicke waren wirr und wild.

„Ich bin der Maure Bravucón!", schmetterte er in den Innenhof hinein. „Ich bin zurückgekommen, um meine Krieger und mein Volk zu rächen! Zurück auf meine Burg, jawohl, auf meine Burg!"

Der gewaltige Hall seiner Stimme drang überall hin und vermischte sich mit dem gedämpften Gebell des Hundes. Die Schwestern saßen wie versteinert dort. Sie hatten keine Kraft, sich zu erheben, als der Maure Bravucón einen blitzenden Dolch unter seinem dunklen Umhang hervorholte. Sie gaben keinen Schrei von sich, als der unheimliche Fremde ihnen die Kehlen durchschnitt.

Bravucón hatte sein Pferd, den Sack mit Kleidern und den Proviant für die riskante Rückkehr zu den Seinen ganz in der Nähe des Kastells gelassen. Dorthin wollte er rasch zurück. In dem Moment, als er das Burgtor öffnete, gelang es dem Hund, sich aus dem Verschlag zu befreien. Er griff den Fremden an, vergrub sich in seinen Hals und biss ihm die Gurgel durch.

Die goldene Kugel der Abendsonne tauchte die Festung von Rocaforte in ein warmes Licht, als die Burgherren mit ihrem Gefolge zurückkehrten. Sie erstarrten, als sie einen unheimlichen Fremden vor dem geöffneten Tor liegen sahen. Aus der Ferne vernahmen sie ein stilles Winseln und stolperten durch die Gänge. Im Innenhof neben der Waffenkammer stockte ihnen der Atem. Sie stürzten zu den leblosen Körpern ihrer geliebten Töchter. Der treue Hund saß daneben und leckte das Gesicht von einer der Schwestern.

Am folgenden Tag trug man die Mädchen zu Grabe. Als das Leichenbegängnis beendet war, erblickten die Trauernden im Stahlblau des Himmels zwei schneeweiße Störche. Sie zogen ihre Kreise, stießen traurige Laute aus und ließen sich auf einem der Burgtürme nieder. Dort bauten sie ein Nest und blieben bis zum Winter. Dann brachen sie auf. Frühjahr um Frühjahr kehrten die Störche zum Kastell von Rocaforte zurück. Jeder Jakobspilger schlug fortan ein Kreuz und sprach ein leises Gebet.

Rocaforte und Umgebung

Geschichte und Gegenwart: Die beschriebene Trutzburg ist im Strudel der Zeiten untergegangen, eingangs des 13. Jahrhunderts soll der heilige Franz von Assisi die nahe Einsiedelei San Bartolomé gegründet haben. Rocaforte heißt „starker Fels" und bezeichnet heute einen verwinkelten Pilgerort, der mutmaßlich an der Stelle der verschwundenen Festung liegt. In manchen Dokumenten wird er als *Sangüesa Vieja* (Alt-Sangüesa) geführt, legt sich um ein kleines Gesteinsmassiv über dem Tal und wird von der gotischen Iglesia de Santa María beherrscht. Vom Kirchplateau bietet sich ein in jeder Hinsicht ge-

*Die Kleinstadt Sangüesa überrascht den Besucher mit einem
der beeindruckendsten romanischen Portale des gesamten Jakobsweges.*

trübter Blick, der genau auf die qualmende Papierfabrik *Papelera Navarra* fällt. In deren Dunstkreis breitet sich auch Sangüesa aus, das als neu befestigtes Pilgerstädtchen vermutlich zu Beginn des 12. Jahrhunderts an den Flussufern des Aragón gegründet wurde. Wichtigstes Bauwerk ist die Kirche Santa María la Real mit einem der beeindruckendsten romanischen Figurenportale am gesamten Jakobsweg. Im

Palacio del Príncipe de Viana unterhielt der Königshof von Navarra seine Vertretung.

Lage und Anfahrt: Rocaforte liegt 40 km südöstlich von Pamplona, ausgeschilderte Auffahrt am Stadtrand von Sangüesa.

Besondere Tipps: Im nahen Javier erinnert die Felsenburg an San Francisco Javier (dt. Franz Xaver, 1506-1552), der hier geboren wurde und als wegweisender Jesuitenmissionar des Fernen Ostens in die Geschichte eingegangen ist. Auf dem Weg nach Puente la Reina verläuft der *Camino Aragonés* durch Monreal mit seiner außergewöhnlich schönen gotischen Brücke über den Río Elorz.

*Das Marienbildnis
in der Kirche von Eunate.*

Das fliegende Portal von Eunate

Als die Arbeiten am Kirchlein Santa María de Eunate fast beendet waren und einzig das Hauptportal fehlte, erreichte den Baumeister eine rätselhafte Botschaft aus der Ferne. Er reiste auf unbestimmte Zeit ab. Nach einigen Wochen regte sich Unruhe unter den Mönchen.

„Was soll werden mit unserem Portal?", fragten sie sich. Sie warteten vergebens auf die Rückkehr des Steinbildhauers, der als einer der angesehensten Künstler seiner Epoche galt. Selbst eine Nachricht von seinem Verbleib blieb aus. Zu guter Letzt entschlossen sie sich, einen lokalen Steinmetz mit der Fertigung des Portals zu beauftragen. Dieser fühlte sich geehrt und versprach gutes Gelingen.

Obgleich nicht vom Rang des alten Skulpteurs, sah man, wie der Neue mit unermesslichem Fleiß zu Werke ging. Die Bogenläufe bekamen Gestalt, unter seinen Händen erwuchsen Pflanzen und Wesen in Windeseile zu ewigem Leben in Stein. Er arbeitete wie besessen und scheute weder die Stunden der grellsten Sonne noch die tiefste Nacht. Die Mönche schauten vorbei und bewunderten die Fortschritte. Es dauerte gerade einmal drei Tage, bis der Steinmetz die Ordensbrüder herbeirief und das vollendete Hauptportal präsentierte. Stolz stand er vor seinem Werk, das genauso war, wie es sich die Mönche vorgestellt hatten: ein ausgewogenes Ensemble aus Archivolten, Säulen, Kapitellen und kleinem Skulpturenschmuck.

Kurze Zeit später kehrte der alte Bildhauermeister zurück. Als er das fertige Portal erblickte, schäumte er vor Wut.

„Wie konntet Ihr fremde Hand anlegen lassen?!", warf er den Mönchen vor. „Habt Ihr nicht an meinen Ruf gedacht, der jetzt verunglimpft wird?"

Sie entschuldigten sich und führten seine Abwesenheit an, doch er ließ den Grund nicht gelten und verlangte nach einer Lösung. Gleichwohl gestand er sich im Innern ein, dass ihm die Arbeit niemals besser gelungen wäre.

Die Brüder zogen sich zur Aussprache zurück und unterbreiteten dem Meister ihren Vorschlag:

„Wir sind bereit, das Portal gegen Eures zu tauschen, sofern Ihr unsere Bedingung erfüllt."

„Und die wäre?", fragte der Bildhauer.

„Ihr müsst es in derselben Zeit vollbringen wie der Steinmetz. Wir geben Euch drei Tage und keinen Wimpernschlag länger." Notgedrungen willigte er ein, wohl wissend, dass ein Gelingen unter diesen Umständen nicht zu schaffen war.

„Wie konnte das sein?", überlegte er. „Ein einfacher Steinmetz, schneller und findiger als ich?"

Der Meister fürchtete um sein Ansehen. Er war verzweifelt. Ihm blieb kein anderer Ausweg, als eine Hexe aufzusuchen und um Hilfe zu bitten.

„Da gibt es nur eines", sagte die runzlige Alte, nachdem sie ihren reichen Lohn eingestrichen hatte. „In der kommenden Nacht ist Johannisnacht, während der eine Schlange jedes Jahr einen Mondstein an den Ufern des Río Robo ablegt. Vertraut mir, ich werde Euch die Stelle gleich zeigen. Wartet ab, bis die Schlange verschwindet. Dann nehmt den Mondstein, tragt ihn vor die Kirche und legt Euch zur Ruhe. Am Morgen werdet Ihr sehen, dass aus dem Stein ein prächtiges Portal zum Vorschein gekommen ist."

Er folgte dem Rat der Alten. Im Schutz der Finsternis hielt sich der Meister hinter dichtem Strauchwerk am Río Robo versteckt. Unsägliche Angst schnürte ihm die Kehle, als er die Umrisse einer riesenhaften Schlange erblickte. Sie wand sich aus dem dunklen Wasser, kroch ein Stück vor und hielt instinktiv inne. Der Meister zitterte und fürchtete, entdeckt worden zu sein. Das Reptil verkrampfte sich und zuckte, bis es einen ungeheuren Mondstein in den Ufersand würgte. Dann glitt es lautlos ins Flüsschen zurück. Er geduldete sich ein wenig, sprang auf und ergriff den Mondstein. So schnell wie möglich schleppte er das milchig-trübe Mineral zur Kirche und legte es auf dem Freiplatz ab. Erschöpft schlief er ein.

Gemurmel schreckte den Meister aus tiefem Schlaf. Kreisförmig standen die Ordensbrüder um ihn herum. Benommen richtete er sich auf und blinzelte in die Sonne, die hoch an den Himmel geklettert war.

„Unglaublich, einfach unglaublich", hörte er jemanden flüstern.

Auf der Mitte des Platzes erhob sich ein einsam stehendes Portal. Stumm starrten Mönche und Meister das Bildwerk an. Säulen und Archivolten wölbten sich perfekt hervor, die Kapitelle und kleinen Skulpturen waren vollkommen bis ins kleinste Detail.

„Ein Kunststück, ein wirkliches Kunststück", lobte einer der Mönche und brach das seltsame Schweigen.

„Unglaublich, wie so etwas gelingen kann!", rief ein anderer und setzte verhalten hinzu:

„Aber wünscht Ihr wirklich, dass wir es austauschen?"

Wie angewurzelt verharrte der Meister vor dem Portal. Er spürte, wie sein Befremden in eine maßlose Wut umschlug. Es sah genauso aus wie das des Steinmetzes! Da ging er hin und versetzte dem Werk einen derart starken Tritt, dass es sich vom Boden löste und bis ins nahe Örtchen Olcoz flog. So kam die Kirche von Olcoz zu ihrem Portal.

Eunate

Besuch: Rätselhaft, anrührend, packend. Eunate, romanisches Kleinod auf freiem Feld, strahlt magnetische Reize aus. Umfasst von einem Arkadenvorhof mit Säulenkapitellen voll mysteriöser Wesen und pflanzlichem Schmuck, nimmt der Kirchbau einen achteckigen Grundriss ein. Er ist aus schweren Quadern erbaut, über die sich zahlreiche Steinmetzzeichen und Sparrenköpfe verteilen. Im Innern wirken Kuppel, Gurtbögen, Alabasterfenster und Apsiden auf besondere Weise zusammen. In der Mittelapsis verehren die Gläubigen ein romanisches Marienbildnis (Replikat).

Geschichte und Gegenwart: Santa María de Eunate wurde Ende des 12. Jahrhunderts erbaut, doch der Anlass verliert sich im Dunkel und hat mehrere Thesen ans Licht gebracht. In der Legende vom „fliegenden Portal" ist von Mönchen die Rede, bei denen es sich um Tempelritter gehandelt haben dürfte. Waren sie wirklich hier aktiv? Nutzten sie Eunate als zeremonielles Zentrum bei geheimnisvollen Initiationsriten? Oder war das kleine Gotteshaus als Marienheiligtum geplant, als Grabkapelle für eine finanzstarke Dame der Gegend, als Friedhofskirche für verstorbene Pilger? Für letztgenannte Theorie sprechen die Funde umliegender Grabstätten. Als Sterbehaus könnte der Steinbau neben dem Kirchlein gedient haben, der als „Haus des Einsiedlers" (*Casa del Ermitaño*) bekannt ist.

Fest steht, dass die Kirche für die Bewohner des umliegenden Landstrichs Valdizarbe besondere Bedeutung hatte. Hier versammelte und beratschlagte man sich bis ins 19. Jahrhundert hinein. Heute ist die Iglesia de Santa María de Eunate alljährlich Ziel mehrerer Wallfahrten und gibt Hochzeiten und Konzerten einen außergewöhnlichen Rahmen.

Öffnungszeiten: Im Prinzip täglich vormittags und nachmittags, aufgrund der Abgeschiedenheit nicht immer zuverlässig.

Lage und Anfahrt: 28 km südwestlich von Pamplona direkt am *Camino Aragonés*, ausgeschilderter Abzweig am Ortsrand von Puente la Reina ab der Nationalstraße N-111.

Meisterhafter Steinmetz

Eine weltliche Erklärung legt nahe, dass die legendären Kirchenportale von Eunate und Olcoz vom selben Steinbildhauer gestaltet wurden. Olcoz und seine Kirche San Miguel Arcángel liegen einige Kilometer östlich von Eunate an einer Jakobswegvariante des *Camino Aragonés*, die ab Tiebas über Muruarte de Reta führt.

Rätselhaft, anmutig, packend:
Eunate, romanisches Kleinod auf freiem Feld.

Das blühende Herz der frommen Felicia

Felicia war eine Herzogstochter, die am Hofe von Aquitanien lebte. Sie hing an ihren Eltern und ihrem Bruder Guillermo, empfand jedoch eine noch größere Liebe zu Gott. Sie verbrachte viel Zeit mit Gebeten, ließ nicht eine einzige Andacht aus und verteilte Almosen unter den Bedürftigsten.

Eines Tages trug Felicia den Wunsch vor, gemeinsam mit Guillermo zum Grab des Apostels Jakobus nach Santiago de Compostela zu ziehen. Hocherfreut willigten ihre Eltern ein, da sie sich von der Pilgerfahrt ihrer Kinder steigendes Ansehen versprachen. Sogleich überlegten sie, welche Begleiter des Hofstaates man den beiden mitgeben könnte. Felicia sagte indes:

„Wir wollen allein und als ganz gewöhnliche Pilger reisen und von milden Gaben leben." Ihre Willensstärke brach sämtliche Einwände. Als der Abschied nahte, beschlich Felicias Eltern ein ungutes Gefühl. Ob sie ahnten, dass sie ihre geliebte Tochter niemals wiedersehen würden ...?

Unterwegs nach Galicien wurde Felicia und Guillermo Barmherzigkeit in vielen Dörfern und Klöstern zuteil, sie nächtigten oft unter freiem Himmel und ernährten sich tagelang von nichts anderem als von Wasser und Brot. Ganz so, als habe sich eine unsichtbare schützende Hülle um sie gelegt, trafen sie wohlbehalten in Santiago ein. Sie erwiesen dem Apostelgrab inniglich die Ehre und begaben sich auf den Heimweg.

Mit jedem Schritt, der sie näher an die Heimat herantrug, stieg in Felicia ein stärkeres Verlangen auf, sich den Gebeten und der Einkehr hinzugeben und ein einfaches Leben zu führen. Während all der entbehrungsreichen Wochen hatte sie sich kein einziges Mal nach dem Überfluss am Hofe gesehnt, keine einzige genügsame Kost in den Herbergen hätte sie gegen ein Festmahl getauscht. Ganz deutlich spürte Felicia ihre innere Stimme, eine

Eingebung, der sie sich zu fügen bereit war. Sie offenbarte sich ihrem Bruder, bei dem sie auf Unverständnis stieß:

„Schwester, Ihr wisst nicht, was Ihr redet."

Die Geschwister hatten bereits Navarra erreicht, als Felicia plötzlich verschwand und unauffindbar blieb. Nach erfolgloser Suche und von tiefer Trauer erfüllt, setzte Guillermo den Weg nach Aquitanien fort und erstattete seinen Eltern Bericht.

Felicia durchwanderte unbekannte Gebiete, kreuzte Bäche und Wälder und gelangte ins *Valle de Egües*, ein kleines Tal zwischen Pamplona und Aoiz. Auf dem Gutshof von Amocáin bat sie um Aufnahme als Magd und hielt ihre wahre Herkunft verborgen. Fortan nahm sie die härtesten Arbeiten auf sich, nutzte jede freie Minute für ein Gebet und gab den Lohn, den sie bekam, den Armen. Sie schuftete von früh bis spät und erhielt kleine Zulagen, die sie ebenfalls den Notleidenden zukommen ließ. Wo ihre bescheidenen Mittel nicht ausreichten, spendete sie die Kraft ihrer Worte. Mit der Zeit breitete sich der Ruf der wundersamen Gutsmagd im ganzen Tal aus. Zum ersten Mal im Leben fühlte sich Felicia erfüllt, doch ihr Glück sollte nicht von Dauer sein …

Im fernen Aquitanien schwoll der Kummer des Herzogs zu einem blinden Zorn auf seinen Sohn Guillermo an. Er warf ihm vor, er habe Felicia fahrlässig gehen lassen und womöglich ihren Tod verschuldet. Mehrere ausgeschickte Boten kehrten ohne Neuigkeiten an den Hof heim, bis der Herrscher Guillermo befahl, persönlich nach ihr zu suchen. Vorausgesetzt, sie lebte noch, trug er ihm auf, seine Schwester im Zweifelsfall gewaltsam nach Hause zu bringen.

Guillermo zog aus nach Navarra, befragte Bauern und Händler und beschrieb ihnen Felicias Aussehen. Die Kunde von einer über alle Maßen wohltätigen Magd trieb ihn ins *Valle de Egües*. Auch wenn sie in uralte Kleider gehüllt und ihr Rücken unter der Last der Arbeit gekrümmt war, erkannte er sie sofort. Sie stand gebückt auf einem schmutzigen Acker, hielt inne, blickte auf und rannte ihm wortlos entgegen. Wie groß war die Freude des Wiedersehens! Wie Verliebte schlossen sich die Geschwister gegenseitig in die Arme und vergaßen einen kurzen Augenblick lang die Welt. Er erzählte von den Sorgen der Eltern und war sich sicher, Felicia zur sofortigen Rückkehr zu bewegen.

„Wenn Ihr Euch beeilt, Schwester, schaffen wir es heute aufzubrechen!", stieß er begeistert hervor.

„Ich weiß Eure Mühe zu schätzen, lieber Bruder", entgegnete sie ruhig, „aber ich habe meinen eigenen Weg gefunden. Einen Weg, für den ich Gott aus tiefstem Herzen danke und von dem mich nichts und niemand abbringen kann. Verzeiht, wenn ich Euch nicht begleiten werde."

Guillermo versuchte es mit gutem Zureden, aber es half alles nichts. Felicia war nicht umzustimmen, ihr Entschluss endgültig.

„Besser, Ihr brecht auf, bevor Ihr später in die Dunkelheit geratet", sagte sie. „Außerdem muss ich bis zum Abend das Feld bestellt und das Essen bereitet haben."

Da fühlte Guillermo, wie eine unbändige Wut in ihm aufstieg und ihm fast den Atem nahm. Wie Blitze zuckten seine Gedanken hin und her. In flirrenden Phantasmen wirbelte seine Schwester in höfischer Tracht und in Lumpen vorbei, Bilder umkreisten die zarten Finger einer Prinzessin und die zerschrundenen Hände einer Magd. In einem lauten Fluch verdammte er das Schicksal und war wie von Sinnen, als er seinen Dolch zog und Felicia mitten ins Herz stieß. Als er im selben Augenblick zur Besinnung kam, war es zu spät. Tödlich getroffen sank seine Schwester nieder. In Panik ergriff Guillermo die Flucht.

Knechte des Gutshofs von Amocáin fanden den leblosen Körper der Felicia. Da sie viele Bewohner des Tals wie eine Heilige ansahen, kam ihr die Ehre zu, in der Kirche bestattet zu werden. Tage später bemerkte der Pfarrer einen betörenden Duft, der aus dem Sarg aufstieg. Sofort benachrichtigte er die Mitglieder seiner

Gemeinde. Als man den Sargdeckel in Anwesenheit aller öffnete, sah man Felicias unversehrten Leichnam. Aus ihrem Herzen spross eine wohlriechende Blume. Die Gläubigen bekreuzigten sich und sprachen von einem Wunder.

Geleitet von Engeln und auf dem Rücken eines weißen Maultiers, gelangte der Sarkophag in ein benachbartes Tal, das *Valle de Aranguren.* Hier fand Felicia ihre letzte Ruhe in einer kleinen Kapelle in Labiano. Guillermo,

Hier büßte der Schwestermörder seine ruchlose Tat: die Einsiedelei von Arnotegui.

von Schuld und Reue geplagt, war unterdessen ein zweites Mal nach Santiago gepilgert. Er flehte den Apostel um Verzeihung seiner Sünden an, doch der Gedanke an die schrecklichen Geschehnisse quälte ihn Tag und Nacht. Auf dem Rückweg entschloss er sich bei Obanos, in der Nähe seiner Schwester zu bleiben und bis zum Ende seines irdischen Daseins Buße am Jakobsweg zu tun. In der Einsiedelei von Arnotegui begann Guillermo ein Leben als Eremit und versorgte die Armen und vorbeiziehenden Pilger. Sein aufopferungsvolles, selbstloses Wesen blieb niemandem verborgen. Schon zu Lebzeiten galt er vielen als

Heiliger. Bis zu seinem Tod verzehrte er sich bei guten Taten und wurde in der Einsiedelei beigesetzt. Labiano und Arnotegui entwickelten sich zu Wallfahrtszielen. Santa Felicia und San Guillermo genießen Verehrung bis zum heutigen Tag.

Obanos und Umgebung

Geschichte und Gegenwart: Die Legende gründet sich auf das Spätmittelalter, in abweichenden Versionen wird Prinzessin Felicia auf ihrer Pilgerfahrt nach Santiago vom halben Hofstaat eskortiert.

An San Guillermo (auch: Guillén, dt. Wilhelm) erinnert eine Schädelreliquie, die einst in der Einsiedelei von Arnotegui aufbewahrt und vor wenigen Jahrzehnten mit Silber überzogen wurde. Aus Furcht vor Diebstahl brachte man sie in die nahe gelegene neogotische Kirche San Juan Bautista nach Obanos.

Der Gutshof von Amocáin ist heute verlassen, Labianos ursprünglich romanische Kapelle Santa Felicia durch einen Barockbau ersetzt worden. Obgleich erst seit 1506 urkundlich belegt, muss die Einsiedelei Nuestra Señora de Arnotegui wesentlich älter sein; das Bildnis der heiligen Jungfrau geht auf das 13. Jahrhundert zurück.

Weinfluss durch einen versilberten Kopf

Der versilberte Schädel des heiligen Guillermo steht beim Volksfest von Obanos alljährlich am Donnerstag nach Ostersonntag im Mittelpunkt eines ungewöhnlichen Ritus. Beäugt von den Umstehenden neben der Kirche, hält der Pfarrer die Reliquie mit beiden Händen umfasst, während man mitten durch den Kopf edlen Wein fließen lässt. Der Rebensaft strömt durch ein Loch von oben nach unten in einen kleinen Auffangbottich. Nach der Segnung von Wasser und Wein verteilt man die Flüssignahrung gemeinsam mit belegten Broten an die Gläubigen. Später setzt sich eine Prozession durch die Straßen in Gang.

Lage und Anfahrt: Der Weinort Obanos gehört zum fruchtbaren navarresischen Landstrich Valdizarbe und liegt 21 km südwestlich von
Pamplona. Es ist die letzte Pilgerstation am Aragonesischen Weg, bevor sich dieser in Puente la Reina mit dem Französischen Weg (*Camino Francés*) zur Hauptroute nach Santiago vereint; Ortsabzweig nach
Obanos ab der Nationalstraße N-111.

Die weithin sichtbare Einsiedelei Nuestra Señora de Arnotegui krönt einen Hügel oberhalb des Jakobswegs; zwischen der Iglesia de Santa
María de Eunate und Puente la Reina führt ein breiter Erdweg hinauf.

Besonderer Tipp: Das tragische Schicksal des Geschwisterpaars Felicia und Guillermo lebt in Obanos regelmäßig als groß inszeniertes
Mysterienspiel auf, bei dem Hunderte von Darstellern und über tausend
Kostüme zum Einsatz kommen. Verfasst von Pfarrer Santos Beguiristáin
und Mitte der 1960er Jahre erstaufgeführt, steht das „Misterio de Obanos" heute im Zwei-Jahres-Rhythmus Ende Juli an; maßgeblich sind gerade Jahreszahlen. Die Hauptrollen sind mit Schauspielprofis besetzt,
die übrigen mit örtlichen Laiendarstellern. Federführend organisiert von
der Stiftung „Misterio de Obanos", locken die Aufführungen an acht
aufeinander folgenden Abenden zahlreiche Zuschauer in den Ort.

Ein tödlicher Hinterhalt für Roland

Die Chronik notiert das Jahr 778, Mitte August. Karolingische Heerscharen wälzen sich aus dem Becken des Arga in die Pyrenäen hinauf, ein unendlich langer Zug aus Waffenträgern, der die Bergkette auf dem Übergang von Ibañeta passiert. Ihre Zahl geht in die Zehntausende. Karl der Große eilt mit einem Teil der Truppen voraus, stets gewahr, Fallen der Feinde aufzuspüren. Nichts passiert.

Hinter Karl und den Seinen liegt eine militärische Expansion gegen die „Ungläubigen" im islamischen Spanien. Die Einnahme des maurisch besetzten Zaragoza war gescheitert, auf dem jetzigen Rückweg in die fränkische Heimat hatte man die Stadtmauern Pamplonas zerstört und die Muselmanen herausgefordert. Der tödliche Hinterhalt wartet schon. Aber nicht auf Karl ...

Auf dem durchwühlten Erdgrund der vornweg marschierenden Verbände folgt die Nachhut, angeführt von Ritter Roland, einem der zwölf Paladine. Als sie die Passhöhe von Ibañeta erreichen, schnappt die Falle zu. Wie Ameisen kriechen schwer bewaffnete Mauren und Basken aus ihren Verstecken und fallen über die Streiter her. Sie nutzen den Überraschungseffekt und befördern einen nach dem andern ins Jenseits, noch bevor sich die kampferprobten Karolinger zur Wehr setzen können. Der Boden tränkt sich mit Blut. Roland zieht sein wunderkräftiges Schwert Durendal und kämpft furchtlos und heldenhaft, doch gegen die Übermacht der Gegner vermag er auf Dauer nichts auszurichten.

Roland wird tödlich getroffen. Verzweifelt zerschlägt er sein Schwert an einem Felsen, damit es nicht dem Feind in die Hände fällt, und stößt einen seiner letzten Atemzüge so gewaltig in sein Wunderhorn Olifant, dass ihm die Halsschlagader aufspringt. Während er sein Leben aushaucht, dringt der Schall des Horns, von Engeln in die Tiefe des Tals getragen, zu Karl dem Großen. Gegen den Rat von Ganelón, der sich mit den Feinden

Am Ibañetapass gemahnt ein Denkmal an den tödlichen Hinterhalt.

heimlich verbündet und diese von der Nachhut unterrichtet hatte, macht der Frankenkönig kehrt und treibt seine Einheiten zurück auf den Pass, wo er ein grausiges Panorama vorfindet. Überall Leichen und Leichenteile, Eingeweide und Blutlachen. Verwundete winden sich in Schmerzen und stöhnen.

König Karl und die Krieger schlagen ihr Feldlager im Gebirge auf. Sie versorgen die Überlebenden, tragen sie auf Armen und Schultern auf Blätterpritschen, beweinen den Tod des tapferen Roland und aller andern und balsamieren die sterbliche Hülle des Helden ein. Gesänge und Gebete hallen durch die Bergwelt, über Bäume und Sträucher legt sich der flackernde Schein der entzündeten Feuer. Es riecht nach Rauch und nach Kräutern.

Am folgenden Morgen befiehlt der Herrscher, die geflüchteten Feinde aufzutreiben. Seine Truppen verfolgen sie bis zum Ebro, nehmen blutige Rache für den Hinterhalt auf dem Ibañeta und kehren in die Pyrenäen zurück. Auch der Verräter Ganelón entgeht seinem Schicksal nicht und wird von angespannten Pferden geviertelt.

Auf dem Schlachtfeld herrscht nach wie vor Wirrnis. Die Sonne beginnt die Blutseen zu trocknen, Fliegenschwärme kreisen über den Myriaden lebloser Leiber. Es scheint unmöglich, jedem Einzelnen eine persönliche letzte Ruhestätte zu geben. Der Monarch ordnet an, ein Massengrab auszuheben, das später den Namen „Silo Karls des Großen" tragen wird. Es bekommt die Form einer überwölbten Höhle, an den Seiten verstärkt man es mit Wänden aus schweren Steinen.

Viele der toten Körper liegen nackt und bis zur Unkenntlichkeit entstellt da, karolingische Getreue und Feinde sind nicht zu unterscheiden. Karl, der sich weigert, auch nur einen einzigen Heiden beisetzen zu lassen, zieht sich in sein Zelt zurück und bittet Gott um Mithilfe. Plötzlich bitten einige Ritter um Einlass, unterbrechen ihn in seinen Gebeten und führen ihn aufgeregt nach draußen. Manche Kadaver haben sich gedreht, ihre Gesichter weisen himmelwärts, aus ihren Mündern ragen Rosen.

Das Rosenwunder! Nun weiß Karl, wen er als gute Christen bestatten darf. In einer feierlichen Zeremonie setzt man seine Streiter dort bei, wo sich heute die Kapelle Sancti Spiritus erhebt.

Das Kloster von Roncesvalles erinnert an den fränkischen Helden.

Roncesvalles und zum Pass von Ibañeta

Geschichte und Gegenwart: In Roncesvalles und auf dem 1057 Meter hohen Pyrenäenpass Ibañeta ist Ritter Roland allgegenwärtig. Oberhalb der modernen Passkapelle San Salvador erinnert das Rolandsdenkmal an die legendäre Schlacht, im nahen Klosterkomplex ist er als kleine Skulptur gegenüber der Iglesia de Santiago hoch zu Ross unterwegs. Roncesvalles' Grabkapelle Sancti Spiritus trägt bis heute den Beinamen „Silo Karls des Großen".

Seit Urpilgerzeiten stellt die Achse Ibañeta/Roncesvalles für die Jakobspilger den frequentiertesten Pyrenäenübergang dar. Aus klimatischen Gründen verlegte man das große Pilgerhospital im Jahre 1132 von der Passhöhe an jenen geschützteren Standort, der sich bis heute erhalten hat und ausgelaugte Pilger unvermindert mit seiner Herberge aufnimmt.

Sehenswert im einstigen Augustinerkloster von Roncesvalles: die königliche Stiftskirche Santa María, das versilberte Zedernholzbildnis der Madonna unter ihrem prachtvollen Baldachin, der kleine Kreuzgang, der Kapitelsaal mit dem Pantheon des navarresischen Königs Sancho VII., des Starken, sowie die Schatzkammer mit einem silberverzierten Evangeliarium aus der Zeit um 1200 und dem „Schachspiel Karls des Großen", einem emaillierten Reliquienschrein aus dem Montpellier des 14. Jahrhunderts.

Öffnungszeiten: Kreuzgang und Schatzkammer von Roncesvalles sind täglich vor- und nachmittags zugänglich.

Lage und Anfahrt: Roncesvalles liegt 47 km und der Ibañeta-Pass 49 km nordöstlich von Pamplona, beide direkt an der Nationalstraße N-135. Aus Frankreich gelangt man vom Talstädtchen Saint-Jean-Pied-de-Port über Valcarlos zum Pass hinauf.

Besondere Tipps: Auf dem Ibañetapass atmet man unverbraucht frische Höhenluft und genießt prächtige Berg-und-Tal-Panoramen. Mitunter ziehen Regen-, Schnee- und Nebelvorhänge auf und führen vor Augen, warum bei widriger Witterung vom Kloster her einst die Signalglocken erklangen, um den Pilgern den rechten Weg zu weisen. Von der Ibañeta-Passhöhe führt ein schönes Wegstück hinab zum Kloster von Roncesvalles; unter Dächern von Buchenwäldern hindurch und über einen kleinen Bachlauf hinweg.

Vereinigung zweier Welten

Das tragische Ende eines Helden und ein strategisch günstiger Bergpass – das Zusammenspiel von Geschichte und Geografie hat Roncesvalles seinen Ruf und Mythos beschert. Ebendort, wo der sagenumwobene Ritter Roland am 15. August 778 den Tod fand, wogten Jahrzehnte und Jahrhunderte später die Wallfahrerströme über die Pyrenäen.

Die Pilger wussten um den geschichtsträchtigen Grund, in dem das Blut des Helden versickert war. Und sie wussten um das rettende Hospital, das sie nach den Strapazen und Gefahren des Aufstiegs aus dem Tal von Saint-Jean-Pied-de-Port jenseits des Passes von Ibañeta erwartete. „Roncesvalles vereinigt in sich zwei Welten", schreibt der spanische Camino-Forscher Millán Bravo Lozano, „das Pilgertum des Jakobswegs und den französischen Heldenzyklus."

Den Bekanntheitsgrad des Helden – und den der Stätte seines Todes – steigerte das Rolandslied, Chanson de Roland, das gegen 1080/1100 im Norden Frankreichs entstand und auf internationaler Ebene unendlich viele Werke in den unterschiedlichsten Versionen und Ausschmückungen nach sich zog. Um 1170 verfasste der Regensburger Pfaffe Konrad eine mittelhochdeutsche Version in Reimen, die bald große Bekanntheit erlangte.

Im Trennungsprozess von historischer Wirklichkeit und literarischer Fantasie bleibt festzuhalten, dass Roland im richtigen Leben Markgraf der Bretagne und laut Legende ein Neffe Karls des Großen war. Wer ihn hoch oben auf dem Ibañeta in die tödliche Falle lockte, bleibt im Dunkel der Geschichte verborgen: Muselmanen oder Basken oder gar ein Schlachtenbündnis beider Völker ...

Der Bandit der Berge

Er hieß Pedro de Oyanederra, war hochgewachsen und schwarz gelockt, voll edlen Anstands und Herr eines mächtigen Gutshofs. Dort lebte er mit seiner Frau, seinen drei jungen Söhnen sowie Knechten und Mägden.

In einem langen, harten Winter erkrankte seine Frau. Von Tag zu Tag verließen sie die Kräfte, der Tod rückte näher. Als eines Abends Blitz und Donner über dem Gebirge lagen, spürte sie, dass es mit ihr zu Ende ging. Schweratmig verlangte sie nach Don Pedro.

Die Gutsherrin ruhte auf einem Lager aus Leinen und Wolle. Fest ergriff sie die Hand ihres Mannes.

„Mein edler Herr", setzte sie mit zitternder Stimme an, „die Todesstunde ist nicht fern. So will ich mich von einer Last befreien, die ich Jahre in mir getragen habe." Sie hielt inne, seufzte und fuhr fort:

„Es hat sich vor Jahren zugetragen, aber erspart mir jetzt, Namen zu nennen. Ich habe Euch entehrt. Einer unserer Söhne ist nicht Euer Sohn."

Pedro de Oyanederra durchfuhr es heiß und kalt. Er ließ ihre Hand fallen, Wahn trat in seine Augen.

„Wer?", schrie er. „Wer war es? Und wer ist nicht mein Sohn?" Bevor sie antworten konnte, stürmte er hinaus, stieß die herbeigelaufenen Mägde zur Seite und rannte in die Kammern der Kinder.

„Kommt mit! Kommt mit zu Eurer Mutter!", brüllte er verstört. Entgeistert blickten ihn die Jungen an, standen schlaftrunken auf und folgten ihm. Wie Vieh trieb er die drei Gestalten vor sich her.

Die Gutsherrin hielt die Lider gesenkt und nahm alles nur schemenhaft wahr.

„Wer?", tobte der Gutsherr wie von Sinnen. „Welcher von ihnen ist nicht mein Sohn?" Die kraftlose Frau brachte keine Silbe über die Lippen.

Wie angewurzelt verharrten die Mägde in der offenen Tür, als Pedro de Oyanederra den Kindern einen Strick um den Hals und die Handgelenke legte und sie an einen metallenen Pfosten fesselte. Versteinert standen die Kleinen dort, voller Angst schauten sie abwechselnd auf den reglosen Körper ihrer Mutter und auf Don Pedro, der gänzlich dem Irrsinn verfallen schien.

„Welcher von ihnen ist nicht mein Sohn?", schrie er noch einmal. Seine Frau schwieg.

Er nahm eine Fackel und steckte das Lager in Brand. Die Gutsherrin und ihre Kinder verbrannten bei lebendigem Leib. Mägde und Knechte verfolgten, wie ihr Herr in die Stallungen stürmte, ein Pferd ergriff und hinaus in die gewittrige Nacht galoppierte. Es war das letzte Mal, dass sie ihn sahen.

Von den Richtern Pamplonas wurde Pedro de Oyanederra in Abwesenheit zum Tode verurteilt. Auf den Dorfplätzen der gesamten Gegend rief man seinen Namen aus. Wer ihn stellte, hieß es, dürfe keine Gnade walten lassen. Der Gesuchte blieb verschwunden. Allein und ziellos durchstreifte er die Gebirge. Aus dem wohlgenährten Gutsherrn wurde eine robuste, knochige Gestalt, aus seinen schwarzen Locken eine strohige Mähne, aus einem sittsamen Noblen ein Rechtsbrecher. Aus Pedro de Oyanederra wurde Azeari Sumakilla, der Bandit der Berge.

Im Laufe der Zeit scharte Azeari Sumakilla zwei Dutzend Gefährten um sich: vom Wegelagerer bis zum Mörder, vom übergelaufenen Mauren bis zum desertierten Soldaten. Jahrelang versetzte die skrupellose Bande zahlreiche Dörfer, Burgen und Pilger in Angst und Schrecken.

Zu jener Zeit lebten auch die Bewohner Pamplonas in ständiger Sorge und fürchteten sich vor den Angriffen der Franken.

An der Spitze von Pamplonas stark bewehrter Altstadtburg Navarrería stand Don García, von frühester Jugend an Pedros bester Freund. García konnte nicht verhindern, dass die Seinen durch Intrigen und Hinterhalte herbe Verluste erlitten. Nach verstärkten Truppenaufzügen der Franzosen schien der entscheidende Angriff unmittelbar bevorzustehen. In seiner Not erinnerte sich García an den alten Gefährten Pedro, dem er einmal das Leben gerettet hatte. Und Pedro hatte geschworen, auch ihn einmal aus einer brenzligen Lage zu befreien.

„Nur Azeari Sumakilla kann uns helfen", sagte García. „Für die Dauer der Kämpfe werde ich ihm und seinen Gefährten Straffreiheit zusichern und ungehinderten Abzug zurück ins Gebirge. Wenn ihm Ehre noch etwas bedeutet, entsinnt er sich seiner Schuld und wird kommen."

García schickte einen berittenen Boten aus in die Bergwelt, um dem Banditen seinen Hilferuf zu überbringen. Er wurde von Azearis Leuten erspäht, gestellt und zu ihm geführt. Azeari Sumakilla hielt Wort und brach mit seiner wilden Horde nach Pamplona auf. Sie ließen die Pferde weit vor der Stadt zurück und pirschten sich an. Vom Pilgerweg aus schleuste sie der Bote durch einen geheimen Zugang in die Navarrería-Burg. Azeari und García sahen sich wieder. Sie wussten, dass das Licht ihrer Freundschaft trotz allem nicht erloschen war.

In der folgenden Nacht griffen die Franzosen an. Feuer brachen aus, Steinbrocken gingen nieder. Die Krieger versuchten die Navarrería zu stürmen, hatten jedoch nicht mit einer solch heftigen Gegenwehr gerechnet. Die kampferprobten Männer Azearis stellten sich den Feinden mit tödlicher Kraft entgegen und zwangen diese zum Rückzug.

Nach dem Kampfgetümmel stieg Azeari hinauf in eines der Turmzimmer, in das Garcías Schwester geflüchtet war. García war noch nicht da.

„Ist es endlich vorbei?", fragte sie mit zittriger Stimme.

„Ja, wir haben sie in die Flucht geschlagen", sagte Azeari triumphierend.

„Und mein Bruder? Lebt er?"

„Warum sollte er nicht mehr leben? Er wird sofort kommen", beruhigte er sie.

„Wisst Ihr, Herr, er hat heute nicht sein Amulett getragen, das ihm immer Glück gebracht und ihn schon einige Male vor dem sicheren Tod bewahrt hat."

„Was für ein Amulett ist es?", fragte Azeari beiläufig.

„Ein goldenes Amulett mit dem heiligen Jakobus. Kurz nach Eurer Ankunft hat er es mir zugesteckt und seitdem nicht bei sich gehabt."

„Kann ich es sehen?", fragte er misstrauisch.

„Ich weiß nicht, ob mein Bruder einverstanden wäre. Aber gut, hier ist es."

Sie zog ein wunderschön gearbeitetes Amulett hervor, dessen Gold im Schein der Fackel glänzte. Azeari nahm es, legte es prüfend in die Hand und schaute es von allen Seiten an. Plötzlich war ihm, als schnürte ihm jemand die Kehle zu. Der alte Wahn schoss in ihm auf.

„Wisst Ihr, woher es stammt?", fragte er stockend.

„Oh Herr, vor vielen Jahren, als wir Euch öfters hier auf der Burg empfangen durften, brachte er es von einer seiner Schlachten mit."

„Wisst Ihr es nicht?", wiederholte er. „Wisst Ihr es wirklich nicht?"

Dann ließ der Bandit der Berge einen lang gezogenen Schrei los, der durch alle Mauern hallte. García stürmte in den Turm hinauf und hielt instinktiv vor der Tür inne.

„Mein Amulett, mein Amulett!", stieß Azeari drinnen hervor und bebte vor Zorn. „Ich war es, der es einst meiner Frau schenkte. Und er hat es von ihr! García war es, der mich entehrt hat! Zum Teufel mit ihm!"

Vor der Tür zuckte García zusammen, flüchtete durch den Geheimschacht und rannte hinaus in die stockdunkle Nacht.

Azeari Sumakilla wartete bis zum Morgengrauen und nahm die Verfolgung Garcías auf. Es war ein Leichtes, seinen Fußspuren zu folgen. Als sie ihn stellten, wusste der Erschöpfte, dass es kein Entrinnen und keine Gnade gab. García stand reglos dort, als sich Azearis Gefährten daranmachten, sein Grab auszuheben. Zum Schluss stieg er, wie von fremder Hand gelenkt, hinab in den Erdschacht. Man füllte den Hohlraum mit Kies und Lehm auf und ließ nur Garcías Kopf hervorschauen. Dann begannen sie, den verlogenen Ehebrecher zu steinigen. Am Ende gebot Azeari Sumakilla den Seinen Einhalt, wog einen besonders schweren Steinbrocken in der Hand und sagte:

„Denkt nicht, dass ich Rache nehme. Nein, denkt das nicht. Ich richte nicht meinen guten alten Freund García. Ich töte nur mein zweites Ich. Ich hoffe, dass man Azeari Sumakilla die Sünden vergibt. Das hoffe ich, Pedro de Oyanederra, Herr der Berge!" Dann holte er aus und zertrümmerte den Schädel Garcías. Kurz darauf fiel die Navarrería.

Pamplona

Geschichte und Gegenwart: Im Mittelalter brannte der Boden in der alten Römerstadt. Pamplonas Gegnerschaft splitterte sich in zwei Lager und drei Stadtburgen. Während die altangestammten Spanier auf der Navarrería-Burg lebten, ließen sich zahlreiche französische Kaufleute, Handwerker und Händler auf den benachbarten Burgen San Nicolás und San Saturnino nieder; die lukrativen Geschäfte am Jakobsweg hatten die Franken über die Pyrenäen gelockt.

Im Jahre 1276 wurde die Navarrería-Burg zerstört, was der Geschichte um Azeari Sumakilla einen deutlichen historischen Bezugspunkt gibt. 1423 führte Navarras Monarch Carlos III., el Noble, die drei Burgen durch das „Sonderrecht der Vereinigung" zusammen. Im einstigen Niemandsland wurde das Rathaus erbaut, eine moderne Bodenplatte auf dem Vorplatz legt Zeugnis von der vormaligen „Dreiburgenstadt" ab.

Friedensstifter Carlos III. und seine Gemahlin Leonor de Trastámara liegen im Mittelschiff der großen gotischen Kathedrale Santa María begraben, die über einem romanischen Vorläufer im Navarrería-Viertel entstand und Ende des 18. Jahrhunderts als stilfremden Vorbau eine klassizistische Hauptfassade erhielt. Den gleichnamigen Stadtteilkirchen San Nicolás und San Saturnino sieht man noch heute den Wehrcharakter an.

Lage und Anfahrt: Pamplona, Hauptstadt Navarras, breitet sich in einem Vorgebirgstal der Pyrenäen am Río Arga aus und wird komplett vom Jakobsweg durchzogen. Der *Camino de Santiago* trägt die Pilger durch das *Portal de Francia* in den imposanten Mauergürtel hinein und führt den Stadtkerns verlassend an der Zitadelle vorbei.

Besondere Tipps: Ein Kathedralbesuch lohnt allein wegen des gotischen Kreuzgangs mit seinem filigranen Maßwerk, im Innenraum der Kirche San Nicolás schreitet man über hölzerne Grabeinlassplatten, in der Kirche San Saturnino verströmt die Kapelle Virgen del Camino barocken Prunk.

Auf einen Märtyrer aus römischen Zeiten gründet sich Spaniens größte Fiesta, die alljährlich vom 6. bis 14. Juli satte 204 Stunden am Stück steigt: San Fermín. Er stammte aus Pamplona und fand Ende des 3. oder zu Beginn des 4. Jahrhunderts im französischen Amiens ein gewaltsames Ende, 1186 wurden seine Reliquien in die Heimat überführt. Die weltberühmten Stierauftriebe durch die Altstadt und die exzessiven Besäufnisse locken Heerscharen aus aller Herren Länder an und machen Ernest Hemingways einstige Fiestafreuden verständlich, stehen jedoch außerhalb jeglicher Beziehung zum Heiligen ...

Der Teufel in der Sierra del Perdón

Flirrende Hitze stand über Cizur, als eines Mittags ein Pilger sein Bündel aufnahm und sich in Bewegung setzte. Trotz der Sommerglut und der fortgeschrittenen Tageszeit glaubte er, es bis Puente la Reina schaffen zu können. Dazwischen jedoch lag die Sierra del Perdón, ein zerfurchter Gebirgszug, der stets an den Kräften der Wanderer zehrte.

Vor ihm dehnte sich der lange beschwerliche Anstieg aus, der ihn vorbei an vertrocknetem Strauchwerk durch Guenduláin und Zariquiegui trug. Sein Schritt wurde schwer und schwerer, das Gepäck drückte, seine Beine sackten zusammen. Unter einem großen Busch sank er nieder. Die knorrigen Zweige warfen spärlich Schatten. Er war gänzlich erschöpft, erschlagen, ausgedörrt.

„Ich muss mich erfrischen!", dachte er und fuhr sich mit der Zunge über die spröden Lippen. Er griff zum Trinkkürbis – doch er war leer! Verzweifelt schaute er sich um. Er spitzte die Ohren, um eine gluckernde Quelle zu hören.
Nichts. Stille und Staub. Staub und Stille.

Er verspürte quälenden Durst wie nie zuvor im Leben. Plötzlich näherte sich eine seltsame Gestalt.

„Wasser!", verlangte der Pilger. „Gebt mir Wasser, bitte, ich flehe Euch an!"

„Oh", entgegnete der Unbekannte, „zufällig kenne ich eine Quelle, ganz in der Nähe, aus der das kühlste und klarste Wasser der ganzen Gegend perlt. Ich führe Euch gerne hin, wenn Ihr wollt, Bruder, aber ...‟

Er unterbrach, hielt inne und setzte ein hinterlistiges Lächeln auf. „Einen kleinen Lohn müsste Euch die Sache wert sein, oder nicht?"

„Nehmt, was Ihr wollt, aber bringt mich zur Quelle. Bitte, macht schnell!"

57

„Ich rede nicht von Geld, mein Bruder, sondern von Eurer Seele und der Absicht zum Grab des Apostels zu reisen. Ich erlöse Euch von den Qualen, dafür ...“

Da wurde dem Pilger klar, dass niemand anders als der leibhaftige Teufel vor ihm stand.

„Niemals!“, schrie er aus letzter Kraft.

„Dann wird Euer letztes Stündchen nicht fern sein!“, stieß der Teufel böse hervor und verschwand.

Dieser steinerne Pilger ist vor Durst und jeglicher Versuchung gefeit.

Unbeweglich verharrte der Pilger im Staub, zu schwach, um sich gegen sein Schicksal zu stemmen. Als sich Dämmerung über das Gebirge senkte, fühlte er, wie sein Leben erlosch. Plötzlich vermeinte er, eine Gestalt zu erblicken. In verschwommenen Bildern kam sie daher. Er kniff die Augen zusammen, um den Konturen Schärfe zu geben. Es war ein einsamer Mann mit breitkrempigem Hut und Pilgerumhang. Der Fremde ging neben ihm in die Knie, nahm ihn auf und trug ihn voran bis zur Quelle. Dort setzte er den Pilger behutsam ab und zog eine herrliche *vieira*, eine Jakobsmuschel, hervor. Er füllte sie mit frischem Wasser, setzte sie an seinen Mund und gab ihm zu trinken.

Niemand sprach ein Wort. Stumm dankte der aufrechte Pilger dem Fremden, der im letzten Moment zu Hilfe geeilt war: *Santiago*, der heilige Jakobus.

Sierra del Perdón

Landschaft: Die Sierra del Perdón trennt das Vorpyrenäenbecken Pamplonas vom fruchtbaren Landstrich Valdizarbe und erreicht eine Höhe von rund 800 Metern. Über den Gebirgszug verteilen sich zahlreiche Windräder. Karge Flanken wechseln sich mit Waldinseln ab.

Lage und Anfahrt: Knapp 15 km südwestlich von Pamplona. Auf dem Weg nach Puente la Reina windet sich die Nationalstraße N-111 über die Passhöhe Alto del Perdón (734 Meter), während der beschwerliche Pilgerpfad ein Stück versetzt über Zariquiegui verläuft und Richtung Uterga abfällt.

Besondere Tipps: Auf der Passhöhe der Nationalstraße führt ein ausgeschildertes Sträßchen höher in die Sierra del Perdón und an jene Stelle, wo der steinige Camino den Asphalt kreuzt. Genau dort erhebt sich ein Bronzedenkmal mit lebensgroßen Pilgerfiguren, die samt Packtieren gegen den Wind ankämpfen. Außerdem: lohnende Blicke über Berg und Tal.

Ein Vöglein, das die Jungfrau putzte

Auf dem höchsten Bogen der Pilgerbrücke von Puente la Reina stand einst ein Türmchen mit einem Bildnis der Jungfrau Maria. Wer immer an ihr vorbeizog, sprach ein Gebet und bat um ihren Schutz. Der kleine Steinaufsatz war überdacht, aber von allen Seiten offen und Wind und Wetter unterworfen. Auf der Brückenheiligen setzte sich allmählich ein Belag aus Staub und Schmutz ab.

Eines Tages tauchte ein Vögelchen auf, das sich ein ums andere Mal zur Jungfrau gesellte und sich stundenlang mit seinem Schnabel an ihr zu schaffen machte. Angelockt von dem seltsamen Miteinander, kamen einige Dörfler hinzu und sahen, wie das Vöglein die Jungfrau in versunkener Hingabe säuberte. Es pickte kleinste Partikel aus ihrem Gesicht und rieb Schnabel und Federkleid unermüdlich am Stein. Gelegentlich flog es davon, nahm frisches Wasser aus dem Arga auf und setzte seine Prozedur fort.

Im Volksmund nannte man den gefiederten Besucher *txori*, der baskische Name für Vöglein. Wann immer es hieß „Der *txori* ist wieder da", lockte das Schauspiel eine steigende Zahl von Leuten auf die Brücke. Die Gläubigsten unter ihnen stimmten Lobpreisgesänge an und beteten den Rosenkranz bis in die Dunkelheit.

Der Ruf des *txori* weitete sich aus. Fand er sich aufs Neue ein, machte Glockengeläut auf das Ereignis aufmerksam, woraufsich eine von Stadt- und Kirchenoberen angeführte Prozession in Gang setzte. Unbeirrt von Lärm und Zuschauern ging das Vöglein seinem emsigen Reinemachen nach, bis das Bildnis in altem Glanz erstrahlte.

Manchmal blieben die Besuche des *txori* für längere Zeit aus, dann kehrte er zur Freude der Bewohner unverhofft wieder und zeitigte festliche Zeremonien.

Berühmtes Wahrzeichen des Camino:
die romanische Brücke von Puente la Reina.

Mit der Ankunft des Vögleins wähnte man sich und die Zukunft der Seinen stets unter einem guten Stern.

Während des Ersten Karlistenkrieges blieb die Gegend um Puente la Reina nicht von den Kämpfen verschont. Als ein General der María-Cristina-Truppen in das Städtchen einzog und von der Verehrung des *txori* erfuhr, machte er sich über den Glauben der Einheimischen lustig und verbot sogleich sämtliche Festakte. Er ließ ein anderes Vögelchen fangen, trommelte die Bürger auf der Brücke zusammen und sprach mit ironischem Unterton:

„Sicher ist euer Vöglein ohne eure Feiern traurig gestimmt und braucht ein bisschen Unterhaltung. Seht, hier habe ich ein zweites, das zu ihm fliegen und ihm Gesellschaft leisten wird." Der General öffnete die Hand. Statt zur Jungfrau zu flattern, schwirrte das zweite Vögelchen unter den erstaunten Blicken der Soldaten auf und davon.

Es dauerte nicht lange, bis der General den Karlisten in die Hände fiel. In Puente la Reina griff die Nachricht wie ein Lauffeuer um sich. Nicht wenige sprachen von einer gerechten Strafe Gottes für all jene, die es wagten, über den *txori* zu spotten.

Jahre später entschloss man sich, die heilige Jungfrau nicht ewig den klimatischen Unbilden ausgesetzt zu lassen. Man suchte einen neuen Standort aus. Die Wahl fiel auf die benachbarte Iglesia de San Pedro. Eine feierliche Prozession begleitete das Marienbildnis in die Kirche, wo es einen neuen Platz fand. Bald baute man das Schutztürmchen auf der romanischen Brücke ab. Es kam, wie es kommen musste. Der *txori* ward seitdem nicht mehr gesehen.

Puente la Reina

Geschichte und Gegenwart: Seit annähernd 1000 Jahren fluten die Wallfahrerströme über die romanische Brücke, die dem Ort seinen Namen gab: *Puente la Reina*, „Brücke der Königin", gestiftet von Navarras Monarchin Doña Mayor, um den Jakobspilgern das Fortkommen zu erleichtern. In sechs Bögen spannt sich die Steinbrücke über den Arga und gilt vielen als schönste am gesamten Jakobsweg. An windstillen Tagen steht ihr Spiegelbild im Fluss. Auf der Brücke erinnern Einlassmarken an den einstigen Türmchenaufsatz und das Bildnis der heiligen Jungfrau, das man Mitte des 19. Jahrhunderts in die Kirche San Pedro verlegte.

Ein kleiner bronzener Jakobus kündigt zu Ortsbeginn an: Hier vereinen sich die großen Achsen der Jakobswege, die von den Pyrenäenpässen Somport und Ibañeta her zulaufen. Kein Wunder, dass blühendes Pilgerleben von alters her das Bild bestimmt. Innerorts zieht sich der Weg an den Kirchen Crucifijo und Santiago vorbei zur Brücke und wird von wappenverzierten Häuserfronten der Altstadt malerisch eingeschnürt.

Im historischen Umfeld von Kriegen

*Als historischer Anhaltspunkt für die legendäre „Vögelchen-Episode"
aus dem Ersten Karlistenkrieg gilt das Jahr 1834. Nach dem Tod von
Ferdinand VII. standen sich zu jener Zeit die Anhänger von Ferdi-
nands Bruder Karl sowie die der Regentin María Cristina (für ihre
minderjährige Tochter Isabella) mit unnachgiebiger Härte gegenüber.
Auf den Ersten Karlistenkrieg 1833-1839 folgten im Laufe des 19.
Jahrhunderts ein zweiter und ein dritter.*

Lage und Anfahrt: Puente la Reina liegt knapp 25 km südwestlich
von Pamplona im fruchtbaren Landstrich Valdizarbe, direkt an der Nationalstraße N-111.

Besondere Tipps: Die *Iglesia del Crucifijo*, um 1200 von den ein-
flussreichen Templern gegründet, steckt voller Eigenarten. Ein Bogen
verbindet sie mit dem alten Pilgerhospital, das Innere unterteilt sich in
zwei gleichförmige Parallelschiffe. Im rechten Schiff verehrt man ein
Bildnis der *Santa María de las Huertas* (Replikat einer romanischen Marienskulptur, Schutzheilige der Obst- und Gemüsegärten), im linken ein
Christuskreuz aus dem 14. Jahrhundert. Mit seiner „Y"-Form symboli-
siert das Kreuz den Baum des Lebens und soll – einer weiteren Legende zufolge – auf den Schultern deutscher Pilger vom Rheinland nach
Puente la Reina getragen worden sein.

Einen neuerlichen Halt am Wege verdient die *Iglesia de Santiago*,
in deren romanischem Stufenportal sich maurische Einflüsse zeigen. Im
Innern fühlt man sich vom barocken Retabel erschlagen, bescheidener
kommt die Skulptur des *„Schwarzen Jakobus"* daher.

Das Geheimnis des Bischofs von Patras

Aus der griechischen Stadt Patras begab sich einst ein Bischof auf Pilgerschaft nach Santiago. Im Einvernehmen mit dem örtlichen Klerus nahm er eine Reliquie des heiligen Apostels Andreas mit, der in Patras den Tod am Kreuz gefunden hatte. Zusammen mit einem Schriftstück, das ihren Ursprung und die Echtheit bestätigte, bewahrte er die Reliquie in einem Holzkästchen auf und wollte sie Jakobus als Gabe darbringen. Er war allein unterwegs und nahm schier unmenschliche Strapazen und Tagesstrecken auf sich. Aus Furcht vor Wegelagerern verbarg er seine wahre Identität und wirkte wie ein gewöhnlicher armer Pilger. Das Behältnis mit dem wertvollen Inhalt hielt er stets gut versteckt.

Nach langen durchwanderten Monaten überquerte der Bischof die Pyrenäen und merkte, wie seine Kräfte allmählich schwanden. Er fühlte sich leer und ausgezehrt und sehnte eine längere Rast herbei. In Estella suchte er das *Hospital de San Nicolás* auf, doch sein gebrechlicher Körper war dem Tode geweiht und fiel zusehends in sich zusammen. Er brachte keinen Ton mehr über die Lippen.

Nach einigen wenigen Tagen entschlief er, ohne dass jemand von seiner Herkunft noch von seinem Schatz erfahren hatte. Ohne viel Aufhebens setzte man den Unbekannten in seiner durchlöcherten Pilgerkluft und mit seiner spärlichen Habe auf dem Friedhof der Kirche San Pedro de la Rúa bei.

In der Nacht darauf schreckte den Küster ein mysteriöses Leuchten aus dem Schlaf. Er ging dem gleißenden Schimmer nach und erbleichte, als er über dem Grab einen taghellen Strahlenkranz sah, der in die Augen stach. Hatte ihn seine Fantasie übermannt? Waren es Wahngebilde? Oder stand gar ein himmlisches Licht über der frischen Begräbnisstätte?

Der Küster behielt das Geheimnis für sich und wartete die kommende Nacht ab, in der sich das Schauspiel wiederholte. Nun verständigte er den Pfarrer, der in der dritten Nacht gleichfalls Zeuge des wundersamen Phänomens wurde und sich entschloss, das Grab am Morgen zu öffnen.

Wie groß war ihr Erstaunen, als sie aus der alten Kleidung und dem Bündel des Fremden einen Bischofsring, bestickte Handschuhe und das vergoldete Stück eines Bischofsstabes ans Licht brachten! Als der Pfarrer das hölzerne Kästchen öffnete, fiel er auf die Knie und dankte Gott. Anhand des mitgeführten Schreibens machte ein Schriftkundiger unzweifelhaft ausfindig, dass es sich um eine Reliquie des heiligen Apostels Andreas handelte.

Man legte den Verstorbenen zurück ins Grab, ließ eine Steinplatte mit seinen Insignien fertigen und stellte den Reliquienschrein in der Kirche San Pedro de la Rúa aus. Hier genoss er fortan die Verehrung der einheimischen Gläubigen und aller Jakobuspilger. Jahrhunderte später entschieden sich Estellas Autoritäten, den heiligen Andreas zum städtischen Schutzpatron zu erheben und ihm alljährlich Anfang August die *Fiestas Patronales de San Andrés* zu widmen. Am Abend des ersten Festsonntags, so erzählt man sich, wechselte der Himmel urplötzlich die Färbung. Über dem Turm der Kirche San Pedro de la Rúa erhob sich ein riesiger Lichtdom, durchsetzt von den schillerndsten Regenbogenfarben, und mit ihnen die Gestalt eines schrägbalkigen Kreuzes: das *Cruz de San Andrés,* das Andreaskreuz.

Estella

Geschichte und Gegenwart: Estella, die vorrömische baskische Siedlung Lizarra, wurde Ende des 11. Jahrhunderts offiziell gegründet und fungiert seitdem als bedeutende Station am Jakobsweg. Im Mittelalter brachte es die Stadt auf nicht weniger als 21 Kirchen, von denen sich so wichtige wie Santo Sepulcro (Abendmahlrelief) und San Miguel (Nordportal mit Spitzbögen und Pantokrator) über die Zeiten gerettet haben. Auffällig an der romanisch-gotischen Iglesia de San Pedro de la Rúa: der schlanke Wehrturm, das maurisch inspirierte Hauptportal sowie die Kreuzgangreste mit einem Ensemble aus vier ineinander verdrehten Säulen als „Unterschrift" des Bildhauermeisters. Weit oberhalb der Stadt steigt man zum modernen Sanktuarium Nuestra Señora del Puy auf, das ein Bildnis der lokalen Schutzpatronin beherbergt.

In der Kirche San Pedro de la Rúa erinnern die Andreas-Kapelle aus dem 16. und eine Skulptur aus dem 19. Jahrhundert an den Apostel, auf Kapitellen im romanischen Kreuzgang verfolgt man sein Martyrium.

Seit 1626 steht das Patronatsfest Anfang August im Zeichen des heiligen Andreas. Heute geht die Fiesta mit Tanz und Musik sowie Umzügen von Giganten- und Großkopfpuppen (*gigantes y cabezudos*) einher.

Ein halber Kreuzgang und ein Bischofsgrab

Der Bischof von Patras, dessen Name nicht überliefert ist, soll in der zweiten Hälfte des 13. Jahrhunderts nach Santiago gepilgert sein. Einige Historiker setzen sein Todesjahr in Estella um 1270 an. Bestattet wurde er im Kreuzgang der Kirche San Pedro de la Rúa. Der Kreuzgang diente üblicherweise als Friedhof und wurde Ende des 16. Jahrhunderts schwer in Mitleidenschaft gezogen. Die von Spaniens König Philipp II. angeordnete Sprengung der oberhalb gelegenen Burg riss Teile der reich dekorierten Säulengalerie weg. Der kuriose „halbe Kreuzgang" hat sich ebenso erhalten wie das Bischofsgrab.

Welche Art von Andreas-Reliquie der Bischof von Patras einst mitgebracht haben mag, verschweigt die Legende. Manche Forscher vermuten ein Stück Schulterblattknochen; 1979 wurde die Reliquie Opfer eines Diebstahls. In jüngster Zeit ist über den Umweg Rom eine andere Andreas-Reliquie nach Estella gelangt, mutmaßlich ein Teil des Schädels. Ein lokaler Holzkünstler wurde mit der Fertigung eines neuen, aufwändigen Schreins beauftragt.

Über den Río Ega betritt der Pilger die Kirchenstadt Estella.

Lage und Anfahrt: Estella liegt am Río Ega, 44 km südwestlich von Pamplona; Abzweig ins Stadtinnere ab der N-111.

Besondere Tipps: Unterhalb der Kirche San Pedro de la Rúa residierten die Könige von Navarra in ihrem romanischen Palais (*Palacio de los Reyes de Navarra*). In der Außenansicht des Palastes heben sich kuriose, detailverliebte Kapitelle ab. Ein Esel spielt Harfe, ein Höllenkessel wartet auf zwei Geizhälse, Roland kämpft gegen den Riesen Ferragut.

Hinter Estella führt der *Camino de Santiago* durch Ayegui zum einstigen Benediktinerkloster von Irache. Unmittelbar am Pilgerweg streift man einen modernen Werbegag der *Bodegas Irache*: die *Fuente del Vino*, eine wahrhaftige „Weinquelle", bei der im Hahnumdrehen Rebensaft kostenlos hervorsprudelt. Verfolgt von einer Webcam und mit dem Hinweis versehen, nur ein einziges Schlückchen und keinesfalls mehr zu kosten …

Kapitelle am romanischen Königspalast von Estella zeigen Rolands Kampf auf Leben und Tod mit dem Riesen Ferragut (vgl. Seite 73).

Das rätselhafte Kreuz von Monjardín

Wie ein Adlerhorst saß die Festung dem vulkangleichen Kegel von Monjardín auf und schien uneinnehmbar. Lange schon hielten sich die Sarazenen auf dem Kastell verschanzt und hatten jedwede Attacken der christlichen Heere abgewehrt, bis Navarras Herrscher Sancho Garcés I. eines Tages auf wundersame Weise ein Kreuz entdeckte. Er nahm es an sich und deutete es als Beweis des göttlichen Schutzes.

Unter dem Zeichen des Kreuzes rüstete der König zum entscheidenden Angriff, versteckte allerdings das Kruzifix, damit es im Fall einer Niederlage nicht dem Feind in die Hände fiele. Sancho verstärkte seine Armee, wartete den Neumond ab und schickte mehrere Einheiten an verschiedene Seiten des Burgbergs. Im Schutz der Nacht schlichen sie sich auf verschlungenen Pfaden mit Waffen und zahlreichen Leitern aufwärts. Der kräftezehrende Anstieg verlangte nach Pause und Proviant, ehe Sancho seine Mannen in Stellung brachte. Er ließ zum Sturm auf den Mauerring blasen und eine Leiter nach der anderen anlegen, auf denen die Vortrupps Gänge und Zinnen erkletterten. Mann gegen Mann kämpften sich die christlichen Streiter vor, bis die Felsenburg fiel und der Sieg erstritten war. Der König dankte Gott, dem Herrn, und dem Kreuz.

Als sich Friede über Monjardín legte und König Sancho Garcés I. im Kampf gegen die Mauren längst andere Schlachtfelder aufgesucht hatte, streifte eines Tages ein Hirte über die Hänge. Er suchte neue fruchtbare Weidegründe für seine Ziegen. Plötzlich trennte sich eines der Tiere von der Herde, trabte fort und blieb an einem Wacholderstrauch im Schatten einer Steineiche stehen.

Aus der Ferne verfolgte der Hirte das sonderbare Verhalten der Ziege, die still vor dem Gesträuch verharrte. Er rief sie und pfiff, schnalzte mit der Zunge, klatschte in die Hände, schlug mit seinem Stab gegen den Fels. Das Tier war durch nichts zum Aufbruch zu bewegen.

„Was für ein störrisches Biest", murmelte der Hirte verärgert, „wirst sehen, was du davon hast." Er durchwühlte die Tasche, packte eine Steinschleuder aus und legte an. Der Brocken verfehlte knapp sein Ziel und flog in den Strauch. Erschreckt stob die Ziege ein Stück davon.

Als er ein zweites Geschoss nachlegen wollte, hielt er inne. War der Stein nicht mit einem sonderbaren Laut aufgeschlagen ...?

„Mal sehen, was wir da haben", sagte der Hirte. Im Schutz des Busches vermutete er ein Vogelnest oder den Bau eines Nagers. Vorsichtig schob er die stachligen Zweige beiseite.

Er erschrak. Inmitten von Blättern und Beeren lag ein herrliches kleines Kreuz. Ein Abdruck am Balken verriet seinen Treffer.

Der Hirte war verwirrt und bestürzt zugleich und wusste um seinen Fehler. Er hatte seinen Stein gegen das Kreuz geschmettert! „Großer Gott, verzeih mir!", flehte er. „Wäre vor dem Wurf nur mein Arm gelähmt gewesen!" Sofort bemerkte er einen starken Schmerz.

Sein rechter Arm versteifte sich. So sehr er sich mühte, von der Schulter bis in die Fingerspitzen blieben Sehnen und Muskeln unbeweglich.

Angsterfüllt fuhr er aus dem Strauch zurück und stürzte hinab zum Palast seines Herrn, eines edlen Ritters derer von Medrano. Als dieser die Kunde hörte, hatte er keine Ohren für das Leid des Hirten und fürchtete, jemand anders könne ihm den Fund streitig machen. Unverzüglich ließ er sich zum Wacholderstrauch führen. Überwältigt nahm er das Kreuz auf und sprach ein Gebet. Im selben Augenblick spürte der Hirte, wie die Lähmung seines Arms nachließ. Er konnte ihn wieder bewegen.

Im prächtigsten Salon seines Palais gab der Ritter dem Kreuz einen Ehrenplatz. Am Abend wollte er sich zum Gebet zurückziehen und fand die Stelle leer vor. Er wartete bis Tagesanbruch und machte sich auf den Weg zum Wacholderstrauch. Als er das Kreuz unversehrt vorfand, glaubte er die göttliche Mahnung begriffen zu haben. Mit seinen sündhaften Händen hatte er das Kreuz berührt, war es nicht so? Rasch verständigte er den Klerus, der das Volk zu einer Prozession zusammenrief und das Kreuz unter feierlichen Gesängen in den Palast brachte. Dort bekam es denselben Platz im Salon.

Groß war die Sorge des Ritters, als das Kreuz am Abend erneut verschwunden war.

In den Ruinen der Burg Villamayor de Monjardín.

Doch am Morgen darauf fand er es im Wacholder wieder. Nun hatte er das Signal endlich verstanden. An selber Stätte ließ er eine Kapelle zu Ehren des Kreuzes errichten.

Einige Zeit später, als man König Sancho Garcés I. im Kloster San Salvador de Leyre zu Grabe trug, ereignete sich ein weiteres Wunder. Auf einmal war es wieder zugegen: das rätselhafte Kreuz von Monjardín.

Villamayor de Monjardín

Geschichte und Gegenwart: Aus dem Grün des Gipfels von Monjardín ragen nach wie vor die weithin sichtbaren Reste jener Burg, die Navarras König Sancho Garcés I. zu Beginn des 10. Jahrhunderts den Mauren entriss. Später gab man der Festung den Namen San Esteban. Heute liegt das Felsenkastell einsam und verlassen in Ruinen. Steht das Eisengitter am Eingang zufällig offen, streift man an pflanzenübersäten Mauern und dunklen Einstiegen entlang zu Räumen, die vom Einsturz bedroht scheinen. Hier ist äußerste Vorsicht geboten, das Ambiente einen Gruselstreifen wert! Zugang zur Festung ohne Gewähr!

Das in der Legende aufgefundene Kreuz wird in Verbindung mit jenem gebracht, das die *Iglesia de San Andrés* im Ortskern Villamayors beherbergt: das Cruz de Monjardín, ein silbernes romanisches Prozessionskreuz.

Lage und Anfahrt: Im Schatten des Burgbergs und in weitläufige Weinfelder eingefasst, breitet sich das Örtchen Villamayor de Monjardín 53 km südwestlich von Pamplona aus; ausgeschilderter kurzer Abzweig ab der Nationalstraße N-111.

Ab Villamayor de Monjardín windet sich in kilometerlanger Schleife und bis kurz vor die Festungsruinen ein breiter Erdweg hinauf, der allenfalls für robuste Fahrzeuge geeignet ist; Wanderer haben kein Problem.

Besondere Tipps: Südwestlich von Villamayor de Monjardín wellt sich der *Camino de Santiago* durch Weingärten der Rioja entgegen. Als lohnende Wegstationen bis Logroño stechen *Torres del Río* (romanische Iglesia del Santo Sepulcro mit maurisch anmutendem Kuppelstern) und *Viana* (kleine Altstadt mit gotischer Kirche Santa María und dem Grab des italienischen Renaissancefürsten Cesare Borgia) hervor.

Roland und der Riese Ferragut

Er besaß die Kraft von vierzig Männern und sah Furcht erregend aus. Über seinen dunklen muskelgestählten Körper zog sich ein Haarpelz, unter seinen buschigen Brauen blitzten die Augen gefährlich hervor. Die Größe seiner Nase nahm eine Handspanne ein, jeder Finger maß eine halbe Elle. Niemand hatte ihn je besiegt. Man nannte ihn Ferragut und er war ein muslimischer Riese, von Syrien nach Spanien ausgesandt, um an der Spitze einer Streitmacht gegen die Heere Karls des Großen zu kämpfen.

Ferragut hielt sich mit seinen Männern in der Festung von Nájera verschanzt. Als die karolingischen Truppen anrückten, schickte er einen Boten aus und unterbreitete dem Frankenkönig einen Vorschlag. Er, Ferragut, forderte Karls beste Männer zum Zweikampf. Der Monarch willigte ein, doch wen er auch aussandte, Ferragut machte kurzen Prozess. Den einen erwischte er mit seiner fleischigen Pranke und schleuderte ihn wie ein Stück Vieh durch die Luft, einen anderen ergriff er und kerkerte ihn in Nájera ein.

Der König war bereit aufzugeben, als Roland, einer seiner zwölf Paladine, an ihn herantrat und um Erlaubnis bat, gegen den Giganten zu kämpfen. Karl, der seinen Neffen hatte verschonen wollen, stimmte nur widerwillig zu.

Mutig trat Roland dem Riesen entgegen und kämpfte wie nie zuvor im Leben, aber seine Kräfte reichten nicht aus. Ferragut bekam ihn zu fassen. Er warf den Ritter bäuchlings auf sein Pferd, setzte sich dahinter und ritt triumphierend zurück nach Nájera. Unterwegs nutzte Roland die Sorglosigkeit seines Gegners, wand sich frei und vergrub sich in Ferraguts mächtigem Bart. Beide stürzten vom Pferd. Roland warf den Kopf des Feindes nach hinten, riss ihm den Turban vom Haar und versuchte ihm mit einem Stein den Schädel einzuschlagen. Der Koloss schien unverwundbar und war, seiner Größe zum Trotz, flink und wendig. Er riss sich los und stürmte wie von Sinnen auf seinen Kontrahenten ein, um ihn mit seinem Körper zu erdrücken. Roland sprang im letzten Moment zur Seite, zog sein Wunderschwert Durendal und holte zum Streich aus. Nun war es Ferragut, der in höchster Not zurückwich und instinktiv sein Leben rettete. Stattdessen traf die messerscharfe Klinge das Pferd Ferraguts und schlug es der Länge nach durch. In blinder Wut setzte der Riese zu einem Faustschlag an. Blitzschnell nahm Roland Deckung hinter seinem eigenen Pferd, worauf Ferraguts geballte Hand den Kopf des Tieres zertrümmerte.

Roland und Ferragut kämpften unverdrossen weiter, bis sie, halb tot vor Erschöpfung, eine Waffenpause beschlossen. Am nächsten Tag, so wurde vereinbart, wollten sie den Zweikampf mit neuen Waffen und Pferden fortsetzen. Sie trennten sich.

Früh am Morgen kehrte Roland auf das Schlachtfeld zwischen Navarrete und Nájera zurück, wo sich Ferragut zur Ruhe gelegt hatte. Er setzte sich an die Seite des schlafenden Hünen und hielt, ganz christlicher Ritter, das Friedensabkommen ein.

Als Ferragut erwachte und sich aufrichtete, begannen die beiden ein langes Gespräch. Listenreich entlockte Roland dem geschwätzigen Riesen den Hinweis auf dessen einzig verwundbare Stelle: den Nabel. Sie redeten weiter über Gefechte und Stärke, über Tugenden und Gottergebenheit und machten die Antwort auf die Frage nach dem wahren Glauben vom Ausgang des bevorstehenden Kampfes abhängig. Christentum oder Islam? Roland und Ferragut rüsteten sich erneut zum Gefecht.

Der Ritter und der Riese kämpften erbitterter als tags zuvor. Roland entging einige Male haarscharf dem Tod und forderte Ferragut zum Lanzenduell zu Pferde, wohl wissend, dass endlich einer von beiden sterben müsste. Er betete zu Gott dem Herrn und bat die heilige Jungfrau Maria um Schutz. Mit ausgerichteten

Waffen ritten sie aufeinander los. Wild entschlossen sprengte Roland voran, führte die Lanze tiefer als sonst am Hals des Pferdes vorbei und visierte sein Ziel mit starrem Blick an. Im alles entscheidenden Augenblick wich er der gegnerischen Klinge aus, spürte Widerstand an seiner eigenen Lanze und versenkte die Spitze im Körper des Feindes.

Ein urgewaltiger Schrei zerriss die Luft. Roland hatte Ferraguts Bauchwand durchstoßen. Aus dem Nabel schoss ein gewaltiger Blutschwall. Tödlich getroffen fiel der Hüne zu Boden. Er brüllte vor Schmerzen. Ferragut zuckte und wand sich wie eine Schlange im Staub hin und her. Dann starb er.

In der Ferne machte Roland eine riesige Staubwolke aus, die sich von Nájera her auf ihn zubewegte: maurische Reitertrupps, die, angelockt von Ferraguts Gebrüll, ihrem Herrn zu Hilfe eilen wollten. In wildem Galopp stob er auf und davon zu den Seinen, die das Wirrwarr nutzten und in großem Bogen nach Nájera preschten. Die karolingischen Truppen überrumpelten die spärlich verbliebenen Wachen, nahmen die muslimische Feste im Handstreich ein und befreiten die Gefangenen.

Zwischen Navarrete und Nájera

Geschichte und Gegenwart: Die Legende rankt sich um denselben Helden Roland, der im Jahre 778 in der Schlacht hoch oben auf dem Pyrenäenpass Ibañeta ein jähes Ende fand (vgl. Seite 46).

Am Jakobsweg zwischen Navarrete und Nájera erinnert der kleine „Rolandshügel", *Poyo de Roldán*, an den Ritter. Einer von vielen Legendenversionen zufolge stieg Roland auf diesen Hügel, erblickte den Riesen in der Weite und machte ihm mit einem gezielten Steinwurf an den Kopf den Garaus. Einer weiteren Variante zufolge kämpfen die beiden zu Fuß gegeneinander, am Ende tötet Roland den Giganten mit einem Dolchstich in den Nabel.

Kämpfe auf Kapitellen

Rolands Kampf gegen Ferragut haben einige Steinbildhauer am Jakobsweg thematisiert. Allerdings standen die Künstler vor einem handfesten praktischen Problem: Wie konnten sie die körperlichen Relationen der Kontrahenten auf einer Arbeitsfläche begrenzter Größe umsetzen? Sie konnten nicht. Auf dem romanischen Seitenkapitell des navarresischen Königspalastes in Estella reiten zwei gleich große Gestalten aufeinander los, sind jedoch klar identifizierbar. Die Szene zeigt jenen Moment, in dem Roland dem Giganten mit einer Lanze den tödlichen Nabelstoß versetzt (vgl. Seite 68).

Weitere Kampfmotive bieten Kapitelle der Kirche von Villamayor de Monjardín (Navarra), des Hospitals San Juan de Acre in Navarrete (heute umfunktioniert zum Friedhofsportal; La Rioja) und der Klosterkirche von San Juan de Ortega (Kastilien-León). Etwas abseits des Jakobsweges findet man eine weitere Darstellung an der Kirche im riojanischen Ochanduri, einem Örtchen am Río Tirón, das in mittelalterlichen Dokumenten als Schenkung an das Kloster von San Millán de la Cogolla erwähnt wird.

Das Rebhuhn, der Falke und das Grottenwunder von Nájera

Es begab sich zu Zeiten von Navarras König García Sánchez, dessen Reich sich von den Pyrenäen bis in die Rioja und nach Kantabrien hinein erstreckte. Wie sein Vater Sancho Garcés III., so pflegte auch García Hof in Nájera zu halten. Seinen Ausgleich zu Politik und Kriegen fand er stets bei der Jagd. Inmitten der Natur, im Duft von Bäumen und Blumen, fühlte er sich entspannt und abgelenkt und sammelte neue Kräfte. An einem dieser Tage war er mit einem kleinen Reitertross unterwegs. Der junge Monarch wirkte unruhig. Verspürte er eine Vorahnung von dem, was ihn zu späterer Stunde erwarten würde ...?

Plötzlich tauchte in der Ferne ein Rebhuhn auf.

„Das ist ein rascher Fang für meinen Falken!", rief König García aus und gab seinem Falkner einen raschen Wink. Der verstand sofort und ließ den gefährlichen Vogel auf das Rebhuhn los.

Sofort schoss der Falke hervor. Er kam dem Rebhuhn näher und näher, das immer wieder vom Boden aufstieg und mit kurzen schnellen Flügelschlägen um sein Leben kämpfte.

García und seine Getreuen verfolgten das Schauspiel und gaben ihren Pferden die Sporen, um die Vögel nicht aus den Augen zu verlieren. Sie sprengten hinweg über Wege und Wiesen und hielten Ausschau nach dem tapferen Rebhuhn, das seinen Verfolger ein ums andere Mal mit geschickten Manövern narrte. Aber der Jagdvogel ließ nicht von ihm ab.

In seiner größten Todesangst erspähte das Rebhuhn an den Ufern des Río Najerilla einen dichten, rettenden Wald unterhalb eines gewaltigen Massivs aus rostrotem Sandstein. Es flatterte mitten hinein, verfolgt vom Falken, der sein erhofftes Opfer im Dunkel der Bäume bald aus den Augen verlor. Beide Vögel schwirrten ziellos umher und fanden weder aus noch ein.

„Mein Falke wird das Rebhuhn längst in seinen kräftigen Krallen haben", dachte der König, als er und die Seinen den Waldrand erreichten.

Doch die Vögel blieben verschwunden. Der König ritt ein Stück in den Forst hinein, bis ihn die Schatten der Stämme schluckten. Das Dickicht hielt ihn zurück. García horchte in die Stille. Kein Laut war zu hören. Nur das Gluckern und Glucksen des Río Najerilla strömte von ferne heran. Allmählich kam ihm die Sache merkwürdig vor. Bislang hatte sein Falke jedes Opfer in Windeseile geschlagen, aber heute ...?

Er machte kehrt, stieg vom Pferd und ging gemeinsam mit seinen Begleitern am Waldsaum entlang. Immer wieder spähte er in das finstere Ast- und Blattwerk. Plötzlich, schemenhaft im Hintergrund, zeichneten sich die Konturen eines Höhleneingangs ab.

„Eine Höhle? Ob sie bewohnt sein mag?", fragte sich leise der König. „Ob mein Falke das Rebhuhn dort geschlagen hat?"

Der Monarch und seine Getreuen bahnten sich den Weg zur Grotte. Im Innern sahen sie einen flackernden Lichtschein, der sie wie magisch anzog. Sie traten ein und fuhren erschrocken zusammen ...

In der Höhle stand ein kleiner Altar mit einem Bildnis der heiligen Jungfrau. Ein Bildnis, wie es der König prächtiger nie gesehen hatte: Maria als Königin und Mutter, ihr Gesicht von zarter Anmut, die großen Augen voller Liebe und Wärme, auf ihrem Haupt eine goldene Krone, auf ihrem linken Knie der Sohn.

Zu ihren Füßen erblickten García und seine Getreuen eine winzige Lampe mit dem ewigen Licht, eine Glocke und eine *terraza*, eine Vase mit langen, weißen Lilien. Es waren herrliche Madonnenlilien, die einen betörenden Duft verströmten. Größer noch war ihr Erstaunen, als sie auf dem lehmigen Boden das Rebhuhn und den Falken in friedlicher Eintracht entdeckten.

„Das müssen übernatürliche Kräfte sein", sagte García. Ehrfurchtsvoll warf er sich nieder, dankte Gott aus tiefstem Herzen und betete das Bildnis an.

An jener Stelle ließ König García ein Kloster errichten und gab ihm den Namen Santa María. Unter dem Schutz der heiligen Jungfrau und Gottesmutter gründete er später einen Ritterorden, dessen Name an den Vasenfund erinnerte: *Caballeros de la Terraza.*

Fortan machten unzählige Pilger auf dem Weg nach Santiago im Monasterio de Santa María la Real de Nájera Station. Sie verehrten das Bildnis und riefen ihm zu:

„Sei gegrüßet, Königin und Mutter, unsere süße Hoffnung, unser Leben. Wende diese deine Augen uns zu, oh gnadenreiche, oh süße Jungfrau Maria."

Jahre später erfüllte sich König Garcías letzter Wille. Nach seinem Tod auf den Schlachtfeldern von Atapuerca setzte man ihn im Kloster von Nájera bei.

Monasterio de Santa María la Real de Nájera

Besuch: Auf den Spuren von König García führt ein schmaler Felsengang von der Klosterkirche direkt in die winzige Grotte mit ihrer Marienskulptur – ein einzigartiges Erlebnis am Jakobsweg! Beidseits des Höhlenzugangs reihen sich reich ornamentierte Grabmäler auf, darunter jene des Gründerkönigs García Sánchez und seiner Gemahlin Estefanía. Auch die navarresischen Monarchen Sancho Garcés II. und Sancho Garcés IV. haben hier ihre letzte Ruhe gefunden. Allerdings sind Steinsärge und Bildhauerwerk der Königsgruft in einer Mischung aus Renaissance- und platereskem Stil gehalten und somit Jahrhunderte jünger als die Verstorbenen. Aus dem Mittelalter hat sich einzig der romanische Deckel des Sarkophags der Blanca de Navarra (1136-1156) erhalten; meisterhafte Reliefs zeigen einen Pantokrator sowie Trauernde um die jung verstorbene Königin.

Ein Rundgang durch das einstige Benediktinerkloster führt in den „Kreuzgang der Ritter" (*Claustro de los Caballeros*; 16. Jahrhundert) mit seinen filigranen Spitzbögen, auf die Empore der Kirche mit dem 1493-1495 geschnitzten Chorgestühl sowie zum barocken Retabel mit der Lampe, der Glocke und der Vase mit Madonnenlilien.

Geschichte und Gegenwart: Mit 1044 geben die meisten Quellen

das Jahr von König Garcías wundersamem Bildnisfund an, einige Legendenversionen ersetzen das Rebhuhn durch eine fluggewandtere Taube. 1052 wurde die romanische Kirche geweiht und Mitte des 15. Jahrhunderts durch die heutige gotische ersetzt. Der Einfall der napoleonischen Truppen und die Säkularisation sorgten während der ersten Hälfte des 19. Jahrhunderts für irreparable Schäden und Verluste. Zahlreiche Kunstschätze verschwanden ebenso wie die Bibliothek, das Archiv und die Apotheke. **Öffnungszeiten:** Täglich vormittags und nachmittags.

Oase des Friedens: Das Bildnis der Gottesmutter in der Grotte von Nájera.

Lage und Anfahrt: In der Rioja knapp 25 km südwestlich von Logroño, Abzweig ins Ortsinnere von Nájera ab der N-120.

Besonderer Tipp: Ausgesprochen schöner Wanderabschnitt auf dem Jakobsweg von Nájera bis Azofra, ein Stück hinter dem Kloster zunächst Anstieg durch Kiefernwälder und späteres Flachstück durch üppige Weingärten.

Wunder und Großmut des heiligen Millán de la Çogolla

In einem langen wechselvollen Leben wandelte sich Millán de la Cogolla vom Schafhirten zum Eremiten, vom Eremiten zum Priester, vom Priester zurück zum Eremiten und vom Eremiten zum Klostergründer. Er war ein gottergebener Mann von wenig Worten und reichlich Taten, von Träumen und Visionen.

In jungen Jahren gebot ein Traum Millán, den Einsiedler Felices im unweit gelegenen Bilibio aufzusuchen. Hier ging er lange Zeit in die christliche Lehre und fand in Felices einen Meister, der ihn mit Geduld und Weisheit auf seinen weiteren Weg vorbereitete.

In Wissen und Werten gestärkt, kehrte Millán in die Nähe seines Heimatdorfes Berceo zurück. Fortan führte er in den Gebirgshöhlen der Montes Distercios ein asketisches Einsiedlerleben, das niemandem der Gegend verborgen blieb. Immer wieder ersuchte man ihn um Rat und Hilfe und hoffte auf seine wundersamen Kräfte, die ihn bereits zu Lebzeiten auf den Rang eines Heiligen stellten. Millán de la Cogolla besaß die Fähigkeit, die rätselhaftesten Krankheiten zu heilen, und trieb, so sagt man, Besessenen den Teufel aus. Einmal sogar begab er sich auf eine Reise, um das Haus des mächtigen Senators Honorio de Parpalinas von Dämonen und Geistern zu befreien.

Auf Dauer fühlte sich der Eremit vom Ansturm der Gläubigen und Hilfsbedürftigen überrannt und er wählte einen entlegeneren Platz in der Bergwelt, um eins zu sein mit Gott und der Stille.

Eines Tages rief ihn der Bischof zu sich und trug ihm an, als Priester nach Berceo zu kommen. Millán, bereits in fortgeschrittenem Alter und von einem langen eisgrauen Bart gezeichnet, willigte ein. Vierzig Jahre waren seit Beginn seiner Lehrzeit bei Felices vergangen.

Millán ging mit Freude unter die Menschen. Seine Freigebigkeit kannte keine Grenzen. Zu jeder Zeit war er bemüht, alle Notleidenden bei sich aufnehmen und bewirten zu können. Er häufte Vorräte an, ließ neue Kornspeicher bauen und verteilte seine und die Einkünfte anderer geistlicher Amtsträger an die Armen. Einmal schenkte er einem Bettler seinen eigenen Mantel.

Milláns Großmut kam ungewollt dem Bischof zu Ohren – einige Kleriker hatten ihn wegen Missbrauchs von Kirchengütern angezeigt. Auf die Vorwürfe antwortete der Heilige mit Schweigen. Der Bischof setzte ihn kurzerhand ab.

Erneut zog sich Millán als Einsiedler in die nahen Gebirgsgrotten zurück, aber er blieb nicht lange allein. Bald folgten ihm einige Schüler, mit denen er das *Monasterio* von Suso aufbaute und in einen bedeutenden Hort von Kunst und Wissenschaft verwandelte.

Im Bergkloster Suso setzte San Millán de la Cogolla sein wundersames Wirken fort. Eines Tages, während der Fastenzeit, schafften ein paar Männer eine erlahmte Frau in einem Karren hinauf. Sie bat darum, den Heiligen zu sehen, doch er hatte sich zum Fasten in eine der angrenzenden Steinzellen zurückgezogen und richtete aus, er könne nicht kommen. Da trug die Frau den bescheidenen Wunsch vor, zumindest seinen Stab küssen zu dürfen. Überwältigt von ihrer Genügsamkeit, trat er zu ihr hervor. Sie betete und berührte seine Hand mit ihren Lippen, stand auf und ging geheilt nach Hause.

Nicht jeder durfte bei Millán auf Mitgefühl und Vergebung seiner Sünden hoffen. So erging es zwei dunklen Gesellen, die sich ans Kloster pirschten und ein Pferd stahlen, das Millán gelegentlich für die Strecke von Suso nach Berceo nutzte. Unterwegs erblindeten die beiden und erkannten ihre Strafe. Zerknirscht kehrten sie nach Suso zurück und glaubten ungeschoren davonzukommen. Sie überbrachten Millán das Tier und baten um

Nachsicht, doch ihre Reue war nicht ehrlich gemeint. Er nahm das Pferd, bedauerte seinen Besitz, verkaufte es und vermachte Bedürftigen das Geld. Millán, der viele Blinde sehend gemacht hatte, gab den Dieben ihr Augenlicht nicht zurück. Er ahnte, dass sie als Gesunde künftig weiterhin stehlen und selbst Notleidende um ihre Habe bringen würden.

Der „Escorial der Rioja" – San Milláns Wirk- und letzte Ruhestätte.

San Millán de la Cogolla bewahrte seine Energie bis zum Ende. Er starb hochbetagt im Alter von 101 Jahren. Man setzte ihn in der Klosterkapelle bei. Fortan lockte das *Monasterio* von Suso eine stetig steigende Zahl an Gläubigen an, zumal die Kunde von Wundern des Heiligen nicht abriss.

Eines Tages trug ein frommes Paar ihre schwer kranke Tochter den Berg hinauf zum Kloster. Sie hofften auf wundersame Hilfe, doch das Mädchen verstarb auf der beschwerlichen Wanderschaft. In tiefer Trauer setzten sie den Weg unter stillen Gebeten fort. In Suso baten sie die Mönche, den Leichnam neben den Altar San Milláns betten zu dürfen, während sie selbst neue Kraft für den Rückweg schöpfen wollten. Als sie an den Tisch des Herrn zurückkehrten, stockte ihnen der Atem vor Freude. Das kleine Kind saß unversehrt da und spielte mit dem Altartuch.

In Eintracht mit dem Apostel Jakobus tauchte San Millán de la Cogolla den christlichen Streitern später als zweiter *matamoros* auf, als „Maurentöter". Auf einem Schimmel sah man ihn, wie er über die Schlachtfelder sprengte und mit seinem Schwert die feindlichen Mauren köpfte. Dank dem Eingreifen und dem Ansporn des Heiligen gewannen die Christen viele blutige Kämpfe gegen die Sarazenen. Jede Erscheinung in höchster Not vertiefte den Ruhm des heiligen Millán de la Cogolla.

San Millán de la Cogolla

Geschichte und Gegenwart: San Millán de la Cogolla (473-574) ist Namensgeber des 200-Seelen-Örtchens an den Ausläufern der Sierra de San Lorenzo. Er stammte aus dem benachbarten Berceo, sein Geist wird in den beiden Klöstern Suso und Yuso wach gehalten.

Suso, das obere und längst verlassene Bergkloster aus westgotischen Zeiten, wurde um 550 von Millán begründet, direkt an den Fels angebaut und ausgangs des ersten Jahrtausends im mozarabischen Stil erweitert. Hier verehrten die Gläubigen bis ins 11. Jahrhundert hinein das Grab des Heiligen, ehe man seine Reliquien talwärts ins neu gegründete Kloster Yuso überführte. Von Yusos romanischem Erstbau ist nichts geblieben. Die heutige Anlage geht im Wesentlichen auf das 16. bis 18. Jahrhundert zurück, trägt den Beinamen „Escorial der Rioja" und liegt in den Händen von Augustinern. Höhepunkte im Yuso-Kloster: San Milláns Reliquienschrein aus Elfenbein, der Kreuzgang im Renaissancestil, der Foliantenschrank im oberen Kreuzgang, die 1697 beendete Prachttreppe sowie Gemälde und Skulpturen in der Sakristei und den oberen Museumsräumen. Es gibt zwei wichtige Darstellungen des San Millán als „Maurentöter": das Relief an der Eingangsfassade sowie das

Hauptretabel der Kirche mit ihrem großformatigen Ölgemälde des Juan de Ricci. Heute zählen die Klöster Yuso und Suso zum Kulturerbe der Menschheit.

Schreiber mit Verständnisproblemen

San Millán de la Cogolla gilt als „Wiege der spanischen Sprache", die aus der Schreibwerkstatt der Klostergemeinschaft erwuchs. Im Jahr 964, so jüngste Forschungen, wurde der „Códice 46" von schriftgelehrten Mönchen beendet, ein enzyklopädisches Werk mit einer Fülle von Abweichungen vom herkömmlichen Latein. Ein paar Jahrzehnte später brütete ein anderer Mönch über einer alten lateinischen Quelle und kämpfte mit Verständnisproblemen. Längst hatte sich die Sprache in ihre Zeit hinein weiterentwickelt, man redete anders, als man schrieb. Seine Randnotizen, die berühmten „Glosas Emilianenses", spiegeln die Unsicherheit im Umgang mit überkommenen Ausdrücken eines angestaubten Lateins wider. So sind „Códice 46" und „Glosas Emilianenses" als die Wurzeln des modernen Spanisch in die Geschichte eingegangen.

Öffnungszeiten: Kloster von Yuso täglich vor- und nachmittags, Führungen.
Lage und Anfahrt: San Millán de la Cogolla, rund 20 km südwestlich von Nájera und etwas abseits vom eigentlichen Jakobsweg gelegen, hat seit ehedem Pilger angelockt; ausgeschilderte Anfahrt über Nájera oder Santo Domingo de la Calzada.

Das Hühnermirakel von Santo Domingo de la Calzada

Er galt als herzensgute Seele am *Camino*, hatte stets ein offenes Ohr für andere und gab alten Wegstrecken neue Beläge. So nannte man ihn den „heiligen Dominikus von der gepflasterten Straße", Santo Domingo de la Calzada. Er verpflegte und beherbergte Heere an Wallfahrern und war immer dort, wo man ihn brauchte. Selbst nach seinem irdischen Ableben und zu den sonderbarsten Gelegenheiten ...

Eines Tages, lange nach dem Tod des Dominikus traf eine kleine deutsche Pilgerfamilie in dem nach ihm benannten Städtchen ein. Auf ihrer langen beschwerlichen Reise waren die Eltern gemeinsam mit ihrem Sohn unterwegs, der, wo immer er hinkam, die Blicke der Dorfjugend auf sich zog: ein schlanker, junger Mann mit blauen Augen und blonden Locken.

Nach ihrem Gebet am Heiligengrab suchten die drei eine Herberge, freuten sich auf ein trockenes Lager und ein herzhaftes Mahl. Von Anbeginn hatte eine der Mägde des Gasthofs ein Auge auf den Burschen geworfen, wusste aber um den frühmorgendlichen Aufbruch der Pilger. Sie musste baldmöglichst handeln. In einem unbemerkten Augenblick, nach dem Abendbrot, witterte sie ihre Chance und machte ihm ein eindeutiges Angebot. Er schlug ihr fleischliches Ansinnen aus und sagte:

„Versteh mich, Magd. Wir sind auf der Reise nach Santiago, wo ich dem heiligen Apostel unberührt gegenübertreten möchte."

Die Magd schäumte innerlich vor Wut. Noch niemand hatte ihren Körper abgelehnt.

„Zum Teufel mit dem Bürschlein", sprach sie zu sich selbst. Sie sann auf Rache, überlegte kurz und schmunzelte befriedigt über ihren Einfall.

„Wart nur den Morgen ab", sagte sie leise. Als sich die Familie zum Frühstück niedergelassen hatte, schlich die Magd in die Kammer der Gäste. Das verschnürte Gepäck stand zum Abmarsch bereit. Unter ihrer Schürze zog sie einen silbernen Becher des Gasthauses hervor und versteckte ihn in der Tasche des Burschen.

Frisch gestärkt und gut gerüstet für die lange Etappe nach Villafranca Montes de Oca, bedankte sich die Familie bei den Wirtsleuten für die freundliche Aufnahme und die üppigen Mahlzeiten. Doch sie kamen nicht weit. Plötzlich drangen aufgeregte Schreie hinter ihnen her.

„Ein Dieb, ein Dieb!"

War das nicht die Magd, die dort rief?

„Unser silberner Becher ist verschwunden!"

Rasch liefen die Schergen der Justiz herbei. Sie durchwühlten das Bündel des Burschen und fanden das vermisste Gefäß. Vor den Augen seiner entsetzten Eltern nahmen sie den Jungen fest und schleppten ihn vor den Landrichter, der sich die Geschichte mürrisch anhörte. Obgleich der Junge unablässig seine Unschuld beteuerte, schenkte ihm der Richter keinen Glauben. Für ihn lag der Fall klar.

„Erhängen", sagte er unwirsch. „Sofort erhängen. Es ist, wie es ist. Auf Diebstahl steht der Strang."

Vor einem Pulk aus Schaulustigen, unter denen sich die verlogene Magd versteckt hielt, knüpfte man den unschuldigen jungen Pilger auf dem Platz von Santo Domingo de la Calzada auf ...

Die Eltern des Burschen, verzweifelt und mittlerweile von den Dörflern geächtet, ersparten sich die Gräuel. Sie hielten sich am Ortsrand versteckt. Später am Tage wollten sie die Reise nach Santiago fortsetzen und den Apostel um Vergebung der Sünden ihres vom Wege abgekommenen Sohnes anrufen. Ihr innigster

Wunsch war es, ihn ein letztes Mal zu sehen und in aller Stille Abschied zu nehmen. So schlichen sie an den Henkerspfahl und hielten vor dem Körper inne.

Sie senkten den Kopf, fielen auf die Knie, weinten bittere Tränen und beteten. Da erhob sich eine fremde Stimme.

„Beweint nicht als tot, was noch atmet!"

So sonor sie klingen mochte, die Worte der Stimme flossen weich dahin und legten sich wie ein Mantel der Barmherzigkeit um die Eltern. Plötzlich vernahmen sie eine zweite Stimme, die ihnen allzu bekannt vorkam: „Mutter, Vater, seht her, ich lebe!"

Ungläubig schauten die beiden auf. Ein Schauer aus Furcht und Freude durchfuhr sie.

Wie konnte das sein ...? Waren sie von Sinnen ...? Ihr Sohn, unverändert am Galgen, blickte frohgemut auf sie herab und sprach.

Die Eltern vergaßen die Welt um sich herum. Atemlos stürzten sie zum Haus des Landrichters, der gerade an einer opulent gefüllten Tafel Platz genommen hatte. Vor ihm dampften eine knusprig gebratene Henne und ein gebratener Hahn und verströmten betörende Düfte. Ihm lief das Wasser im Munde zusammen, so dass er die ungebetenen Gäste gleich hinausbefördern wollte.

„Ha!", rief der Richter nach Ende ihrer Kunde höhnisch aus. „Wenn das Ganze wahr wäre, würde ich den Burschen eigenhändig vom Galgen schneiden und unverzüglich begnadigen!"

Die Eltern flehten ihn an, er solle sich selbst von der Wahrheit überzeugen.

„Euer nichtsnutziger Spross", warf er gereizt ein, „ist so lebendig wie der Hahn und die Henne vor meinen Augen! Und jetzt macht, dass Ihr verschwindet!" Dann setzte er mit überheblichem Schmunzeln hinzu:

„Wenn die Geschichte wahr wäre, bei Gott, dann bekämen der Hahn und die Henne Flügel und flögen davon!"

Das Krähen des Hahns verspricht Glück für den Pilgerweg –
die wohl kurioseste Sehenswürdigkeit am Jakobsweg:
der Hühnerstall in der Kathedrale von Santo Domingo de la Calzada.

Kaum gesagt, blieb ihm das Lachen im Halse stecken. Tatsächlich. Die Flügel der gebratenen Tiere begannen zu flattern.

Der Hahn krähte. Das Huhn gackerte. Sie erhoben sich vom Tisch. Und flogen davon.

Als man den unschuldig Erhängten wohlbehalten vom Henkerspfahl trennte, war der heilige Domingo am Ende seiner Kräfte. Unbemerkt von allen, hatte er die Beine des Jungen die ganze Zeit auf seinen Schultern gestützt ...

Die Geschichte vom Hühnermirakel zog weite Kreise. Bald gab es keinen Pilger, der das wundersame Ereignis nicht kannte. Um es auf immer im Gedächtnis zu behalten, entschloss man sich, das Gotteshaus des Heiligen mit einem *gallinero* auszustatten: einem Hühnerstall. Seitdem leben in der Kathedrale von Santo Domingo de la Calzada ein weißer Hahn und eine weiße Henne.

Santo Domingo de la Calzada

Geschichte und Gegenwart: In Einklang mit ihrem sichtbaren Zeugnis, dem leibhaftigen Stall in der Kathedrale von Santo Domingo de la Calzada, gilt vielen die Legende vom Hühnermirakel als kurioseste am gesamten Jakobsweg. Diverse Versionen weisen der deutschen Pilgerfamilie eine Herkunft aus dem Raum Wesel-Xanten zu. Um die Wirkung des Wunders zu verstärken, lassen manche Autoren die Eltern erst nach der Rückkehr aus Santiago am Henkerspfahl anhalten. Nur eines ist nicht überliefert: das Schicksal der hinterhältigen Magd ...

Die steinerne Hülle des Hühnerkäfigs – nämlich der prächtige Kirchbau selber – wurde 1196 geweiht, 1232 zur Kathedrale erhoben und bis ins 18. Jahrhundert hinein erweitert. Äußerer Blickfang ist der separat stehende Turm, ein 1762-1766 bis auf 70 Meter himmelwärts gezogenes Werk von Martín de Beratúa.

Hahnenschrei im Gottesdienst

In früheren Zeiten stand der Hühnerstall hinter dem Altar und beflügelte Pilger, sich Federn als Souvenir mitzunehmen und nach Santiago zu tragen. Mittlerweile hat ein verglaster Käfig den offenen Stall abgelöst. Er ist weit über Kopfhöhe in die Mauer gegenüber dem Mausoleum des Santo Domingo eingelassen und keineswegs schalldicht. Mitunter meldet sich der Hahn sogar bei Gottesdiensten lautstark zu Wort.

Auch wenn Spanier gemeinhin wenig von Tierschutz halten, wird das weiße Federvieh dem Vernehmen nach alle paar Wochen ausgetauscht – gleicht sich bei Besuchen jedoch jedes Mal wie ein Ei dem andern ...

Sehenswert im Innern: der romanische Hauptteil um den Altarbereich (mit einem herrlichen Relief des musizierenden Königs David), das Mausoleum und die Gruft des Santo Domingo de la Calzada sowie das reich ornamentierte Renaissanceretabel von Damián Forment.

*Ein tatkräftiger Förderer des Jakobsweges –
der „hl. Dominikus von der gepflasterten Straße".*

Im Kreuzgang und einstigen Kapitelsaal sind die Kathedralschätze ausgestellt. Eine versteckte Tür zwischen Kreuzgang und Chor führt vom Innenraum der Kathedrale durch alte Wehrgänge auf ein Zwischenplateau hinauf.

Öffnungszeiten: Montags bis samstags vor- und nachmittags.

Lage und Anfahrt: Santo Domingo de la Calzada liegt am *Río Oja* – jenem Fluss, von dem sich der Name „Rioja" ableitet – sowie an der Nationalstraße N-120, rund 45 Kilometer westlich von Logroño.

Besondere Tipps: Auf überschaubarem Raum bietet die Kleinstadt zusätzliche Feinheiten wie die Plaza de España mit barockem Rathaus und Laubengängen, die lang gestreckte Pilgergasse Calle Mayor, das moderne Pilgermonument vor der Iglesia de San Francisco und die häufig von Störchen angeflogenen Reste der Stadtmauer. In einem einstigen Hospiz gegenüber der Kathedrale haben sich Zeiten und Inhalte geändert: im Mittelalter bedürftige Wallfahrer, heute Drei-Sterne-Klientel eines stilvollen Paradors.

Ein Mann der Tat

Santo Domingo de la Calzada lebte von 1019 bis 1109 und stammte aus dem nahen Örtchen Viloria de Rioja. In seiner Kindheit hütete er Schafe und fühlte früh seine religiöse Berufung. Allerdings besaß er kein Talent zum braven Mönch, der über Büchern brüten sollte. Ein zurückgezogenes Leben hinter Klostermauern war seine Sache nicht. Domingo sah sich als Mann der Tat. Er war geschaffen für die praktische Arbeit und besessen von dem Gedanken, die Strapazen der Pilger auf dem Camino de Santiago zu lindern. Als Eremit versorgte er sie in seinem Hospiz, legte Sumpfgebiete trocken, baute eine Brücke über den Río Oja und besserte Wegpassagen aus. Sein Ruf kam Kastiliens König Alfons VI. dem Tapferen zu Ohren, der ihm ein Grundstück zum Bau einer Kirche stiftete. In hohem Alter wählte Domingo neben dem Gotteshaus den Platz für seine kommende Grabstätte aus. Mit einem prächtigen Alabastermausoleum, so wie man es heute in der Kathedrale verehrt, dürfte der bescheidene Heilige sicher nicht einverstanden gewesen sein.

Mit viel Musik und farbenprächtigen Prozessionen feiert das Städtchen seinen Namensgeber beim mehrtägigen Patronatsfest rund um den 12. Mai.

Die wundersamen Kräfte des San Juan de Ortega

Als Juan, ein junger kastilischer Priester, von seiner Wallfahrt ins Heilige Land übers Meer in die Heimat zurückkehrte, verdunkelte sich plötzlich das Firmament. Aus dem unheilvollen Schwarz am Horizont zog Wind auf, der in einen Sturm überging. Urgewaltig rollten wütende Wellen gegen die Planken des Schiffes, die Hölzer knarrten bedrohlich, Brecher krachten auf Deck.

Das Boot drohte unterzugehen, doch wehrte es sich verzweifelt gegen sein Schicksal. In höchster Not rief Juan den heiligen Nicolás de Bari um Schutz an. Im Falle eines glücklichen Ausgangs, versprach er, wolle er ihm eine Kapelle widmen und die Wallfahrer auf dem Weg nach Santiago betreuen. Er gelobte, den Pilgern eine ebenso gute Stütze und ein Baumeister zu sein wie sein Vorbild Santo Domingo de la Calzada.

Der Sturm legte sich. Das Schiff erreichte ruhiges Fahrwasser. Wohlbehalten betrat Juan die vertraute Erde. Er löste sein Versprechen ein. Als Platz für sein Kirchlein, ein Kloster und ein Hospiz wählte er eine der gefahrvollsten Stellen am *Camino de Santiago*: zwischen Villafranca und Burgos, gleich hinter den wind- und wettergepeitschten Montes de Oca, in denen es vor Wegelagerern nur so wimmelte. Er schlug neue Pfade durch unwirtliche Gegenden, die versumpft oder mit *ortigas*, Brennnesseln, übersät waren. Daher sein Name: San Juan de Ortega, der „heilige Johannes von der Brennnessel".

Nach Ende seines irdischen Lebens bewirkte er viele Wunder. Eines Tages, so sagt man, erlangte ein stummes Kind die Sprache wieder, nachdem es auf dem Grab des Heiligen einige Äpfel gesehen hatte. San Juan de Ortega stand überdies im Rufe, mit seinen wundersamen Kräften fruchtbarkeitsfördernd zu wirken. So sah man zahlreiche Frauen an seinem Grab, die den Heiligen um Beistand baten.

Sein verheißungsvoller Einfluss kam Kastiliens Königin Isabella zu Ohren, die sich nach langen Jahren kinderloser Ehe mit Ferdinand von Aragonien auf Pilgerschaft an den Rand der Montes de Oca begab. Isabella, so will es die fromme Legende, sehnte sich danach, dem Heiligen persönlich ihren Wunsch nach einem Thronfolger zuzutragen.

Nach dem Empfang im Kloster suchte Isabella an der Seite des Priors das Heiligtum auf und trat vor den prächtig gestalteten Sarkophag. Zu Ehren der Monarchin öffnete er das Grab.

Als der Prior den Deckel anhob, fuhr er verblüfft zurück. Aus dem steinernen Sarg flogen Bienen hervor, ein ganzer Schwarm, der aufgebracht in der Kirche umherschwirrte. Es waren keine gewöhnlichen Bienen, sondern wunderbar weiße. Sie hinterließen einen betörenden Duft, der auch dem offenen Grab entströmte. Im Innern lag der unversehrte Leib des Heiligen.

Isabella war eine kraftvolle Frau, die in keinem Augenblick Furcht empfand. Ganz im Gegenteil. Sie verspürte ein großes Wohlgefühl.

„Das Bienenwunder!", flüsterte der Prior. „Es müssen die Seelen der Ungeborenen sein, die San Juan für kommende Mütter bereithält." Isabella nickte. Im Jahr darauf brachte die Königin einen Sohn zur Welt. Sie gab ihm den Namen Juan.

Kirche in der Einsamkeit

Pilger schätzen San Juan de Ortega als einen der stimmungsvollsten Jakobswegflecken, der Zivilisation ein Stückchen wohlig entrückt. Nach dem Aufstieg durch die Montes de Oca und einem kilometerlangen Flachstück durch die Hochebene schaut man vom Waldsaum in die Weite auf die Kirche – ein Anblick, der Wallfahrer vergangener Zeiten noch stärker ergriffen haben dürfte. Erschöpfte erholen sich auf dem weit ausgreifenden Kirchenplatz von den Strapazen und quartieren sich in der Herberge ein.

Stimmungsvoll, der Zivilisation wohlig entrückt: Nach dem Aufstieg durch die Montes de Oca erblickt der Pilger die Kirche von San Juan de Ortega.

San Juan de Ortega

Geschichte und Gegenwart: Welch mächtiger Komplex muss es vormals gewesen sein! Kloster und Hospiz wurden von Juan de Ortega im 12. Jahrhundert in der Einsamkeit begründet, auf die Augustiner folgten vom 15. bis zum 19. Jahrhundert Hieronymitenmönche. Geblieben sind Erinnerungen an das Auf und Ab des Klosterlebens, als fassbares Zeugnis hat sich einzig die romanisch-gotische Kirche erhalten. Hier tritt man an das prächtig verschnörkelte Mausoleum des San Juan de Ortega heran und steigt auf schmaler Treppe in die Krypta hinab zu seinem Grab mit dem reliefierten romanischen Sarkophag. Beachtung verdienen die romanischen Kapitelle im Kircheninnern, auf denen Szenen wie Mariä Verkündigung und Rolands Kampf gegen den Riesen Ferragut zu sehen sind.

Brücken- und Wegebauer

San Juan de Ortega kam in Quintanaortuño, einem Dorf in der Provinz Burgos, zur Welt. Er lebte zwischen 1080 und 1163. In jungen Jahren traf er Domingo de la Calzada, den berühmten Heiligen des Hühnermirakels, und trat nach seiner glücklichen Heimkehr aus dem Heiligen Land als Förderer des Jakobsweges in dessen Fußstapfen. Er tat sich als Brücken- und Wegebauer hervor, betreute Pilger und Arme und lebte in seinem Kloster nach der Augustinusregel.

Lage und Anfahrt: San Juan de Ortega, ein winziger Weiler rund 25 km östlich von Burgos; ausgeschilderter Abzweig ab der N-120 zwischen Villafranca Montes de Oca und Burgos.
Öffnungszeiten: Zwischen Frühjahr und Herbst hat die Klosterkirche im Regelfall täglich geöffnet, im Winter unregelmäßige Zugangszeiten.
Besonderer Tipp: Alljährlich am 21. März und am 21. September, spätnachmittags, ist die Klosterkirche Schauplatz eines „Lichtwunders". Zum Zeitpunkt der Tagundnachtgleiche fallen Sonnenstrahlen ins Kircheninnere und tauchen ein romanisches Kapitell in warmes Licht, das Mariä Verkündigung, Mariä Heimsuchung und Christi Geburt zeigt.

96

Der Christus von Burgos

Es war einmal ein frommer Kaufmann aus Burgos, der den Augustiner-Eremiten des örtlichen *Convento de San Agustín* zugetan war. Bevor er wieder einmal eine lange Handelsreise antrat, bat er sie im Kloster um Schutz für gutes Gelingen seines Unternehmens und gelobte ihnen ein wertvolles Geschenk mitzubringen.

In unzählige Geschäfte verstrickt, vergaß der Kaufmann unterwegs sein Versprechen. Erst auf der Heimfahrt, unter geblähten Segeln mitten auf hoher kantabrischer See, fiel es ihm wieder ein. Was sollte er tun?

Scham stieg in ihm auf, als er sich jenen Augenblick ausmalte, in dem er mit leeren Händen vor die Augustiner hintreten musste. Plötzlich drang ein Ausruf des Wachhabenden an sein Ohr. Abgelenkt von seinen trüben Gedanken, stürzte der Händler an den Bug und blickte zu einem länglichen Gegenstand, der voraus im Wasser trieb. Als das Schiff näher heransegelte, erkannte er eine Kiste und befahl der Mannschaft, sie an Bord zu hieven. Die Kiste war aus Holz gefertigt und glich einem Sarg.

Gespannt standen der Kaufmann und die Seeleute im Kreis auf Deck, als sich der Zimmermann daranmachte, den merkwürdigen Kasten zu öffnen. Als er den Deckel hob, wichen sie allesamt erschreckt zurück. In der Kiste lag eine gläserne Schatulle mit dem unversehrten Korpus eines Christus, wie ihn nie jemand vorher gesehen hatte. Es gab keinen, den der schmerzerfüllte Ausdruck nicht anrührte. Selbst die rauesten Burschen senkten voller Demut den Kopf. Der Mund des Gekreuzigten stand halb offen, die Zahnreihen schauten hervor, die Augen waren glasig verdreht. Auf dem Kopf trug er die Dornenkrone, sein Körper war mit grässlichen Wundmalen übersät, das Blut hatte überall getrocknete Rinnsale hinterlassen. Alles an dem Gekreuzigten wirkte täuschend echt: sein Haar, sein Bart, seine Wimpern, seine Finger- und Fußnägel, seine ganze Haut. Zusammen mit Ehrfurcht durchfuhr den Kaufmann tiefe Zufriedenheit. Nun wusste er, welches Geschenk er den Augustinern würde darbringen können.

Nach ihrer glücklichen Ankunft im Heimathafen schafften der Kaufmann und seine Männer den wundersamen Christusfund nach Burgos. Als sie die Stadtgrenze passierten, setzten sich die Glocken aller Kirchen von selbst in Bewegung. Unter feierlichem Geläut brachte man das Heiligtum in den *Convento de San Agustín*, wo die Augustiner-Eremiten ihm Platz in der bescheidenen Klosterkapelle gaben. Als man es aus seinem Glasbehältnis befreite, stellte man fest, dass Arme, Beine und Kopf beweglich waren. Auf Höhe der Brust entdeckte man einen kleinen Hohlraum, der Flüssigkeit aufnehmen und über eine offene Wunde abgeben konnte.

Man nannte das Bildnis *Cristo de Burgos*, „Christus von Burgos". In der Folge kamen zahlreiche Gläubige. In Bittprozessionen sehnten die einen Regen für ihre Felder herbei, andere wünschten sich das Ende von Pest und Hungersnöten. Manche Pilger wollen beobachtet haben, dass die Skulptur freitags zu schwitzen begann. Andere erzählten, dass man ihr den Bart regelmäßig stutze und die Nägel schneide.

Eines Tages fand sich Königin Isabella die Katholische zu einem Besuch in der Klosterkapelle ein. Die Monarchin, so sagt man, hatte einen Nagel des Kreuzes ins Auge gefasst. Sie beschloss, ihn eigenhändig zu entfernen und ihn im Gedenken an den Cristo mitzunehmen. Als sie zu dem Gekreuzigten hinaufstieg, fiel ein Arm des Christus auf sie herab. Zu Tode erschrocken, nahm sie von ihrem Einfall Abstand.

Heute verehrt man den *Cristo de Burgos* in der Kathedrale. Seine Kapelle lädt zur Andacht und Besinnung ein. Zu Füßen des *Cristo* liegen fünf Straußeneier, die ihm ein anderer Kaufmann einst als Geschenk aus Afrika darbrachte.

Burgos und seine Kathedrale

Schnitzwerk mit Kalbshaut

Abseits aller Legendenversionen dürfte der Ursprung des Christus von Burgos im Flandern des frühen 14. Jahrhunderts zu suchen sein. Im Zuge blühender Handelsbeziehungen wurde die Skulptur per Schiff in einen der kantabrischen Häfen und über Land in den Convento de San Agustín nach Burgos gebracht. In diesem Augustinerkloster blieb sie bis zur Säkularisation 1835/36, ehe sie in die Kathedrale kam. Dort gab man ihr eine eigene Kapelle, die Capilla del Santísimo Cristo.

Die realitätsgetreue Ausdruckskraft der Skulptur rührt nicht zuletzt von den verwendeten Materialien her: menschliche Fingernägel, echtes Haar sowie mit Kalbshaut überzogenes polychromiertes Schnitzwerk.

Besuch: Die *Capilla del Santísimo Cristo* gehört zum Verbund aus 19 Kapellen in der gotischen Kathedrale Santa María, eine der prächtigsten Glaubensburgen Europas. Allein durch ihre Maße stellt Burgos' *Catedral* alle anderen Gotteshäuser am Jakobsweg in den Schatten: 108 Meter lang und 61 Meter breit, die gotischen Turmhelme stechen 84 Meter hoch in den Himmel.

Höhepunkte des Besuchs: das skulpturenreiche Südportal *(Portal del Sarmental)*, das Ende des 16. Jahrhunderts vollendete Hauptretabel mit seinen großen Reliefs und dem versilberten Madonnenbildnis, die Vierungskuppel mit Sternrippengewölbe, das Grabmal des El Cid, der 103-stühlige Chor aus Nuss- und Buchsbaumholz, die „Vergoldete Treppe" *(Escalera Dorada)* des Diego de Siloé, die Kapelle des Konnetabels *(Capilla del Condestable)*, die Reliefs des Hinteraltars, die kuriose Papamoscas-Uhr sowie der vom Kreuzgang her zugängliche Domschatz samt „Truhe des El Cid" (siehe nachfolgende Legende).

Geschichte und Gegenwart: Stadtgründer Burgos' war Graf Diego Porcelos (884), in frühen Zeiten sorgten Wollhandel und Jakobswegboom für Aufschwung. Es gab nicht weniger als 32 Pilgerspitäler. Initiiert von Bischof Mauricio und dem kastilisch-leonesischen König Ferdinand III., dem Heiligen, begannen die Bauarbeiten der Kathedrale im Jahre 1221 und zogen sich mehrere Jahrhunderte hin. Heute gehört sie zum Weltkulturerbe der UNESCO und ist in jüngster Zeit umfangreich restauriert worden. Seitdem trägt ihre steinerne Außenhaut wieder hellen Glanz.

Öffnungszeiten: Die Kathedrale von Burgos öffnet täglich vor- und nachmittags.

Lage und Anfahrt: Die Hauptstadt der kastilisch-leonesischen Provinz Burgos liegt auf halbem Weg zwischen Pamplona und León; Jakobsweg bzw. Nationalstraße N-120 ziehen sich von Ost nach West durch die Stadt.

Besondere Tipps: Burgos' quicklebendige Altstadt legt sich um die Kathedrale und die arkadenbeflankte Plaza Mayor. Die Flanierpromenade Paseo del Espolón hält sich parallel zum Fluss, ein Aufstieg zum Burgpark *(Parque del Castillo)* garantiert gute Aussicht.

Schatztruhe der Gotik und seltene Klöster

Oberhalb der Kathedrale öffnet sich die gotische Kirche San Nicolás de Bari mit ihrem einzigartig verschnörkelten Steinretabel des Francisco und Simón de Colonia als wahre Schatztruhe. An den Stadträndern liegen zwei interessante Klöster mit selten gewordenen Ordensgemeinschaften: die Cartuja de Miraflores, ein Kartäuserkloster aus dem 15. Jahrhundert mit dem Grabmal der Eltern der Katholischen Königin Isabella, sowie das Real Monasterio de las Huelgas, ein Zisterzienserinnenkloster mit zwei Kreuzgängen und einer Reihe königlicher Grabstätten. Im einstigen Kornspeicher des Huelgas-Klosters wurde ein kleines Museum mit mittelalterlichen Grabbeigaben und Gewändern eingerichtet.

*Die Kathedrale von Burgos (Puerta del Sarmental, Südportal),
eine der prächtigsten Glaubensburgen Europas.*

Die trügerischen Schatztruhen des El Çid

Zu jener Zeit, da König Alfons VI. seinen treuen Gefolgsmann
El Cid zu Unrecht verbannt, setzt er ihm eine strikte Frist. Neun
Tage bleiben dem Cid, um sein geliebtes Kastilien zu verlassen.
Er beweint den Abschied aus seinem Heimatort Vivar und begibt
sich nach Burgos, wo ihn aus Furcht vor Strafe niemand aufnehmen will. Der in königliche Ungnade gefallene Adelige kommt
nicht umhin, sein Lager vor den Toren der Stadt aufzuschlagen.
Einzig Martín Antolínez, ein mutiger burgalesischer Edelmann,
versorgt ihn mit Wein und Brot.

In akute Geldnot geraten, ersucht der Cid ihn um weitere Mithilfe und schickt Martín Antolínez nach Burgos hinein zu Raquel und Vidas, zwei jüdischen Händlern. Im Tausch gegen ein
stattliches Leihsümmchen bietet er ihnen zwei große Truhen, mit
Sand gefüllt und wohl verschlossen, als Schatzdepots an. Seine
auf diese Art hinterlegten Reichtümer, lässt der Cid ausrichten,
könne er nicht mitnehmen, da zu schwer. Das Äußere der Truhen täuscht über ihren wahren Inhalt hinweg. Sie sind mit feinstem rotem Leder und vergoldeten Nägeln verziert. Vorsorglich
bittet der Cid den Schöpfer und alle Heiligen um Nachsicht ...
  Im Vertrauen auf ein gutes Geschäft willigen Raquel und Vidas ein. Im Schutz der Nacht brechen sie mit Martín Antolínez
zum Lager auf, meiden die Flussbrücke und durchreiten die Wasser des Arlanzón. Hocherfreut kommen sie mit dem Cid zusammen und wittern nicht einmal dann ein falsches Spiel, als man ihnen auferlegt zu schwören, die Truhen unter keinen Umständen
im laufenden Jahr zu öffnen. Mit den Schätzen als Garantie in ihrer Obhut, malt ihnen der Cid ein ewiglich sorgloses Leben aus.

Mit Hilfe von Martín Antolínez schaffen Raquel und Vidas beide Truhen heimlich hinfort in ein Versteck. Sie händigen ihm ei-

*El Cid – der legendäre Nationalheld
wurde zum Inbegriff des edlen spanischen Ritters.*

ne reiche Anleihe in Goldmünzen aus und belohnen den Mittels-
mann mit einem kleinen Zusatzanteil. Er kehrt zum Cid zurück
und übergibt ihm das Geld. Am nächsten Morgen nimmt der
Cid Abschied von Burgos.

„Wer weiß, ob ich in meinem ganzen Leben noch einmal zu-
rückkehre?!", stößt er aus und ruft die heilige Jungfrau und Gottesmutter Maria beim Abschied um Schutz an. Später, so sagt
man, gab der Cid den jüdischen Händlern das „geliehene" Geld
zurück.

Auf den Spuren des El Cid in Burgos

Verbannung eines edlen Streiters

Nationalheld El Cid, 1043-1099, eilte der Ruf eines großen Kämpfers voraus. Eigentlich hieß er Rodrigo Díaz de Vivar und stammte aus dem Örtchen Vivar, heute Vivar del Cid (Provinz Burgos). Intrigante Kräfte bewirkten, dass ihn der kastilisch-leonesische Monarch Alfons VI., der Tapfere, aus dem Reich verbannte. Er kämpfte vorübergehend für die Mauren, schlug sich zurück auf die christliche Seite und eroberte 1094 Valencia aus feindlicher Hand. Unter dem Zeichen des Kreuzes hielt er die Mittelmeerstadt bis zu seinem Tod.

Mitte des 12. Jahrhunderts entstand das „Poema de mío Cid", ein Epos, das den Cid als Idealbild edlen spanischen Rittertums in höchste Sphären hob. Der erste Teil des „Poema" schildert ausführlich seinen Halt in Burgos, inklusive der Truhen-Episode, bevor er zum Kloster San Pedro de Cardeña aufbricht. Dort sagt er seiner Frau Doña Jimena und seinen Töchtern Lebewohl und setzt den Weg ins Ungewisse der Verbannung fort.

Geschichte und Gegenwart: Die Kathedrale von Burgos bewahrt ein reiches Angedenken an El Cid. Zusammen mit seiner Frau Doña Jimena liegt er im Zentrum des Querschiffs begraben, das Kathedralmuseum zeigt den Ehekontrakt. Zwischen Kreuzgang und altem Kapitelsaal hängt hoch über den Köpfen der Besucher eine der beiden legendären „Schatztruhen"; der einstmals reiche Zierrat an jenem „Cofre de El Cid" ist allerdings verschwunden.

Außerhalb der Kathedrale hat der Cid seinen Platz in der Skulpturenfront des Stadttors Santa María sowie – hoch zu Pferde – als monumentales Standbild auf der Plaza del Cid gegenüber dem Stadttheater.

In der Meseta: Höllenglut über baum- und strauchlosen Weiten.

Höllenglut über der Meseta

Folgt man weiter dem Jakobsweg, geht es westlich von Burgos durch die Meseta nach León. Im Winter pfeifen eisige Winde über Spaniens Hochebene, im Sommer steht Höllenglut über den baum- und strauchlosen Weiten. Interessante Ziele am Wege: die typischen Pilgerdörfer Hornillos del Camino und Hontanas, die Ruinen des gotischen Klosters San Antón, das von Burgresten überragte Castrojeriz, die Pilgerbrücke über den Río Pisuerga, der gotische Gerichtspfeiler in Boadilla del Camino sowie die von über 300 Sparrenfiguren umzogene romanische Kirche San Martín in Frómista.

Das wundersame Wirken des Santo Domingo de Silos

Domingo de Silos galt als unermüdlich. Er lebte nach der Ordensregel des heiligen Benedikt, stand einem Kloster im Tabladillo-Tal vor und nahm alle erdenklichen Tätigkeiten auf sich. So fertigte er die Entwürfe für den Kreuzgang und trieb den Bau persönlich voran, er predigte das Wort Gottes ohne Unterlass, verwaltete neue Schenkungen und hieß zahlreiche Pilger willkommen. Mit seiner unbändigen Kraft galt er ihnen und allen anderen der Gemeinschaft als Herr über das Kloster und als leuchtendes Vorbild. Aus den Fundamenten seines unbeirrbaren Glaubens und seiner Frömmigkeit erwuchsen göttliche Gaben. Er nahm Wunderheilungen vor und brachte manche, die vom Wege abgekommen waren, zurück auf den rechten Pfad. Einige Episoden sind überliefert ...

Im großen Garten des Klosters wuchs reichlich Porree und anderes Gemüse. Eines Nachts verspürten einige dunkle Gesellen diebischen Appetit. Sie verschafften sich mit geschulterten Säcken Zutritt und wollten sie so rasch wie möglich füllen. In dem Moment, da sie die ersten Pflanzen berührten, sahen sie sich von mysteriösen Mächten umgeben. Das üppige Grün verschwand, zurück blieb nur öde Brache, ihre Hände und der Verstand gehorchten ihnen nicht mehr. Statt zu stehlen machten sie sich daran, den Acker zu bestellen. Stunde um Stunde hackten und gruben sie nach Leibeskräften und schufteten bis zum Sonnenaufgang. Als sie erschöpft und übermüdet dastanden, trat Abt Domingo aus der Kühle des Morgens zu den Gestalten. Er lächelte vielsagend, lobte ihre fleißige Arbeit und lud sie zum Frühstück im Refektorium ein. Zum Abschied sagte er:

„Freunde, ich verzeihe euch die böse Absicht und hoffe, dass ihr keine ähnlichen Nächte mehr verbringen wollt."

Die Großmut des Abtes blieb niemandem verborgen. Immer wieder fanden sich Bettler ein, doch nicht alle bedurften wirklich der Hilfe der Brüder. Manche Burschen hüllten sich in Sichtweite des Klosters in Lumpen, versteckten ihre gute Kluft in einem Gässchen hinter der Kirche und baten am Tor um eine milde Gabe.

Eines Tages wurden wieder einmal zwei Bedürftige vorstellig. Domingo, ahnend, dass es sich um falsche Bittsteller handelte, nahm sie freundlich in Empfang. Sogleich wies er einen der Mönche an, sich rund um die Mauern nach zwei Bündeln umzusehen. Nach kurzer Zeit kam dieser zurück und gab Domingo ein Zeichen, dass die Suche erfolgreich gewesen sei. Domingo lächelte still in sich hinein. Er ging hinaus, steckte den Inhalt der Bündel in zwei andere Säcke, kam zurück und sagte:

„Ihr seht wirklich elend aus, Brüder. Mit gutem Instinkt für euren Geschmack haben wir neue Kleider ausgesucht, die ihr draußen gegen die alten schmutzigen tauschen könnt." Domingo empfahl sich mit einem „Gott segne euch". Vor der Pforte rissen die beiden erwartungsvoll die Bündel auf und staunten.

„Der Kleiderrock sieht aus wie meiner", sagte der eine.

„Wüsste ich nicht, dass ich den Umhang im Gässchen versteckt habe, ich schwörte, er gehörte mir", sagte der Zweite ...

Domingo eilte der Ruf seiner Wunderheilungen voraus. Er half Blinden und Lahmen, Tauben und jedweden Kranken. Eines Tages bemerkte er, dass einer der Knechte des Klosters ihm aus dem Wege ging und seine Arbeit nur halbherzig zu verrichten schien.

Domingo ließ ihn zu sich rufen und fragte nach den Gründen. Sein Gegenüber schaute betrübt zu Boden und zog eine Hand hervor, die über und über mit schlimmen Pusteln bedeckt war. Während der Knecht vor Schmerz stöhnte, untersuchte Domingo das infizierte Fleisch und sagte:

„Fürchte dich nicht, Knecht. Kehre aufs Feld zurück und gehe deiner Arbeit nach wie immer. Alles wird heilen, glaube mir. Vertraue einzig und allein der Barmherzigkeit Gottes."

Als der Knecht verschwunden war, rief Domingo die Brüder zum Gottesdienst zusammen. Gemeinsam beteten sie für den Jungen, der tags darauf vor den Abt trat und ihm strahlend seine Hand hinhielt. Sie war vollkommen unversehrt, nicht die winzigste Spur einer Narbe war zu sehen.

Wundersame Geschehnisse nach seinem Tod brachten Domingo den Beinamen *Redentor de Cautivos* ein, „Retter der Gefangenen". Zu jener Zeit tobten die Kämpfe zwischen Mauren und Spaniern. Viele Christen fielen in die Hände der Feinde, wurden von den Muselmanen verschleppt und als Sklaven verkauft.

In ihrer Not sehnten die Eingekerkerten die Hilfe Gottes und des Domingo de Silos herbei. So kam es, dass ein ums andere Mal strahlendes Licht die Verliese erfüllte. Der heilige Abt erschien und löste die Ketten der Gefangenen, ehe sich die Tore in die Freiheit öffneten.

Verständlich, dass ein reicher Maure namens Aboazar den Heiligen fürchtete. Einige ersteigerte Christen waren ihm auf diese Art bereits abhanden gekommen. Nun besaß er einen neuen Sklaven, den er bei einem großen Empfang in Granada zu Ehren der Oberen opfern wollte. Aus Angst vor einem erneuten übernatürlichen Eingriff schmiedete er einen Plan für die letzte Nacht vor dem Fest. Er kettete den Gefangenen an sich, steckte diesen in eine Truhe und setzte einen Hund, einen Hahn und eine Henne als Wächter auf den Deckel.

Aboazar schlief guten Gewissens ein, während der Christ den Abt um Hilfe anrief. Heimlich gelang es Domingo, die beiden Männer, die Truhe und die Tiere ins Kloster von Silos zu bringen.

Am Morgen setzte Geläut ein. Der Hund schlug an. Aboazar fuhr erschreckt aus dem Schlaf.

„Was sind das für Viehglocken?", fragte er ins Dunkle hinein.

„Es sind keine Viehglocken", ertönte eine Stimme, „es sind die Glocken der Christen."

Aboazar blieb im Kloster von Silos. Er nahm den christlichen Glauben an und wurde ein guter Diener Gottes.

Monasterio de Santo Domingo de Silos

Besuch: Ein Traum in Stein – im Kloster Santo Domingo de Silos öffnet sich einer der schönsten romanischen Kreuzgänge Spaniens. Im 11. und 12. Jahrhundert erbaut, besteht er aus Galerien mit grazilen Doppelsäulen voll fantasiereicher Kapitelle. Monster und Kobolde ziehen vorbei, Affen und Adler, streitende Löwen und Frauen mit Vogelleibern. Ähnlich wie im Kreuzgang der Kirche San Pedro de la Rúa in Estella, hat einer der Steinmetze eine gewundene Säule als „Handschrift" hinterlassen. Acht meisterhafte Basreliefs machen Themen wie die Ankunft des Heiligen Geistes und die Zweifel des Thomas greifbar. Das eindrucksvollste Relief schafft konkreten Bezug zum Jakobsweg: Jesus, begleitet von den Emmaus-Jüngern, trägt eine Pilgertasche mit dem Muschelsymbol. Obgleich abseits des Hauptweges, nahmen unzählige Pilger im Lauf der Jahrhunderte einen Abstecher nach Silos in Kauf.

Über den unteren Kreuzgang legt sich eine mudejare Deckentäfelung aus dem 14. Jahrhundert, ein separater Zugang führt in die alte Apotheke.

Ein Traum in Stein – der Kreuzgang von Santo Domingo de Silos.

109

Geschichte und Gegenwart: Urkundlich belegt ist das Kloster seit 954, die Ursprünge des christlichen Gemeinschaftslebens im Tabladillo-Tal reichen in westgotische Zeiten zurück. Nach zerstörerischen Übergriffen der Mauren forcierte Abt Domingo den Neuaufbau von Silos, das wegen seiner Schreib- und Goldschmiedewerkstätten Berühmtheit erlangte. Im 18. Jahrhundert wurde die romanische Kirche durch eine klassizistische ersetzt. Nach der Säkularisation blieb Silos 1835-1880 verlassen und wird heute von etwa 30 Benediktinern bewohnt.

Öffnungszeiten: Sonntag und Montag 16.30 – 18.00 Uhr, Dienstag bis Samstag 10.00 – 13.00 und 16.30 – 18.00 Uhr.

Lage und Anfahrt: Rund 65 km südöstlich von Burgos, Anfahrt über Lerma oder Cuevas de San Clemente.

Besonderer Tipp: Mit ihren gregorianischen Gesängen haben die Benediktiner von Silos vor Jahren die Charts gestürmt; Gelegenheit ihnen zuzuhören besteht bei den frühabendlichen *vísperas* in der Klosterkirche.

Schafsmilch für Pilger

Der Namensgeber des Klosters kam um das Jahr 1000 im riojanischen Örtchen Cañas zur Welt, verdingte sich in jungen Jahren als Hirte und soll Jakobspilger mit gehaltvoller Schafsmilch versorgt haben.

In seinem Heimatort Cañas trat er in den Kirchendienst ein, zog sich als Einsiedler in die nahen Montes de Cameros zurück und schloss sich der Benediktinergemeinschaft von San Millán de la Cogolla an. Im Jahre 1041 kam er als Abt nach Silos und leitete das Monasterio bis zu seinem Tod 1073. Sein Grab erwuchs zur Wallfahrtsstätte und wird heute in einer Seitenkapelle der Klosterkirche verehrt.

Folgt man den Legenden, soll Domingo als „Redentor de Cautivos" sage und schreibe 13.000 Gefangene aus maurischer Hand gerettet haben. Über dem kleinen Altar im Kreuzgang hängen Stücke gesprengter Ketten, die ihm Befreite darbrachten.

Die wundersamen Madonnen von Villalcázar de Sirga

Seit Tagen verdunkelte bedrohliches Schwarz die Meseta. Blitz und Donner entluden sich mit grollender Kraft, die Landregen nahmen kein Ende. Rund um Villalcázar de Sirga hatten sich riesige Seen gebildet, der kleine Río Ucieza war Besorgnis erregend angeschwollen.

Nun zog ein neues Unwetter auf, das mit besonderer Urgewalt tobte. Villalcázar de Sirga versank in Hagel und Regenschleiern, die Bewohner verharrten in ihren Häusern.

„Wenn nur unserer Marienkapelle am Fluss nichts passiert", dachten sie.

Als die sintflutartigen Niederschläge zunahmen, trotzte ein frommer Bauer dem Wetter und eilte zur Kapelle am nahen Río Ucieza. Aufgebracht stürzte er zurück und schlug Alarm. Das Flüsschen, berichtete er, habe sich in einen reißenden Strom verwandelt und das kleine Heiligtum fortgerissen.

Als die Dörfler die Wasser erreichten, sahen sie, wie totes Vieh und entwurzelte Bäume in den Fluten trieben. Von ihrem geliebten Kirchlein war nichts geblieben. Plötzlich entdeckten sie auf ihrer Seite am Ufer ein längliches Gebilde, um das herum das Wasser heftig sprudelte. Ein gerindeter Stamm? Ein Mensch? Es schien ganz so, als kämpfe der Gegenstand verzweifelt gegen die gefährliche Strömung an. Ein paar Männer fassten sich beherzt an den Händen und bildeten eine Kette, der Vorderste bekam das Gebilde zu fassen und zog es aus den Fluten.

Die Umstehenden trauten ihren Augen nicht. Sie standen sprachlos da. Vor ihnen lag ein Bildnis der heiligen Jungfrau, aber ein anderes als jenes, das sie in ihrer verschwundenen Kapelle verehrt hatten. Nach Ende der Unwetter begann man mit dem Bau einer neuen Kapelle und nannte sie *Santuario de la Virgen del Río*, Heiligtum der Jungfrau vom Fluss.

Villalcázar de Sirga

Geschichte und Gegenwart: Eingefasst ins einsame Höhenflach-
land, ragt die romanisch-gotische Templerkirche Santa María la Blanca
klobig aus dem Pilgerörtchen Villalcázar de Sirga auf. Im reichen Skulp-
turenwerk des Südportals sieht man die weiße Madonna vereint mit dem
Dichterkönig Alfons X., dem Weisen (1221-1284). Ehrfürchtig kniet der
kastilisch-leonesische Herrscher neben der heiligen Jungfrau. Im Kircheninnern findet man weitere anmutige Marienbildnisse im Hauptretabel
und in der Jakobus-Kapelle. Drei gotische Sarkophage umhüllen die
sterblichen Überreste des Infanten Don Felipe (1274 verstorbener Sohn
von Ferdinand III., dem Heiligen) und seiner zweiten Frau Leonor Ruiz
de Castro sowie eines Tempelritters namens Juan Pérez.

Die weiße Madonna

*Bekannter als die Jungfrau vom Fluss ist Villalcázars weiße Madonna,
die man in der Templerkirche verehrt: Santa María la Blanca. Man
schrieb ihrem Bildnis die wundertätigsten Werke zu. Allen voran der
Dichterkönig Alfons X., der Weise, der sie in seinen Lobpreisgesängen,
den Cantigas, anhimmelte. Die weiße Maria, so heißt es, heilte zahlreiche Kranke und erweckte sogar Tote zum Leben. Mit Ungläubigen
hatte sie kein Erbarmen. Als eines Tages Sarazenen ihr Bildnis her-
unterreißen wollten, griff sie zum letzten Mittel und ließ sie erblinden.
Vielen frommen Pilgern hingegen schenkte sie ihr Augenlicht zurück.*

Öffnungszeiten: Die Kirche Santa María la Blanca hat nicht immer
zuverlässig geöffnet; von März bis Oktober/November im Regelfall
täglich, im Winter meist nur sonntags.
Lage und Anfahrt: Villalcázar de Sirga liegt rund 85 km westlich
von Burgos direkt am Jakobsweg. Die von Frómista nach Carrión de los
Condes verlaufende Landstraße streift den Ort.
Besondere Tipps: Im nahen Carrión de los Condes lohnen das Portal
der Santiago-Kirche und das kleine Kunstmuseum des Konvents Santa
Clara einen Besuch.

Die Jungfrau vom Wege

Frühlingsluft war hinaufgezogen in die kastilische Hochebene und hauchte den spärlichen Pflanzenkleidern der Meseta neues Leben ein. An jenem schicksalsreichen Tag stand die Sonne noch tief, ihre aufziehende Wärme kämpfte gegen den frostigen Morgen. Álvar Simón, ein frommer Hirte, war mit seinen Schafen unterwegs zu neuen Weidegründen und führte sie an den Rand des weiten Beckens von León. Er war seit frühester Stunde auf den Beinen und fühlte sich müde, die Tiere wirkten unruhig.

Am Jakobsweg breitete Álvar ein Sackleinen auf dem feuchten Bodenflor aus und legte sein Bündel und seine Steinschleuder ab. Er setzte sich nieder und ließ seiner Herde freien Lauf. Niemand war zu sehen, kein Wanderer, kein Reiter. Gedankenverloren wanderte sein Blick hinab in die Ferne, wo sich der städtische Mauerring Leóns und der feine glitzernde Strang des Río Bernesga aus dem Grün abhoben. Ein plötzlicher Blitz durchzuckte den Tagtraum des Hirten. Er schreckte hoch, sein Herz pochte laut. Was war geschehen? Gelähmt vor Angst, war er unfähig zu fliehen.

Jetzt entlud sich ein zweites Leuchten, gefolgt von einem dritten. Inmitten des gleißenden Lichts, strahlender als die Sonne, erblickte er die heilige Jungfrau. Langsam kam sie auf ihn zu.

„Hirte", hörte er sie sagen, „ich gebiete dir, an dieser Stelle eine Kapelle zu meinem Gedenken errichten zu lassen. Damit du den Platz nicht vergisst, hinterlasse ich dir ein Zeichen."

Sie nahm die Steinschleuder des erstarrten Álvar, hob einen Kiesel auf und schleuderte ihn fort. Dort, wo das Steinchen niederfiel, formte sich sogleich ein mächtiger Fels. Die heilige Jungfrau verschwand.

Álvar vergaß die Welt um sich herum, stürzte hinab nach León und suchte die kirchlichen Autoritäten auf. Gemeinsam kehrten sie mit ihm an die mysteriöse Stelle zurück und schenkten dem Hirten Glauben. Kurz darauf entstand in der Einsamkeit eine kleine Kapelle mit einem Bildnis der heiligen Madonna. Man nannte sie *Virgen del Camino*, Jungfrau vom Wege.

Virgen del Camino und León

Lichtflut in der Kathedrale

Als Patronin von León hält die Jungfrau vom Wege ihre schützende Hand über die alte junge Hauptstadt der gleichnamigen Provinz im Nordwesten Kastilien-Leóns. Wahrzeichen der Stadt ist die Kathedrale Santa María de la Regla, ein gotischer Prachtbau, der Besucher im Innern mit einer Lichtflut durch 1800 m² Buntglasfenster aufnimmt. Pilger zieht es in der Altstadt zur Stiftskirche San Isidoro mit ihrem Ablassportal, den Reliquien des heiligen Isidor von Sevilla sowie dem königlichen Pantheon, das man wegen seiner romanischen Decken- und Wandmalereien „Sixtinische Kapelle der romanischen Kunst" nennt. Weiterhin interessant: Antoni Gaudís Casa de Botines und der einstige Kloster- und ritterliche Stammhauskomplex San Marcos mit seiner plateresken Fassade.

Das glaubensstrenge León begeht mit Inbrunst die Karwoche, bei der Laienbruderschaften mit Standbildern durch die Straßen ziehen.

Geschichte und Gegenwart: Die heilige Jungfrau soll dem Hirten im Jahre 1505 erschienen sein. Im selben Jahr begannen die Arbeiten an ihrem Bildnis und einem ersten bescheidenen Heiligtum, das von einer der wenigen modernen Kirchen am Jakobsweg abgelöst wurde. Die Architektur des Betonbaus geht auf den portugiesischen Dominikanermönch Francisco Coello zurück und datiert aus dem Jahr 1961. Die Hauptfassade wendet sich dem 53 Meter hohen Kreuzturm zu und ist mit Bronzeskulpturen des katalanischen Bildhauers José María Subirachs ausstaffiert, der auch an der berühmten Sagrada Família in Barcelona mitgewirkt hat. Die Skulpturenreihe zeigt die gekrönte Jungfrau Maria inmitten der zwölf Apostel, jede der schlanken Figuren misst sechs Meter und wiegt 700 Kilogramm.

Lage und Anfahrt: Virgen del Camino liegt 8 km westlich von León direkt an der Nationalstraße N-120.

*Gotischer Prachtbau und ein Wunderwerk der Glaskunst –
die Kathedrale von León.*

Der tolldreiste Ritter Suero de Quiñones und seine Kämpfe an der Brücke des Órbigo

Eine hübsche Adelsdame brachte Suero de Quiñones schier um den Verstand. Sobald er an sie dachte, geriet seine Gefühlswelt außer Kontrolle. Als Zeichen der „Gefangenschaft seiner Liebe" legte er jeden Donnerstag einen schweren Eisenring um seinen Hals und fastete. Er fühlte sich wie ein Sklave seiner selbst. Wie mochte es ihm gelingen, aus der inneren Unfreiheit auszubrechen? Der Ritter zermarterte sich den Kopf.

Als er von einem Turnier in Madrid erfuhr, bei dem ein edler Streiter zahlreiche Zweikämpfe zu Pferde bestanden hatte, kam ihm eine Idee. Auch er würde Mut und Tapferkeit beweisen und sich der Frage der Ehre stellen. Er wollte andere Ritter herausfordern und Lanzen brechen, in solch großer Zahl wie niemand zuvor. Nur so, redete er sich ein, könne er sich befreien. Suero de Quiñones begann Pläne zu schmieden ...

Man schrieb den Neujahrstag 1434, als König Juan II. auf der Burg von Medina del Campo ein rauschendes Fest gab. Die Musik verstummte und die Paare stellten ihre Tänze ein, als plötzlich Suero de Quiñones und neun andere Ritter eintrafen. Sie kamen in voller Rüstung und ersuchten den Herrscher um eine Audienz.

Vor den gespannten Augen aller bat Suero de Quiñones den Monarchen um Erlaubnis für ein nie da gewesenes Turnier, um sich aus seinen sentimentalen Zwängen zu lösen. Als Schauplatz schlug er die Brücke über den Río Órbigo vor, ebendort, wo im Sommer besonders viele Pilger nach Santiago erwartet wurden. Schließlich war gerade ein Año Santo angebrochen, ein heiliges Jahr im Zeichen des Jakobus. Gemeinsam mit seinen Streitern wolle er, Suero, fünfzehn Tage vor und fünfzehn Tage nach dem Festtag des Apostels jeden vorbeiziehenden Ritter zum Zweikampf fordern und insgesamt dreihundert Lanzen brechen.

König Juan nahm den Ritter ernst, unterbrach das Fest und zog sich mit seinen Ratgebern zurück. Dann stimmte er dem Wunsche Sueros zu und verkündete ein Protokoll, das festlegte, wie man den ritterlichen Ehrenkodex zu achten, die Pferde zu reiten und die Lanzen zu halten habe. So ebnete der Monarch den Boden für die Kämpfe am „Ehrenvollen Übergang", dem *Passo Honroso* ...

Wochen vor Beginn nahm das Turnierfeld an der Brücke von Órbigo Gestalt an. Daneben entstand eine gigantische Zeltstadt, die dem Jakobsweg seine spirituelle Stille nahm und viele Pilger aus ihrer Versunkenheit schreckte. Die nahenden Gefechte waren Gesprächsthema auf dem ganzen *Camino Francés*.

In Hoffnung auf gute Geschäfte, trafen alle erdenklichen Händler am Órbigo ein. Derweil schafften Suero de Quiñones und die Seinen die besten Pferde Kastiliens heran. Sie beschäftigten Schwert- und Lanzenmacher, Schmiede und Schreiner. Unermüdlich orderten sie kostbares Porzellan für die Festbankette, besticktes Leinen und Lampen für die Zelte, Stoffe und Stäbe für Flaggen, Felle und Teppiche für die Lager. Sie richteten das Koch- und das Vorratszelt ein, bestellten Hirsche und Pfaue, Kapaune und Rindfleisch, Wein und Gemüse. Im Sanitätszelt bereitete man Bodenpritschen und Umschläge für Verletzte vor und präparierte die seltsamsten Hausmittelchen gegen alle erdenklichen Wunden und Schäden – bis hin zum hochprozentigen Hausbrand, der den stärksten Streiter umhaute.

Es konnte losgehen ... Im festlichen Rahmen des Turnierfelds kündigte ein Trompeter den ersten Zweikampf an, der den tolldreisten Suero de Quiñones mit einem Ritter aus Deutschland zusammenführte. Erhaben saßen sie hoch auf den Streitrossen. Die Sonne tauchte ihre Harnische in gleißenden Glanz. Beide richteten Helme und Schilde, dann stürmten sie vor den Tribünen und den Augen der Richter und Schreiber los. In einer Wolke aus Staub trafen sie krachend aufeinander, Metall stieß brutal auf Metall ...

Suero de Quiñones gewann sein erstes Duell, gefolgt von vielen weiteren. Im Laufe der nächsten Wochen, vom 12. Juli bis 10. August des heiligen Jahres 1434, stellten sich ihm und seinen Getreuen abenteuerlustige Krieger aus Frankreich und Italien entgegen, aus Katalonien und Valencia. Über alle behielten sie die Oberhand, mancher Kampf ging folgenschwer aus. Ein Lanzenstich ins Auge löschte das Leben des Esberte de Claramonte aus, im Gefecht mit Juan de Merlo zog sich Suero schwerste Hand- und Armverletzungen zu.

Nach Ablauf der veranschlagten Zeit erklärten die Turnierrichter Suero de Quiñones für befreit aus seiner Gefangenschaft. Beifall brandete auf. Der Ritter übergab den Richtern seinen eisernen Halsring. Erlöst und im Frieden mit sich selbst, kehrte Suero de Quiñones auf die elterliche Burg nach Laguna de Negrillos zurück. Er kurierte seine Blessuren aus und begab sich auf die Wallfahrt nach Santiago. In Erinnerung an sein Halseisen vermachte er dem heiligen Apostel ein goldenes Band.

Im nachfolgenden Frühjahr heiratete Suero de Quiñones, der Held des *Passo Honroso*, Doña Leonor de Tovar. Endlich gab er die Identität jener Herzensdame preis, die ihn einst in die „Gefangenschaft der Liebe" getrieben hatte. Es war seine jetzige Frau.

Puente de Órbigo

Geschichte und Gegenwart: Auf der mittelalterlichen Steinbrücke hält eine Tafel die Geschehnisse um Suero de Quiñones im Gedächtnis; der Ritter soll 1409-1458 gelebt haben. Die Brücke gehört zu den eindrucksvollsten am Jakobsweg, spannt sich in 20 Bögen über den Río Órbigo und verbindet das Örtchen Hospital de Órbigo mit Puente de Órbigo; die ältesten Bauteile stammen aus dem 13. Jahrhundert. Aus Hospital de Órbigo ist ein einstmals wichtiges Pilgerhospiz des Johanniterordens verbürgt.

Kampf gegen Pappnasen

*Seit einigen Jahren kehrt das altritterliche Ambiente nach Puente de
Órbigo zurück. Anfang Juni, dies der Normalfall, stehen die „Mittelalterlichen Turniere" (Justas Medievales) auf dem Freigelände am
Flussufer an. Gespannt erwarten Tausende Besucher diverse Ge-
schicklichkeitswettstreits zu Pferde. Rüstungen und Standarten gehören ebenso selbstverständlich ins Bild wie die Ankunft der Ritter. Gut,
dass es die Lanzenstecher in wildem Galopp einzig mit aufgespieß-
ten Pappköpfen aufnehmen ...*

Lage und Anfahrt: Puente de Órbigo liegt mitten im Ödland (Pára-
mo) der kastilischen Hochebene, 32 km südwestlich von León. Die Nationalstraße N-120 Richtung Astorga führt über die moderne Brücke
und erlaubt Motorisierten den Blick auf den alten Übergang, der aufgrund seiner geringen Breite einzig Fuß- und Radpilgern vorbehalten
bleibt.

Eisernes Kreuz und Ablassportal

*Westlich von Puente de Órbigo hält der Jakobsweg auf die alte Rö-
mer- und Kathedralstadt Astorga zu, zieht sich durch abgeschiedene
Wald- und Heidegebiete des Landstrichs Maragatería auf 1506 Meter hinauf zum „Eisernen Kreuz" (Cruz de Ferro), fällt nach Ponferrada (Templerburg) ab und verläuft durch üppige Weingärten nach Villafranca del Bierzo, das vor dem Übergang nach Galicien die letzte
nennenswerte Station in Kastilien-León markiert. In Villafranca del
Bierzo tritt man an die romanische Santiago-Kirche mit ihrem berühmten Ablassportal heran sowie an die Klosterkirche des mutmaßlich von Franz von Assisi persönlich begründeten Convento de San
Francisco.*

Das eucharistische Wunder vom Çebreiro

Es begab sich zu tiefster Winterszeit. Seit Wochen bereits tobten Unwetter im Gebirge, doch an jenem Tag, als sich die Lebensfäden des ungläubigen Mönchs und des frommen Bauers auf dem Cebreiro kreuzen sollten, zischte und heulte der Wind besonders stark. Eisige Böen peitschten die Kämme der galicischen Bergwelt, während sich Wolkenbänke über Nacht gesenkt und die Täler mit dichtem Dunst gefüllt hatten. Hoch oben auf dem Cebreiro, rund um Hospiz und Klosterkirche, herrschte dichtes Schneetreiben. Man konnte kaum mehr die Hand vor Augen erkennen, der Glockenturm schien wie von weißen Schleiern verschluckt.

Tief in einer der Senken, in Barxamaior, bereitete sich früh am Morgen ein alter Bauer auf den Aufbruch vor. Er hüllte sich in warme Sachen, schlüpfte in festes Schuhwerk, griff Tasche und Stock und Umhang und trat hinaus in die Kälte. Das Wetter schreckte ihn nicht. Konnten Stürme und Schnee einen Gläubigen zügeln? Sein Entschluss stand fest. Er wollte hinauf zum Cebreiro, um die Messe zu hören.

Der Weg ins Gebirge war ihm wohl vertraut. Er kannte jeden Viehpfad, jeden Abzweig, jeden Stein. Heute kam der Alte nur langsam voran. Die klirrende Kälte setzte ihm zu, Schneeflocken siebten diffuses Licht. Er schnaufte und stöhnte bei jedem Schritt, vor seinem Mund stand milchiger Hauch. Immer wieder stieß er die Spitze seines Steckens in den harten Grund und durch die Eisschicht gefrorener Pfützen. Man sah, wie sich die gebeugte Gestalt mühevoll aufwärts zog. Als er ausgelaugt den Cebreiro erreichte, spürte er kaum noch Füße und Finger. Er rieb die Hände aneinander, so gut es ging, klopfte sich unter den Eiszapfenreihen des Kirchenportals den Schnee aus den Kleidern und trat hinein ins Gotteshaus. Sogleich fühlte er sich wohlig aufgenommen, die Schwäche fiel von ihm ab. Allein die Stille des Raums gab ihm neue Kraft, es roch nach Kerzenwachs und Holz.

Er kam ein wenig zu spät. Die Messe hatte bereits begonnen. Der Bauer bekreuzigte sich, blickte sich suchend nach anderen um und erstaunte. Er war der einzige Kirchenbesucher.

Ein junger Mönch aus Aurillac las die Messe. Er hatte niemanden mehr erwartet. Das knarrende Portal ließ ihn aufhorchen. Ein eisiger Luftzug strich bis zum Altar. Der Mönch, heute erstmals mit der Aufgabe der Messfeier in der Klosterkirche von O Cebreiro betraut, blinzelte durch den Augenspalt und musterte den Fremden.

„Ein armer Ackersmann?", fragte er still in sich hinein und hob verächtlich die Brauen. „Was hat der denn hier zu suchen?"

Teilnahmslos fuhr der Mönch mit der Messe fort, zu der er sich von seinen Brüdern ungerechtfertigt abgestellt fühlte. Von Augenblick zu Augenblick steigerte sich sein Zorn. Wie eine Strafe mutete es ihn an, vor leeren Reihen zu predigen! Sollte sich jemand anders in die Kälte und den flackernden Kerzenschein stellen und die Worte verrauchen lassen, die immerselbe Leier nach dem ewiggleichen Ablauf. Welch eine nutzlose Pflicht! Und jetzt noch der Besucher! Besser keiner als einer, dann hätte er das Ganze zumindest abkürzen und früher an den Ofen zurückkehren können. Sieh einer an, dies dahergelaufene Bäuerlein! Hatte den Weg von irgendwoher nicht gescheut, um ein Stückchen Brot und einen Schluck Wein zu sehen.

„Er wird doch nicht gottergebener sein als ich selber?", dachte er auf einmal verunsichert. „Ein Vorbild der Frömmigkeit, dass er sich derart aufopfert?" Im Nu verfinsterte sich seine Miene. „Unmöglich", wisperte der Mönch und wischte seine abwegigen Gedanken beiseite.

Im Moment der Wandlung geschah es. Der ungläubige Zelebrant erstarrte vor Schreck. Er blieb wie gelähmt, als die Hostie auf der

Patene die Gestalt rohen Fleisches annahm. Im Kelch verwandelte sich der Wein in Blut. Das Blut schäumte auf, floss über den Rand des Kelches und durchtränkte das Leinen des Corporale ...

Die Kunde vom eucharistischen Wunder verbreitete sich wie ein Lauffeuer über den ganzen Jakobsweg und beflügelte den Gralsmythos. Viele Jahre später fanden der fromme Bauer und der reumütige Mönch ihre letzte Ruhe in schlichten Steinsärgen. Man setzte sie beide in der *Capilla del Santo Milagro* bei, der „Kapelle des heiligen Wunders". Kelch und Patene nehmen heute einen Ehrenplatz in der Kirche auf dem Cebreiro ein.

O Cebreiro

Geschichte und Gegenwart: Das aus ein paar Hand voll Häusern zusammengewürfelte Höhendorf O Cebreiro öffnet sich als Bergtor zu Galicien und war bereits in vorchristlichen Zeiten als Übergang bekannt. Auf jene Epoche gründen sich die trutzigen *pallozas* im Ortsbild, strohgedeckte Rundhäuser, wie sie damals die Kelten bauten. Eines der *pallozas* beherbergt heute ein winziges Volkskundemuseum.

Wegen seiner früh organisierten Pilgerpflege sticht O Cebreiro als eine der klassischen Stationen am Jakobsweg hervor. In der Bergeinsamkeit wurde 836 ein großes Hospital gegründet, das Kastiliens König Alfons VI. der Tapfere 1072 in die Hände französischer Mönche aus Aurillac legte. Jene Ordensbrüder aus der Auvergne hielten bis Ende des 15. Jahrhunderts die Pilgerbetreuung aufrecht, ehe sie auf Geheiß der Katholischen Könige von Benediktinern des Klosters San Benito el Real de Valladolid abgelöst wurden. Sie blieben bis zur verhängnisvollen Säkularisation im 19. Jahrhundert.

O Cebreiros restaurierte präromanische Kirche Santa María la Real geht auf das 9. Jahrhundert zurück und zeichnet sich durch ihre Schlichtheit aus. Hier verehren die Gläubigen ein romanisches Muttergottesbildnis. Eine Vitrine bewahrt die fassbaren Zutaten des eucharistischen Wunders auf: Kelch und Patene.

Lage und Anfahrt:

O Cebreiro liegt rund 30 km nordwestlich von Villafranca del Bierzo auf einem 1300 m hohen Pass zwischen den grünen galicischen Gebirgszügen Ancares und Courel; ab Pedrafita do Cebreiro ist der Abzweig auf den Cebreiro deutlich mit dem Jakobswegsymbol beschildert.

Besondere Tipps:

Zu Ehren Mariens und des Wunders ist O Cebreiro Schauplatz der *Fiestas de la Virgen y del Santo Milagro,* einer großen Wallfahrt am 8./9. September.

Letzte große Strapaze vor Santiago: der Aufstieg zum Cebreiro – noch 151 km bis Santiago.

Eine unscheinbare Bronzetafel am Ortsrandparkplatz gibt den Blick auf das erstaunliche Netz der Jakobswege frei, das sich quer durch Europa bis in den äußersten Nordwestwinkel Spaniens spannt (vgl. Seite 11).

Gelobtes Ziel gen Westen

151 Kilometer bis Santiago – unfehlbar genau zeigt der Muschelstein in O Cebreiro die verbleibende Strecke an. Gen Westen hält sich der Weg ein Stück im Höhengrün, sackt bis Triacastela ab und wellt sich durch Landschaften aus Wiesen, Weiden und Eukalyptushainen. Ganz so, als solle nichts mehr den Blick vom gelobten Ziel ablenken, sucht man wahre Highlights auf den letzten Etappen vergebens. Als interessanteste Stätten treten das Benediktinerkloster von Samos und das granitene Ortsbild von Portomarín hervor.

Die lange Reise des Jakobus

Als Erster der zwölf Apostel erlitt Jakobus, der Sohn des Zebe-
däus, im Jahre 44 den Märtyrertod. Im Schutze der Dunkelheit
nahmen seine Jünger den Leichnam und schafften ihn heimlich
zum Hafen von Jaffa. Dort bestiegen sie ein Schiff und begaben
sich, ohne Mannschaft und einzig gelenkt vom Engel des Herrn,
auf wundersame Fahrt. Nach sieben Tagen erreichten sie die Küste Galiciens und steuerten die römische Siedlung Iria Flavia mit
ihrem Flusshafen am Río Ulla an.

Zu jener Stunde war an den Ufern ein junger Mann mit seinen
Gefährten unterwegs zu seiner Braut, um nach galicischer Sitte
Hochzeit zu feiern. Auf einmal scheute sein Pferd, bäumte sich
auf und sprengte auf das Boot zu. Es lief mitten ins Wasser hinein. Nur mit Mühe vermochte sich der Reiter auf dem Rücken
des Tieres zu halten, das bis zum Hals in den Fluten versank. Er
zog die Blicke der Jünger auf sich, die ihm zuriefen und von ihrer Fracht berichteten. Sogleich bot der Mann ihnen an, den
Körper den Apostels in sein Haus zu bringen. Er beruhigte sein
Pferd und wendete es. Als sie dem Wasser entstiegen, trauten seine Gefährten ihren Augen nicht.

Ross und Reiter waren über und über mit *vieiras* bedeckt, den
herrlichsten Jakobsmuscheln. Ein Zeichen des Apostels? Ob er ihm
zu verstehen gab, sich zum Christentum zu bekehren? Wenig später ließ sich der Mann von einem der Jünger des Jakobus taufen.

Das Engelsschiff machte in Iria Flavia fest. Als man die sterbliche
Hülle des Apostels von Bord nahm und auf einen großen Gra-
nitblock legte, gab der Stein auf eigenartige Weise nach und
formte sich wie Wachs um den leblosen Körper.

Iria Flavia, so die Überlieferung, gehörte zu jener Zeit zum
Reich der Königin Lupa, der „Wölfin". Sie war eine böse und

hinterlistige Frau. Die Jünger des Jakobus traten an sie heran und baten um ein Stück Land, um ihren Herrn würdig zu begraben.

Lupa dachte kurz nach und schickte sie in eine andere Stadt zu einem mächtigen und unbarmherzigen Mann, der sie umgehend in den Kerker warf. Der Engel des Herrn befreite sie, woraufhin sie flüchteten und von Kriegsknechten bedrängt wurden. Sie liefen über eine Brücke, die hinter ihnen einbrach und die Verfolger in den Tod riss. Da überkamen den mächtigen Mann tiefe Schuldgefühle. Er rief sie zurück und war bereit, ihnen jeden Wunsch zu erfüllen. Die Jünger des Jakobus bekehrten ihn und alle anderen Bewohner der Stadt zum Christenglauben.

Unbeirrt suchten sie danach wieder Königin Lupa auf. Sie wies ihnen einen Karren zu, damit sie diesen mit dem Leichnam des Jakobus beladen und eine Stätte für sein Grab suchen konnten. Als Zugtiere empfahl sie ihnen, Rinder von einem nahen Berg zu holen. Doch es waren keine Rinder, sondern ungezähmte Stiere. Falls sie sich überhaupt anspannen ließen, malte sich die diabolische Lupa aus, würden sie spätestens auf der Fahrt wüten und die Jünger vom Wagen werfen und töten.

Unerschrocken gingen die Jünger den Berg an, besiegten einen Feuer speienden Drachen und schlugen über den Stieren das Zeichen des Kreuzes. Wie von Wunderhand zeigten sich die wilden Kolosse besänftigt. Sie wurden handzahm, gingen ins Geschirr und zogen den Wagen mit den Jüngern und dem Leib des heiligen Apostels mitten in den Palast der Lupa. Erschreckt und von Reue ergriffen, nahm sie den Christenglauben an.

Noch immer war Jakobus nicht bestattet. Seine Jünger lenkten den Stierkarren ein Stück landeinwärts und betteten den Apostel auf einem entlegenen grünen Hügel zur letzten Ruhe. Im Laufe der Zeit legte sich Gras und Vergessenheit über die Steine. Erst Jahrhunderte später entdeckte Einsiedler Pelayo die Grabstätte des Heiligen auf geheimnisumrankte Weise wieder.

Santiago de Compostela

Riten der Pilger

Rucksäcke und Schweißgeruch. Zuckende Blitzlichter. Dauergemurmel. In Santiagos Pilgerkathedrale herrscht häufig alles andere als besinnliche Ruhe. Traditionsgemäß ist der Besuch an einige seltsame Riten geknüpft. So stößt man am Pórtico de la Gloria dreimal mit dem Kopf gegen den Stein – auf dass ein wenig Geniekraft des Meisters Mateo in einen einfließe. Auf dem Weg zum heiligen Jakobus geht man hinter dem Hauptaltar einen kleinen Treppenaufstieg an und umarmt die Apostelbüste einen kurzen Augenblick lang von hinten.

Nicht minder befremdlich mutet der Einsatz des Weihrauchwerfers (botafumeiro) an. Zu festlichen Anlässen – oder gegen finanzpotente Order – wird er per ausgeklügeltem Seilsystem von ein paar kräftigen Männern in Schwung gebracht und segelt im Querschiff über die Köpfe der staunenden Gläubigen hinweg. Nicht selten brandet danach Applaus auf in den heiligen Hallen ...

Weitere Höhepunkte der Kathedrale: die Krypta mit Blick auf den silberverkleideten Reliquienschrein des Apostels, der Kreuzgang, das Museum, der Uhr- und der Glockenturm, der pyramidenartig anmutende Schatzturm, die romanische Platerías-Fassade sowie die von Apostel- und Prophetenfiguren flankierte „Heilige Pforte" (Puerta Santa).

Geschichte und Gegenwart: Diversen Quellen zufolge spürte Pelayo das Apostelgrab dank mysteriöser „Sternenlichter" zwischen 813 und 830 auf. Man baute eine erste bescheidene Kapelle aus Stein und Lehm und Holz, gefolgt von einer Basilika, die der Klerus 899 weihte. All dies bewirkte eine stetig wachsende Siedlung, die erste Pilgerströme aufnahm und 997 von den Mauren unter Almanzor dem Erdboden gleichgemacht wurde – bis auf das Grab des Heiligen, so will es die Legende. Ende des 12. Jahrhunderts wirkte Meister Mateo am romanischen Neubau mit. Er schuf den *Pórtico de la Gloria*, jenes skulpturenreiche „Portal der Herrlichkeit", das seit dem 18. Jahrhundert durch den

Zuckende Blitzlichter, Dauergemurmel und Schweißgeruch:
Anstelle von besinnlicher Ruhe herrscht
in Santiagos Kathedrale Freude über die Ankunft.

himmelsstürmenden Granitvorbau der Obradoiro-Fassade geschützt
wird. Davor breitet sich die *Praza do Obradoiro* aus, eines der prächtigsten Platzgevierte Europas, an das weitere wichtige Bauten stoßen:
das romanische Erzbischofspalais Pazo de Xelmírez, das von den Katholischen Königen gestiftete Pilgerhospiz Hostal dos Reis Católicos
(heute Luxushotel) sowie der Pazo de Raxoi aus dem 18. Jahrhundert,
ein Palast mit einem gigantischen Relief des Jakobus als Maurentöter.

Rund um Santiagos Kathedrale verwinkelt sich eine geschichtsträchtige Altstadt, die auf der UNESCO-Liste des Weltkulturerbes steht. Heute zieht es in manchen Jahren bis zu zehn Millionen Besucher in die 100.000 Einwohner kleine Universitätsstadt, die sich durch das Miteinander von Studenten- und Pilgerleben quicklebendig hält.

Öffnungszeiten: Die Kathedrale von Santiago hat täglich geöffnet.

Lage und Anfahrt: Galiciens Hauptstadt Santiago de Compostela fungiert als großes Verkehrsdrehkreuz, das von Osten her die Jakobswegroute aufnimmt (Nationalstraße N-547). Wanderer und Radler erreichen den Stadtrand über den Monte do Gozo, den „Berg der Freude", der mit einem modernen Pilgerdenkmal und riesigen Wallfahrerherbergen besetzt ist.

Besondere Tipps: In der Altstadt empfiehlt sich ein Besuch des Pilgermuseums (Museo das Peregrinacións), am Südrand Santiagos liegt die romanische Stiftskirche Santa María de Sar mit ihren kurios geneigten Innensäulen.

Ans Ende der Welt

Die Spurensuche des Jakobus und der Pilger führt außerhalb Santiagos ins 20 km südwestlich gelegene Iria Flavia (heute: Padrón) sowie gen Westen zum 120 km entfernten Kap Finisterre.

Jener merkwürdige Steinblock, der sich bei der Ablage des Apostels auf wundersame Weise formte, ist unter dem Altar der Jakobuskirche von Padrón zu sehen.

Kap Finisterre, das wie eine steinerne Riesenflosse aus dem Atlantik ragt, lockte Pilger des Mittelalters magnetisch an. Wer ausreichend Kräfte verspürte, zog ein letztes Wegstück nach „finis terrae", ans „Ende der Welt". Hier fühlte man sich am Tellerrand der Erdscheibe und blickte zur versinkenden Sonne am Horizont – der Inbegriff der Wende zu neuem Leben und Anfang der Rückkehr nach Hause. Heute genießt man die prächtige Aussicht auf Klippen und wilde See vom Areal um den kleinen Leuchtturm aus.

ANDREAS DROUVE

Mythos Jakobsweg

Fakten
Kurioses
Geheimnisse

marixverlag

SANTIAGO

Arzúa   A CORUÑA

OURENSE   Samos

O Cebreiro

PORTUGAL   Ponferrada

Astorga

OVIEDO

ZAMORA   LEÓN

Sahagún

Frómista

SEGOVIA

BURGOS

Santo Domingo de Silos

Santo Domingo
de la Calzada

San Millán de la Cogolla   Nájera

Clavijo   LOGROÑO
Viana
Ayegui
Estella

Puente
la Reina

Pamplona

Roncesvalles
Sangüesa   Saint-Jean
Javier   Pied de Port
Leyre

ZARAGOZA   San Juan
de la Peña
Jaca   Col du Somport   FRANKREICH

HUESCA

A t l a n t i k

Vorwort

Der Jakobsweg lockt magisch an und mobilisiert die Massen wie zu besten mittelalterlichen Zeiten. Pilgern heißt zu sich zu kommen, mit den Füßen zu beten, anzuhalten, sich zu besinnen – doch viele Wallfahrer von einst waren stets in Gefahr. In den Pyrenäen wurden sie von hungrigen Wölfen gehetzt, im Königsspital zu Burgos vom Herbergsmeister persönlich vergiftet. Überall warteten Mord und Totschlag und Blutbäder. Zumindest in Form von haarsträubenden Geschichten, bei denen Heilige eine besondere Rolle spielten. Immer wieder mussten sie vor dem Hintergrund des in Spanien tobenden Glaubenskrieges zwischen Christen und Mauren als Märtyrer herhalten, lancierte der Klerus Erzählungen von Wundern und knüpfte sie an stand- und vorbildhafte Charaktere. Oder hatten sich all die Mirakel und düsteren Geschehnisse wirklich so und nicht anders ereignet? Wo beginnt und endet der Strang der Geschichte? An welchem Punkt setzen die über Jahrhunderte hinweg gesponnenen Fäden von Geschichten ein?

Fest steht, dass Geschichte und Geschichten den Mythos Jakobsweg bis in unsere Zeiten bereichern und allüberall zum Greifen nah liegen.

Eine Unzahl von Kunstschätzen begegnet dem Pilger am Jakobsweg, hier das romanische Kirchenportal des Monasterio de Leyre.

7

Auf der Strecke nach Santiago de Compostela vernetzen sich die Zeitebenen, wirkt die Vergangenheit in die Gegenwart fort. Sieht man von geistig-spirituellen Einflüssen ab, führt die Spurensuche zu konkreten Schauplätzen und Zeugnissen: zu Burgen und Hospitalruinen, in Kapellen und Kathedralen, vor kunstvolle Kirchenportale und alte Gemälde. Hier begegnet man den Figuren in Stein oder Öl, tritt an Gräber und Reliquienschreine heran, kann den Abläufen der überlieferten Begebenheiten in ihrem ureigenen Umfeld nachgehen. Am Jakobsweg hält sich der Geist eines Franz von Assisi lebendig, eines Isidor von Sevilla und eines Franz Xaver. Im navarresischen Viana erinnert die letzte Ruhestätte des Cesare Borgia an sein tragisches Los, im Kreuzgang der Kathedrale von Santo Domingo de la Calzada weist ein Schild auf das eingemauerte Herz des vergifteten Königs Enrique II. de Trastámara. In Pamplona markiert eine Bodentafel exakt jene Stelle, an der Ignatius von Loyola schwerstens verwundet wurde.

Nicht jedes Schicksal oder Ereignis ist zweifelsfrei belegbar, doch in den wenigsten Fällen lässt sich behaupten, es sei nicht so gewesen. Ob nicht wirklich Pilger aus dem Rheinland das Bildnis des gekreuzigten Christus auf Schultern bis Puente la Reina trugen? Ob Alodia und Nunilo ihrem Henker nicht fürwahr so mutig entgegentraten? Weniger glaubhaft scheint indes, dass der Kopf des enthaupteten Vitores de Cerezo ein paar Tage lang weiterpredigte …

Nach dem Erfolgstitel „Geheimnisse am Jakobsweg" legt der vorliegende Band ein stärkeres Gewicht auf geschichtliche Zusammenhänge, ohne legendenhafte Motive aus den Augen zu verlieren. Man denke nur an die vollbusigen Nymphen im Benediktinerkloster von Samos, die plötzlich ein widerspenstiges Eigenleben entwickelten.

Wie sehr der Jakobsweg selbst heute ausgewiesene Kenner überrascht, mag das Beispiel des Turmhahns von León verdeutlichen. Nachdem man ihn vor einigen Jahren aus den windigen Höhen der Stiftskirche San Isidoro in die Restaurationswerkstätten gebracht hatte, staunte man nicht schlecht. Unter seiner geschwärzten Haut trat goldener Glanz hervor, im Innern verbargen sich seltsame Pollen aus der Mittelmeergegend. Das Federtier hat den Forschergeist beflügelt und mittlerweile ei-

nen Ehrenplatz im San-Isidoro-Museum bekommen. Geschichte und
Gegenwart am Jakobsweg bieten eine wahre Fundgrube an Stoffen.
Möge sie der Reisende genauso fesselnd finden wie der Autor und zu
seinem Komplizen werden. Station für Station, Schritt für Schritt.

Andreas Drouve

P.S.: Alle Jakobspilger seien beruhigt: Die Gefahren am Wege sind gebannt. Es gibt keine Wölfe mehr. Auch keine Giftmischer. Blutbäder
kommen allenfalls am eigenen Leibe vor – nach Dornenpassagen oder
übertriebenen Märschen in brandneuen Schuhen.

Jakobus und die Wallfahrten nach Santiago

Sie pilgern und pilgern und pilgern. Über Straßen und Pfade. Mit Körper und Seele. Zu Fuß. Auf dem Fahrrad. Mit dem Tretroller. Hoch zu Pferd. Betend und singend im Gruppenbus.
Faszination Santiago – warum?

Der moderne Mensch ist immer häufiger unterwegs, der Faktor Zeit in der Schnelllebigkeit des Alltags ein wertvolleres Gut als je zuvor. Ständig steht man unter Strom, fühlt sich von einem stetig steigenden Meer aus Informationen und Normen überspült, stürzt sich im Mausumdrehen in die virtuellen Fluten des World Wide Web. Das Wesentliche verschwimmt vor Augen, der Sinn des Lebens dümpelt in den Wellentälern des rastlosen Daseins dahin. Kurz vor dem Untergang werfen viele den Rettungsanker, suchen Haltepunkte und Ruhepole. Manche lassen ihr ausgelaugtes Ich in Wellnessclubs und auf Massagebänken revitalisieren. Andere durchbrechen die Oberfläche und gehen in die Tiefe, gehen in sich, gehen auf Wallfahrt ...

Ob Gläubige oder Globetrotter, sie alle haben ein altes Ziel neu entdeckt. Seit den 90er Jahren feiert der Jakobsweg, *Camino de Santiago*, eine wahre Renaissance. Der „Himmelspfad" in den Nordwestwinkel Spaniens gibt Ziel- und Sinnsuchern Orientierung und Halt und bietet erdverbundenen Scharen aus aller Welt eine handfeste Infrastruktur. Auf dem farbmarkierten Weg in die galicische Sehnsuchtsstadt Santiago stehen Pilgern reichlich preiswerte Herbergen offen, die den Erlebnistourismus beflügeln. Schlaflager steigen zu internationalen Treffpunkten auf, in Gemeinschaftsräumen und Küchen wächst die Völkerverständigung bei Multivitaminsaft und Spaghetti. Kein Wunder, dass sich viele junge Menschen am Jakobsweg begeistern – und über den Umweg Santiago vielleicht wieder zum Glauben hingeführt werden.

Santiago, der heilige Jakobus, dient heute als einer der größten Devisenbringer Spaniens. Fernsehberichte, Internet, Erfahrungs- und Reise-

Auf dem weiten Weg zum Sehnsuchtsziel Santiago;
am Camino Aragonés unweit von Eunate

bücher halten den Weg zum Grab des Apostels Jakobus omnipräsent im Bewusstsein. Mit Slogans wie „Kommen Sie, und haben Sie teil am Wunder" schalten die Fremdenverkehrsämter gigantische Werbekampagnen und unterstreichen „die einzigartige Begegnung mit Kultur, Natur und Spiritualität". Ganz gleich, was man von PR-gepushtem Pilgertourismus hält – der Jakobsweg ist und bleibt einzigartig. Zwischen Pyrenäen und Galicien wechseln sich eindrucksvolle Landschaften mit Kirchenpracht aus Romanik und Gotik ab, durchstreift man touristisch unbefleckte Gegenden voll verschlafener Steinorte, folgt man dem untrennbaren Miteinander aus Geschichte und Geschichten. Das beginnt bereits bei Jakobus selbst:

Folgt man der Jakobuslegende, kam der Heilige zweimal nach Spanien: einmal als Lebender, einmal als Toter. Als er zu Zeiten der Römer hier durch die Gegenden zog und die Botschaft Jesu vom kommenden Gottesreich verkündete, war ihm äußerst magerer Erfolg beschieden. Er fand nur wenige Anhänger und wurde angesichts seiner Misserfolge, so weiß eine lokale Erzählung, in Zaragoza von der Jungfrau Maria persönlich getröstet. Später kehrte Jakobus nach Jerusalem zurück, wo er im Jahre 44 auf Geheiß des Königs Herodes Agrippa I. den Märtyrertod starb. In einer Nacht-und-Nebel-Aktion schafften seine Jünger den Leichnam auf ein Schiff, das der Engel des Herrn bis Galicien steuerte und das in Iria Flavia festmachte. Auf einem Stierkarren ging es rund zwanzig Kilometer landeinwärts, wo die Reise des Jakobus in einem einsamen Waldstück endete. Hier bestatteten sie ihn, hier brachten mysteriöse Sternenlichter im 9. Jahrhundert den Einsiedler Pelayo und Bischof Teodomiro auf die Spur des Apostelgrabes. Die Wiederentdeckung der Stätte läutete die Geburt des Wallfahrtsziels Santiago ein und sorgte für den Namenszusatz *Compostela*, abgeleitet von „Sternenfeld" oder „Friedhof".

Kritische Forscher sehen den Unterbau des Jakobuskultes einzig als gezielt in die mittelalterliche Welt gesetzte Propaganda von Kirchen- und weltlichen Fürsten. Hintergrund: Hoffnung und Ansporn im Territorial- und Konfessionskrieg gegen die 711 in Spanien eingefallenen Mauren. Auf dieser Linie bewegt sich Mitte des 9. Jahrhunderts sein legendärer Auftritt als *Santiago Matomoros*, „Jakobus der Maurentöter", der den muslimischen Feinden vorbildhaft und in bravouröser Manier auf den Kampfplätzen bei Clavijo den Garaus machte (vgl. Geschichte „Der Jungfrauentribut und die Schlacht von Clavijo"). Jakobus wurde zum Schutzpatron der Reconquista, Santiago de Compostela stieg neben Rom und Jerusalem zu einem der wichtigsten Wallfahrtsziele der Christenheit auf. Unter dem Schutz des Jakobus gründeten die Spanier später Städte in ihrer eroberten „Neuen Welt", so z. B. Santiago de Chile und Santiago de Cuba.

Manche Historiker gehen davon aus, dass sich während des 11. und 12. Jahrhunderts alljährlich zwischen 200.000 und 500.000 Pilger auf dem Camino de Santiago fortbewegt haben könnten. Tourismusexperten beziffern die heutigen Besucherzahlen in Santiago auf bis zu elf Millionen. Hochbetrieb herrscht während eines Heiligen Jahres, *Año Santo*, wenn der Jakobustag 25. Juli auf einen Sonntag fällt und die internationale Werbemaschinerie auf Hochtouren läuft.

Hospitäler am Wege

„Wer euch aufnimmt, nimmt mich auf, und wer mich aufnimmt, nimmt den auf, der mich gesandt hat." In Anlehnung an die Worte Jesu aus dem Evangelium nach Matthäus (10, 40) beschwor bereits der Codex Calixtinus Gastfreundschaft und Nächstenliebe. Am Camino de Santiago müsse man die Pilger, ob reich oder arm, mit Barmherzigkeit und Respekt empfangen und habe gleichsam nicht nur Jakobus, sondern den Herrn selber zu Gast.

Mit der europaweit steigenden Popularität des Jakobsweges nahm die Aufnahme der Pilger im Laufe der Zeiten organisierte Formen an. Unzählige Hospitäler und Herbergen, darunter viele angeschlossen an Klöster, säumten den Weg; Ende des 15. Jahrhunderts sprach der Servitenmönch Hermann Künig van Vach in seinem Pilgerführer „Die walfart und straß zu Sant Jacob" alleine von 32 Spitälern in Burgos. Ob Franziskaner oder Johanniter, Antoniter oder Benediktiner – sie alle nahmen sich der Wallfahrer an, spendeten Trost und kirchlichen Beistand und kümmerten sich nicht zuletzt um das leibliche Wohl der Gäste. In den Hospizen nahe der Pyrenäenübergänge Ibañeta und Somport versorgten Augustiner die Erschöpften. Das heutige Herbergswesen steht in der Nachfolge der historischen Pilgerbetreuung, allerdings nur mehr selten in solch klerikalem Rahmen.

Die Reisenden kommen mehrheitlich motorisiert oder jetten ein, während Hunderttausende als „richtige Pilger" über Land unterwegs sind. Einen verlässlichen statistischen Anhaltspunkt bietet das Wallfahrerbüro in Santiagos zentraler Casa do Deán, das gegenwärtig bis zu 160.000 „Compostela"-Urkunden pro Jahr ausgibt. Eine solche erhält, wer mit Pilgerausweis (credencial) unterwegs ist und nachweislich die letzten 100 Kilometer zu Fuß oder zu Pferd bzw. die letzten 200 Kilometer mit dem Fahrrad zurückgelegt hat. Die credencial lässt man sich in Kirchen, Gaststätten oder Herbergen stempeln. Manche indes verzichten auf Ausweis und Urkunde oder gehen den Jakobsweg in Teiletappen an.

Kennzeichen der Pilger ist die fächerförmige Jakobsmuschel, vieira, mit der auch der Heilige oftmals dargestellt wird. Die am Wege häufig erhältliche Muschel, ein Symbol des Lebens und der Taufe, heftet man sich an Rucksack oder Satteltaschen. Im meeresnahen Santiago blühte bereits im Mittelalter ein schwunghafter Handel mit solcherlei Muscheln, in Souvenirshops liegen sie heute waschkörbeweise aus. Gleich daneben warten Nippes und komplette Pilgersets mit breitkrempigem Hut, Stab, Trinkkürbis und wehendem Umhang auf ihre Käufer.

Blühendes Business. Seit ehedem ist die Wallfahrt nach Santiago ein Riesengeschäft gewesen. Für Kirchenleute und Händler. Für Gastwirte und leichte Damen. Käuflich ist selbst der berühmte *botafumeiro*, der Weihrauchwerfer in der Kathedrale. Man schwingt ihn gerne und oft und nicht nur, wie offiziell zu lesen, an hohen Festtagen. Gegen festen Spendensatz an den Klerus.

Glossar

Calle – Straße

Camino – Weg

Camino Aragonés – Aragonesischer Jakobsweg vom Somportpass bis Puente la Reina

Camino Francés – Französischer Jakobsweg vom Ibañetapass nach Santiago

Capilla – Kapelle

Castillo – Kastell

Claustro – Kreuzgang

Codex Calixtinus – „Pilgerführer" aus dem 12. Jahrhundert, benannt nach Papst Kalixt II.

Colegiata – Stiftskirche

Credencial – Pilgerausweis

Ermita – Einsiedelei

Fuente – Brunnen, Quelle

Hospital de peregrinos – Pilgerspital

Iglesia – Kirche

Monasterio – Kloster

Monte – Berg

Muralla – Stadtmauer

Oratorio – Hauskapelle, Bethaus

Parroquia – Pfarrkirche

Peregrino – Pilger

Puente – Brücke

Puerta del perdón – Vergebungsportal

Puerto – Passhöhe

Reconquista — christliche Rückeroberung der ab 711 maurisch
   besetzten Gebiete Spaniens; endete 1492 mit dem Fall von Granada

Rúa – Straße

Santiago – heiliger Jakobus (Jakobus der Ältere)

Santo, San – Heiliger

Santuario – Heiligtum

Sierra – Gebirge

Vieira – Jakobsmuschel

la Virgen – die heilige Jungfrau

Kennzeichen der Pilger – und
Markierungszeichen am Weg:
la vieira, die Muschel

In eisiger Gefahr auf den Somportpass

Es waren einmal zwei französische Pilger, die sich eine besondere Last auferlegt hatten und ihre Wallfahrt im Winter begannen. Getrieben von Buße und Glaubenseifer, wollten sie den Camino überdies auf dem beschwerlichsten aller Pyrenäenpässe angehen, dem Puerto de Somport. Man hatte ihnen eindringlich abgeraten und die Gefahren eines plötzlichen Wetterwechsels und abgezehrter Wölfe vor Augen geführt, die Wanderern selbst im Herbst und Frühling zum Verhängnis wurden. Die beiden jedoch schlugen sämtliche Warnungen in den Wind und vertrauten inständig auf Gott und seine Hilfe in aller Not.

Am Tag des Passanstiegs räumten die beiden früh ihr Lager und kamen zunächst gut voran. Inmitten majestätischer Kulissen aus verschneiten Kämmen und Flanken marschierten sie durch menschenleere Gegenden aufwärts, hatten allerdings kein Auge für die Schönheiten der Natur. Sie konzentrierten sich einzig auf den beschwerlichen Pfad und gönnten sich nur wenig Pausen.

Früh am Nachmittag schlug das Wetter um. Eine leichte Brise zog auf, erste Flocken fielen, die Witterung verschlechterte sich im Nu. Es dauerte nicht lange, bis orkanartige Böen durch die Bergwelt jagten und Vorhänge aus Schnee vor sich hertrieben. Der Pfad versank unter einer weißen Schicht, die Gefährten kamen vom Weg ab und orientierten sich alleine an ihrem Instinkt. Bald erreichte das Schneegestöber eine solche Dichte, dass sie kaum mehr die Hand vor Augen sahen. Sie stemmten sich mit aller Kraft gegen den Wind, der die Gesichter mit schneidender Schärfe peitschte. Gestützt auf ihre Pilgerstöcke und unter stillen Gebeten, quälten sie sich durch den Sturm und wussten um ihre einzige Chance: aufwärts, immer weiter aufwärts! Es gab kein Zurück mehr, erst hinter der Passhöhe, nach dem Abstieg in ein geschützteres Tal würden sie gerettet sein.

Nur noch steinerne Mauerreste erinnern an das einstmals bedeutsame Hospital de Santa Cristina. Für die warme Mahlzeit und die unentbehrliche Weinration muss sich der Pilger heute ins talwärts gelegene Canfranc begeben.

Eishauch trieb aus ihren Mündern, klirrende Kälte setzte ihren verschwitzten Körpern zu. Plötzlich vernahmen sie aus der Ferne seltsame Laute, gänzlich andere Geräusche als das stete Zischen und Pfeifen des Windes. Dann hörten sie es laut und deutlich und merkten, wie es näher und näher kam – Geheul, Wölfe! Ohne Zweifel hatten ausgehungerte Tiere ihre Fährte aufgenommen! Schneller und schneller stapften sie durch kniehohe Schneewechten, spürten kaum noch Füße und Hände und fühlten ihre Kräfte zusehends schwinden. Dicht hinter ihnen hallte erneut Geheul durch die Bergwelt, als sie unmittelbar vor einer Felsspalte standen. Eine rettende Höhle? Es blieb keine Zeit mehr. Kurz entschlossen zwängten sie sich in größter Bedrängnis durch die schmale Öffnung und krochen ins dunkle Ungewisse hinein. Kurz darauf spürten sie auf dem steinharten Grund ein Polster

17

aus Zweigen, die winzige Grotte verbreiterte sich. Sie drehten sich um und hielten ihre spitzen Stöcke dem Eingang zu, beharrlich umklammert, fest entschlossen, sich bis zum letzten Moment ihres Daseins zur Wehr zu setzen.

Ihr Atem ging schnell, von draußen trug der Luftzug die Gerüche des wilden Getiers heran. Unschlüssig schienen die Wölfe vor der Spalte zu verharren. Sie heulten und knurrten Furcht erregend. Zitternd vor Eiseskälte und Angst, kauerten die beiden eng beieinander und gelobten bei Gott, sollten sie die Nacht überleben, würden sie ein Pilgerhospital unter dem Schutz der heiligen Christina errichten. Irgendwann sanken sie erschöpft in Schlaf.

Als die beiden erwachten, lag die Höhle in Tageshelle getaucht da. Vom Zugangsschlund her strömte Licht auf sie zu, der Sturm war wie weggeblasen und das Rudel Wölfe verschwunden. Vor-

Der heilige Jakobus als Schutzherr der Pilger ist hier selbst als Pilger dargestellt.

sichtig schoben sie ihre durchfrorenen Körper aus dem Versteck und blinzelten in die Sonne. Keine Wolke war am Himmel zu sehen, über den Bergspitzen hing gleißender Eisglanz. Ihre Blicke wanderten über eine unvergleichliche Gebirgspracht, vor der Höhle waren die Spuren der Wölfe fast verweht. Sie befanden sich genau auf einem Kamm und vermuteten voller Freude den sagenumwobenen Summus Portus, den Pass von Somport.

Plötzlich tauchte eine weiße Taube mit einem goldglänzenden Gegenstand im Schnabel auf. Der Vogel flatterte davon und hielt sich mit kurzen Flügelschlägen in der Luft. Es sah so aus, als wartete er auf die beiden. Sie folgten der Taube ein Stück bergabwärts, bis sie sich nahe dem Lauf eines eisigen Flusses niederließ und ein kleines goldenes Kreuz ablegte. Sofort verstanden die Weggefährten das Zeichen Gottes. Hier, an dieser Stelle, hielt er sie an, ihr Gelübde der vergangenen Nacht zu erfüllen. Noch am selben Tag legten sie den Grundstein zum Hospital de Santa Cristina, das zu einem der bekanntesten Hospize am Jakobsweg aufsteigen und viele Pilger vor dem sicheren Tod bewahren sollte.

Hospital de Santa Cristina

Landschaft: Eingefasst in die grandiose Bergwelt der Pyrenäen, bieten sich sowohl auf Höhe des kleinen Ruinenfelds als auch vom Somportpass traumhafte Panoramablicke. Im Gegensatz dazu wirken die nahe der Hospitalreste aus dem Boden geschossenen Appartementblocks des Wintersportortes *Candanchú* ein wenig befremdlich. Talwärts strömt der *Río Aragón* dahin und wird von der kleinen *Puente de Santa Cristina* überspannt. Der 1640 m hohe Pass von Somport markiert die französisch-spanische Grenze, auf einigen Karten ist er mit 1632 m Höhe verzeichnet. Ein modernes Denkmal mit stilisiertem Pilger weist auf den *Camino de Santiago*, oberhalb der alten Grenzstation führt ein Kurzaufstieg an einen kleinen Marienaltar heran.

Lage und Anfahrt: Die Ruinen des Hospital de Santa Cristina liegen unterhalb des Somportpasses am Ortsrand von Candanchú und direkt am Fußpilgerpfad, ein Stückchen tiefer verläuft die Landstraße N-330. Zwischen dem Puerto de Somport und Candanchú gibt ein Schild die Entfernung zum Sehnsuchtsziel Santiago de Compostela mit 858 Kilometern an, nächste wichtige Pilgerstation ist die knapp 30 Kilometer südlich gelegene Kathedralstadt Jaca.

Hospital de Santa Cristina – Geschichte und Gegenwart

Die Gründung des Hospitals unter dem Namen Santa Cristina geht mutmaßlich auf das Ende des 11. Jahrhunderts zurück. Einer anderen Legendenversion zufolge fanden die beiden französischen Freunde zunächst Unterschlupf in einer mysteriösen einsamen Hütte, ehe sie sich an die Grundsteinlegung machten.

Nach dem kräftezehrenden Aufstieg über den Pass von Somport oder auf dem Rückweg in die Heimat gestand man den Jakobspilgern im Hospital einen maximalen Aufenthalt von drei Nächten zu. Der Speiseplan sah drei kräftige Mahlzeiten täglich vor, begleitet von mehreren Rationen Wein.

In seinem historischen Gewicht stellt der Codex Calixtinus den Herbergskomplex auf eine Stufe mit den Hospizen von Jerusalem und Mont-Joux in den Alpen, also mit signifikanten Stationen der Wallfahrten ins Heilige Land und nach Rom. Die Pilgerbetreuung erlosch in der zweiten Hälfte des 16. Jahrhunderts, von vergangenen Zeiten kündet heute ein umzäuntes Ruinenareal, dessen einstige Grundstruktur sich heute allenfalls erahnen lässt. Eine moderne Gedenksäule, an der manche Pilger kleine Pflanzengebinde anbringen, erinnert an das einstige Hospital.

Die geteilten Gebeine der Santa Orosia

Orosia war jung, munter und von zarter Gestalt. In ihren Adern floss blaues Blut, in ihrem Innern ruhte ein unerschütterlicher Glaube an Gott. Sie stammte aus fernen Landen jenseits der Pyrenäen und fühlte sich von Stolz erfüllt, als man ihr zutrug, man habe sie einem Fürsten in Spanien als Braut versprochen. Ein Edelmann solle er sein, bekam sie zu Ohren, tapfer und großmütig und wohlgewachsen.

Eines Tages brach Orosia aus der Heimat gen Spanien auf, begleitet von einigen Getreuen, zu denen ihr Lieblingsbruder und ihr Onkel gehörten. Sie empfand einen tiefen Zwiespalt. Einerseits fiel ihr der Abschied schwer, zum anderen verspürte sie eine nagende Neugier auf die Fremde und vor allem auf ihren künftigen Gemahl. Ohne ihn jemals gesehen zu haben, loderte ein Anflug von Liebesglut in ihrem Herzen. Auf Orosia indes wartete ein tragisches Schicksal. Sie sollte ihn niemals mehr zu Gesicht bekommen ...

Die lange Reise ging gut voran. Ungehindert zog der kleine Tross durch die weiten Landschaften des Fränkischen Reiches und überquerte zu guter Letzt die Pyrenäen. Nun würde es nicht mehr lange dauern, bis Orosia den Versprochenen in ihre Arme schließen und sich ihm hingeben konnte.

Unversehens gerieten sie in einen Hinterhalt. Orosias Gefolge war zu überrascht, um sich zur Wehr zu setzen. Fremde Laute flogen umher, bedrohliche Stimmen – eine Falle der Sarazenen!

Sie kamen in Gefangenschaft und wurden vor den Maurenführer gebracht, der sie eingehend musterte. Als er Orosia zu Gesicht bekam, durchzuckte es ihn. Niemals hatte er eine anmutigere Frau gesehen und befahl sogleich, ihre Fesseln zu lösen. Ruhig redete er auf sie ein. Orosia würdigte ihn keines Blickes.

Fortan ließ er nichts unversucht, um ihre Liebe zu gewinnen. Er schickte ihr die feinsten Kleider und die besten Speisen ins

Haftlager, aber sie rührte weder die seidenen Stoffe noch einen einzigen Bissen an. So verstrichen einige Tage. Beharrlich lehnte Orosia sämtliche Geschenke und eindeutige Angebote des Maurenführers ab, der sie überdies zum Islam bekehren wollte. Die junge Frau jedoch verlangte nichts weiter als die Freiheit für sich und die Ihren und sehnte mit Gottes Hilfe ein gutes Ende an der Seite ihres Fürsten herbei.

Im Laufe der Zeit sah der Maurenführer seine Geduld über alle Maßen strapaziert und setzte Orosia eine Frist. Bis zum Höchststand der Sonne am folgenden Mittag solle sie sich für ihn und seinen Glauben entscheiden. Falls nicht, sagte er, sehe er sich gezwungen, ihren Bruder und ihren Onkel zu töten. Teilnahmslos nahm Orosia die Worte hin und begann zu beten. Die Stunden verstrichen.

Der Maurenführer gab keinen weiteren Aufschub. Mit eigenen Augen musste Orosia mit ansehen, wie ihr geliebter Bruder und ihr Onkel gerichtet wurden. Ihr eigenes Martyrium ließ nicht lange auf sich warten. Obgleich sie sich vor dem Ende ängstigte, blieb Orosia bis zur letzten Sekunde ihres Lebens ungebeugt. Kurz vor ihrem Tod bat sie den Allmächtigen um Vergebung für ihre Mörder. Die Muselmanen enthaupteten sie und ihre übrigen Begleiter, dann entfernten sie sich vom Ort des grausamen Geschehens.

Einige Menschenalter waren ins Land gezogen und die Sarazenen im Zuge der Reconquista längst aus der Gegend vertrieben, als einem Hirten aus Yebra de Basa ein Engel erschien und gebot, ihm zu folgen. In der Bergwelt Aragoniens führte er den Schäfer zu den sterblichen Resten Orosias, von denen ein aromatischer Duft ausging. Alsbald kam der Plan auf, die Knochen nach Jaca zu bringen, das sich als einzige spanische Stadt den Angriffen der Mauren erfolgreich widersetzt hatte. Die lokalen Autoritäten von Yebra de Basa indes erhoben Einspruch, der Fund des Hirten habe in ihrem Gemeindegebiet gelegen. Folglich beanspruche man Orosia für sich, betonten sie, zumindest einen Teil von ihr.

Um Zwist zu vermeiden, verständigten sich beide Seiten auf eine Lösung. Der Kopf der Enthaupteten blieb in Yebra de Basa, während man die übrigen Gebeine nach Jaca überführte und ihnen dort in der Kathedrale San Pedro einen würdigen Platz gab.

Inmitten pittoresker Altstadtgassen gelegen, beherbergt die Kathedrale von Jaca die Gebeine der Stadtpatronin Santa Orosia.

JACA

Geschichte und Gegenwart: Das tragische Schicksal der Orosia könnte sich im 8. oder 9. Jahrhundert ereignet haben, historisch verbürgt ist es nicht. Laut Quellenlage kommt bei der Frage nach ihrer Herkunft sowohl eine Landschaft Mitteleuropas als auch das Fränkische Reich in Betracht. In Spanien teilen sich *Yebra de Basa* (Kopf) und *Jaca* (restlicher Körper) nach wie vor ihre sterblichen Überreste. Die Catedral de San Pedro, die in Jaca den prächtigen Schrein der Heiligen beherbergt, zählt zu den wegweisenden romanischen Gotteshäusern Spaniens. Zwischen dem 15. und 18. Jahrhundert erfuhr das trutzige Werk zahlreiche Erweiterungen. Heute erhebt sich die Kathedrale mitten aus der Fußgängerzone an einem pittoresken Platz mit Laubengängen und Straßencafés. Um den Kreuzgang herum legt sich das unlängst renovierte Diözesanmuseum mit sehenswerten Skulpturen und Kirchenmalereien aus dem Mittelalter.

Öffnungszeiten: Die Kathedrale von Jaca öffnet normalerweise täglich vor- und nachmittags.

Lage und Anfahrt: Jaca breitet sich rund 30 Kilometer südlich des Pyrenäenübergangs von Somport auf einer Höhe von 820 Metern aus. Heute zählt das am *Río Aragón* gelegene Städtchen 14.000 Einwohner. Westwärts laufen Pilgerweg und Landstraße N-240 Richtung Navarra; zwischendurch führt ein ausgeschilderter Abzweig zur romanischen Kirche *Santa Cruz de los Serós* und hinauf zum Felsenkloster *San Juan de la Peña*.

Besondere Tipps: Über das historische Viertel der alten aragonesischen Hauptstadt Jaca hinaus lohnt sich ein Streifzug zur Zitadelle, ein weit ausgreifendes Militärwerk mit Wurzeln im 16. Jahrhundert.

Feste: Alljährlich am ersten Freitag im Mai legt Jaca ein farbenprächtiges Festgewand an. Umzüge erinnern an den Sieg über die Mauren im Jahre 761, als der Conde Aznar die erfolgreiche Schlacht befehligte und insbesondere tapfere Frauen aus Jaca ihren Mann gestanden haben sollen.

Reliquienschreine und Feste

In der San-Pedro-Kathedrale von Jaca verehren die Gläubigen heute drei silberne Schreine unter dem Hauptaltar: in der Mitte den der städtischen Schutzpatronin Santa Orosia, beidseits davon zwei kleinere mit den Reliquien des heiligen Indalecio sowie des Brüderpaars Voto und Félix. Indalecio soll zu den Schülern des Apostels Jakobus gehört und in Andalusien das Evangelium verkündet haben, Voto und Félix haben als Gründer des nahen Klosters San Juan de la Peña Eingang in die Geschichte gefunden.

Alljährlich am 25. Juni, dem Tag der Santa Orosia, verlassen die drei Reliquienschreine ihre angestammten Plätze in der Kathedrale und stehen im Mittelpunkt eines feierlichen Aufmarsches durch die Straßen von Jaca. Auch das 162-Seelen-Dorf Yebra de Basa, rund 25 Kilometer südöstlich von Jaca gelegen, begeht den Tag der Heiligen mit einer Prozession. In Aragonien ist Santa Orosia mittlerweile zur Namenspatin einer Bibliothek in Zaragoza erwachsen, einer Musikgruppe und sogar einer hoch spezialisierten Firma für Elektroinstallationen: „Instalaciones y Montajes Eléctricos Santa Orosia".

Der Reliquienschrein von Santa Orosia in der Kathedrale von Jaca

25

Zwei standhafte Schwestern und ein kostbarer Schrein

Nunilo und Alodia waren Schwestern, Frucht des Liebesbundes zwischen einer Christin und einem reichen maurischen Händler. Sie stammten aus dem aragonesischen Örtchen Adahuesca und lebten im 9. Jahrhundert in einem kleinen muselmanischen Reich um Huesca. Obgleich dem Islam gesetzlich verpflichtet, weihte ihre Mutter sie nach dem frühen Tod des Hausherrn in die Geheimnisse des eigenen Glaubens ein. In den Schwestern begann das christliche Gedankengut zu wurzeln. Sie verpflichteten sich dem Gebot der Keuschheit und sprachen zu Gott, wann immer sich eine Gelegenheit ergab. Doch als ihre Mutter schließlich starb, übergab man sie der Vormundschaft eines mohammedanischen Onkels. Dieser kam ihnen auf die Schliche und versuchte vergebens, ihnen ihre christliche Gesinnung auszutreiben. Furchtlos verteidigten die Schwestern ihren Standpunkt und brachten den Onkel in Bedrängnis. Was, wenn man erfuhr, dass er zwei Christinnen daheim verbarg? Kurzerhand zeigte er sie beim Richter an.

Nunilo und Alodia wurden der Justiz übergeben und bekannten sich unumstößlich zu ihrer Konfession. Angesichts ihres geringen Alters übte sich der Richter in Nachsicht und stellte ihnen zwei muselmanische Frauen zu Diensten, die sie im Laufe der Zeit mit dem Koran vertraut machen und zu Allah hinführen sollten. All die Mühe trug nicht die geringsten Früchte. Je mehr man ihnen zusprach, desto stärker wuchs das Vertrauen der Schwestern in dem Christengott.

Man brachte Nunilo und Alodia vor den Kadi von Huesca. Sie schauten ihm tief in die Augen, ergriffen mutig das Wort und bekräftigten ihren Entschluss. Der höchste Richter, kein schlechter Mensch, redete auf sie ein und setzte ihnen eine weitere Schonfrist, um ihrem Glauben abzuschwören und dem Henker

Die standhaften Glaubenszeugen Alodia und Nunilo; Darstellung am Retabel von Juan de Berroeta (1632) in einer Kapelle der Klosterkirche von Leyre.

zu entgehen. Vierzig Tage lang, verfügte er, seien die Schwestern zu trennen. Während der kommenden Wochen spielten die Muslime ihre letzten Versuche an Überzeugungskraft aus und probierten es am Ende auch mit Schwindel und Tricks, indem sie der Ersten sagten, die Zweite habe sich bereits für die neue Religion entschieden und sie solle nun zum Islam übertreten.

Verstimmt vernahm der Kadi vierzig Tage später das nutzlose Ergebnis allen Bemühens. Mit freudigstem Herzen wären sie bereit, bekundete das standhafte Schwesternpaar, sich vor den Scharfrichter führen zu lassen und im Dienste ihres Glaubens zu sterben. Als er das Todesurteil festsetzte, fühlte sich der Richter wie ein Besiegter.

Man schrieb einen Oktobertag des Jahres 851, als man die beiden jungen Frauen vor den Henker von Huesca führte. Auf dass er ihre Köpfe zielgenau abschlagen könne, banden sie sich die Haare zur Seite und legten den Nacken frei. Sie schienen nicht die geringste Furcht vor dem Beil zu verspüren. Nunilo ging Alodia in der Stunde ihres Todes voran.

Die Muselmanen ergriffen Körper und Köpfe der Schwestern, warfen sie in ein Erdloch und schütteten sie mit Erde und Steinen zu. Später entdeckten gläubige Christen die unversehrten Leichname auf wundersame Weise wieder, schleusten sie unerkannt aus dem muslimischen Reich hinaus und brachten sie im April 860 in die Bergwelt Navarras an einen sicheren Ort: ins Kloster von Leyre.

Im Monasterio de San Salvador de Leyre genossen Alodia und Nunilo fortan hohe Verehrung, die eine neue Note bekam, als man die Reliquien der Heiligen in einen einzigartigen Schrein bettete: ein hispanisch-muslimisches Kästchen mit formvollendeter Ornamentik und einer Inschrift, die besagte, dass es um das Jahr 1005 in der Künstlerwerkstatt des Meisters Faray und seiner Schüler in Córdoba geschnitzt worden war.

In den Wirren der Säkularisation kam der Elfenbeinschrein im 19. Jahrhundert zunächst nach Sangüesa, später gab man seinen Inhalt auf Drängen der Ortsobrigkeit Adahuescas her – nicht aber das Kunstwerk selber. Heute ist das wertvolle Stück im Museum von Navarra in Pamplona zu sehen und das Klosterleben von Leyre neu erblüht, die Vergangenheit aber ist nicht vergessen. Die Mönche von Leyre, heißt es in einer vor Ort erschienenen Quelle, seien ihres größten Schatzes beraubt worden. Eines Schatzes, so der kritische Zusatz, auf dessen Rückgabe sie nach wie vor warten.

Monasterio de Leyre

Geschichte und Gegenwart: Figurenfragmente an der *Puerta Speciosa*, dem im 12. Jahrhundert entstandenen Portal der Klosterkirche von Leyre, werfen ein Licht auf das Martyrium der Heiligen: von Gottes Hand geleitet, gehen sie ihrem Schicksal entgegen. In der Kirche hat man Alodia und Nunilo eine eigens aus dem romanisch-gotischen

*Die spektakuläre romanische Krypta des Monasterio de Leyre
zählt zu einem der Höhepunkte am Camino Aragonés.*

Innenraum abgehende Kapelle gewidmet; das Retabel in der Kapelle
der Märtyrerinnen geht auf den Meister Juan de Berroeta zurück und
datiert aus dem Jahr 1632.

Öffnungszeiten: Das Kloster von Leyre öffnet täglich vor- und nachmittags, das in der Altstadt von Pamplona gelegene Museum von Navarra täglich außer sonntags nachmittags und montags.

Lage und Anfahrt: Zwischen Yesa-Stausee und *Sierra de Leyre* erhebt sich das Kloster von Leyre auf einem Zwischenplateau in der navarresischen Bergwelt, Autofahrer nehmen ab der Landstraße N-240
bei Yesa den ausgewiesenen Abzweig aufwärts.

Besondere Tipps: Alleine wegen der romanischen Krypta markiert
das Monasterio de San Salvador de Leyre einen Höhepunkt am Camino de Santiago. Hier pflegen die Benediktiner ihre gregorianischen Gesänge, hier erzählt man sich noch heute die Legende vom jahrhundertelangen Schlaf des Abtes Virila.

29

Ein Wanderer zwischen Glaubenswelten – der heilige Franz Xaver

Er galt als unermüdlicher Sucher, ein Mann der Tat im Dienste Gottes, ein Wanderer zwischen den Glaubenswelten. Er tauschte seine Heimaterde gegen Palmenstrände, die Pyrenäenkulissen Navarras gegen die Weite des Indischen Ozeans, ein vorgesehenes Arbeitsleben hinter Kirchenmauern gegen das in einfachen Strohhütten: Franz Xaver, der „größte Apostel der Moderne". Sein spannendes und gleichwohl viel zu kurzes Leben endete 1552 vor den Toren Chinas und nahm hier am Jakobsweg auf einem navarresischen Felsenkastell seinen Anfang ...

Die Chronik notiert den 7. April des Jahres 1506. In einem Westflügelzimmer der Burg von Javier schenkt Doña María de Azpilcueta ihrem fünften und letzten Kind das Leben. Man tauft den adeligen Sprössling Francisco Javier, Franz Xaver, und weist ihm seinen Platz im gemachten Wohlstandsnest zu. Um den Kleinen kümmert sich fortan eine Amme, die zum üppig bemessenen Dienstpersonal der Familie gehört. Auf dem elterlichen Schloss mangelt es an nichts, sein Vater Juan de Jaso steht im Dienste des Königshauses derer von Navarra und sitzt als Ratgeber fest im Sattel.

Franz Xavers frühe Jahre der Kindheit ziehen frei von Sorgen dahin, sein Wissensdurst ist kaum zu stillen. Erste Schreib- und Leselektionen saugt er ebenso gierig in sich auf wie die Lieder der Hirten und die Geschichten des Hausgesindes. In der Burgkapelle macht ihn der Santo Cristo neugierig, eine wunderbar geschnitzte Christusskulptur aus Nussbaumholz. Später, als Halbwüchsiger, wird er in der Iglesia de Santa María in Sangüesa zu einem Bildnis der heiligen Jungfrau beten.

Das Glück ist nicht von Dauer, der Horizont verdüstert sich. Spaniens Zeichen der Geschichte stehen auf Sturm, bald bläst in Javier und andernorts ein eisiger Wind. Um die Einheit des Lan-

*Der junge Franz Xaver verabschiedet sich von seiner Familie
in Javier, Navarra, um in Paris zu studieren.*

des zwei Jahrzehnte nach Vertreibung der Mauren und Juden zu
zementieren, fallen 1512 kastilische Truppen in Navarra ein und
bereiten dem selbstständigen Königreich ein Ende – und damit
auch dem seiner Funktionsträger. Vom Gram über den historischen Schicksalsschlag gebeugt, verstirbt Don Juan de Jaso. Die
goldenen Zeiten sind vorbei. Mit dem Tod des Vaters setzt der
Abstieg der Burgherrnfamilie ein, die Befestigungsanlagen werden demoliert. Im Gegensatz zu seinen Brüdern Miguel und Juan
schlägt Franz Xaver eine militärische Karriere aus und wendet
sich stattdessen humanistischen und geistlichen Studien zu – ob
in Pamplona oder Sangüesa oder im nahen Benediktinerkloster
von Leyre, ist nicht hinreichend geklärt.

Zu Septemberbeginn 1525, mit 19 Jahren, nimmt Franz Xaver
Abschied von der Heimat. Sein Plan: Studium und Promotion,
dann Rückkehr und Amtsantritt als Kanoniker. Niemand vermag
zu jenem Zeitpunkt zu ahnen, dass es ein Abschied für immer
sein wird. Er wirft einen Blick zurück auf die Felsenburg und geht
einem neuen Leben entgegen, das ihm lange Studienjahre in Paris und die schicksalhafte Begegnung mit Ignatius von Loyola be-

schert. Ignatius, fünfzehn Jahre älter als Franz Xaver, wird ihm zum Leitbild. Man spricht und sitzt und betet zusammen. Was nützt es dem Menschen, fragt Ignatius ein ums andere Mal, die ganze Welt zu gewinnen, wenn seine Seele Schaden erleidet? In Franz Xaver lösen solche Sätze Gedankenketten aus, es beginnt in ihm zu arbeiten.

In Paris wird der Freundeskreis um Ignatius zur Keimzelle der Compañía de Jesús, der Gemeinschaft der Jesuiten. Franz Xaver gehört zu jenen, die 1534 ein Gelübde auf dem Montmartre ablegen. Sie verpflichten sich zu Armut, Keuschheit und einer Fahrt ins Heilige Land. Die Reise nach Jerusalem scheitert, Franz Xaver schlägt eine vormals angestrebte Stelle als Kanoniker in Pamplona aus, in Italien wird er zum Priester geweiht, 1540 bestätigt Papst Paul III. die Gründung des Jesuitenordens.

Franz Xaver spürt mehr und mehr seinen wahren Auftrag. Seine innere Stimme verlangt nach stärkeren Opfern, er träumt davon, Missionar zu werden. Sein Wunsch erfüllt sich, gekoppelt an den Zufall, dass Portugals König João III. eifrige Glaubensboten für Indien sucht und der ursprünglich vorgesehene Nicolás Bobadilla wegen Krankheit ausfällt. Franz Xaver springt kurzfristig ein und erhält die Vollmachten eines päpstlichen Gesandten. An Bord der „Santiago" verlässt er im April 1541 den Hafen von Lissabon – und wird die Alte Welt nie mehr wiedersehen. Die anstrengende Reise dauert über ein Jahr. Man hat mit Flauten und der Pest an Bord zu kämpfen und legt einen längeren Aufenthalt in Mozambique ein. Man schreibt Anfang Mai 1542, als Franz Xaver die Westküste Indiens mit ihrer portugiesisch dominierten Stadt Goa erreicht.

Nach einigen Monaten in Goa zieht Franz Xaver im Laufe der kommenden Jahre kreuz und quer von einem indischen Dorf zum nächsten, macht Station in Malakka und auf den Molukken. Mit einem Glöckchen in der Hand, so heißt es, geht er durch die

Gegend und schart Neugierige jedweden Alters um sich. Insbesondere die Kinder haben es dem Jesuiten aus Navarra angetan. In einem Brief an Ignatius von Loyola steht zu lesen, er sei viel durch die Dörfer gewandert und habe die noch nicht getauften Kinder mit dem heiligen Wasser reingewaschen. Weiter schreibt er:

„So habe ich viele Kinder, die sozusagen rechts und links nicht unterscheiden können, von der Schuld befreit. Die Kinder ließen mich nicht zum Stundengebet, nicht zum Essen und Schlafen kommen, bevor ich ihnen nicht irgendein Gebet beigebracht hatte. Da begriff ich, dass gerade ihnen das Himmelreich gehört."

Es scheint kein Zufall, dass Franz Xaver die exotischen Kulissen rundherum ausblendet. Der Schreiber richtet seinen Blick auf das Wesentliche, nimmt sich selber gemäßigt zurück und stellt die offenen Menschen in den Mittelpunkt. Auf unnachahmliche Weise gelingt es ihm, eine Brücke zwischen Alter und Neuer Welt zu schlagen, zwischen Anspruch und Wirklichkeit, zwischen religiöser Theorie und Praxis:

„Ich konnte feststellen, dass es unter ihnen Begabungen gibt. Wäre jemand da, der sie in den christlichen Geboten unterrichtete, würden sie sicher sehr gute Christen. Hierzulande werden viele Leute nur deswegen nicht Christen, weil sie niemand dazu macht. Oft genug dachte ich an die Akademien in Europa, vor allem an die von Paris, als sollte ich wie ein Irrer durch ihre Räume rennen und sie, die mehr Gelehrsamkeit als Liebe haben, antreiben mit Worten wie: ‚Wehe, welch riesige Zahl von Seelen ist durch eure Schuld vom Himmel ausgeschlossen und stürzt in die Hölle!' Wenn sie sich doch nur so viel Sorge um diese Not machten wie um die Wissenschaft, damit sie Gott über die Lehre und die ihnen anvertrauten Talente Rechenschaft ablegen könnten!"

Franz Xaver nimmt sich kein Blatt vor den Mund. Viele der Angesprochenen, mutmaßt er, würden, bewegt durch diese Überlegung und Betrachtung der ewigen Dinge, hinhören auf das, was Gott in ihnen spricht. Sie würden ihre Wünsche und die menschlichen Angelegenheiten hintansetzen, um sich ganz auf den Wink und Willen Gottes einzustellen. Er folgert: „Aus tiefstem Herzen würden sie gewiss rufen: ‚Herr, hier bin ich, was willst du, dass ich tue? Schicke mich, wohin du willst, vielleicht nach Indien!'"

Franz Xaver ist Missionar mit Leib und Seele. Er gönnt sich keine Pause. Silbe für Silbe eignet er sich die Sprachen der Einheimischen an, überwindet Barrieren und Skepsis mit Musik, holt seine Gebete zu nächtlicher Stunde nach. Überall trotzt er den Gefahren und der drückenden Tropenhitze, ob an der indischen Küste oder auf den Molukken. Er tauft Tausende, Zehntausende – bis ihm die Arme schmerzen.

Auf Dauer zehrt ihn die spirituelle „Conquista" aus. Er ergraut, sucht gleichwohl voller Ungeduld weitere Ziele. Zusammen mit einigen Gefährten segelt er nach Japan, beginnt zu predigen, nimmt sich der ersten Täuflinge an. Der Erfolg ist durchwachsen bis niederschmetternd, viele Japaner geben sich verschlossen. Ungebrochen sieht sich der rast- und ruhelose Franz Xaver zu einer letzten großen Aufgabe angespornt: das Evangelium im Reich der Mitte zu verkünden, um über den Umweg China auch Japan und Hinterindien zu erreichen.

Franz Xaver schafft es bis auf die Insel Shangchuan nahe der chinesischen Stadt Kanton. Hier ist Endstation seiner Reise, seines Wirkens, seines Lebens. Vergebens wartet er auf das verabredete Schiff, das ihn weiterbringen soll. Seine Kräfte schwinden, sein kühnes Vorhaben scheitert. Er fühlt sich krank. Todkrank. Ein chinesischer Diener bleibt bei ihm. Er steht ihm zur Seite, als Franz Xaver am 3. Dezember 1552 stirbt.

Bevor sein Leben erlischt, heftet sich der letzte Blick des Missionars an ein Kruzifix. Im selben Moment ereignet sich Sonderbares im fernen Javier. Aus dem Bildnis des gekreuzigten Christus tritt eine seltsame Feuchte. Der Santo Cristo schwitzt Blut.

Eine Burg wie im Märchen – mit Zugbrücke, Zinnenmauer und Schießscharten; jährlich kommen mehr als 600.000 Menschen hierher und besuchen den Schutzheiligen der Missionen und des spanischen Tourismus – Franz Xaver.

Javier

Geschichte und Gegenwart: In Sichtweite der Sierra de Leyre sitzt die Burg von Javier einem Felsplateau auf. Aus der Mitte der kleinen An-lage ragt der „Huldigungsturm" *(Torre del Homenaje)*, an die Westseite setzte man Ende des 19. Jahrhunderts die einschiffige *Basílica* an. Die äl-testen Bauteile der Festung datieren aus dem 10. Jahrhundert, zwischen 2003 und 2005 sind Vorplatz und Kastell umfangreich renoviert worden. Im Burginnern führt ein Rundgang in den einstigen Waffenhof, den *Patio de Armas*, und zur Kapelle mit dem aus Nussbaum geschnitzten Chris-tusbildnis *Santo Cristo.* Dem Geiste Franx Xavers spürt man im *Cuarto del Santo* nach, dem „Zimmer des Heiligen", in dem er gewohnt haben soll. In der gegenüber der Burg gelegenen *Parroquia de la Anunciación* – auch: *Iglesia de Santa María* – sieht man das Taufbecken, wo ihn der ört-liche Vikar Don Miguel 1506 in die Gemeinschaft mit Gott hineinnahm.

Öffnungszeiten: Die Burg von Javier hat im Regelfall täglich vor- und nachmittags geöffnet.

Lage und Anfahrt: Der 200-Einwohner-Ort liegt wenige Kilometer südlich von Yesa, ausgeschilderter Abzweig ab der Landstraße N-240; alternative Anfahrt ab Sangüesa.

Skulptur des hl. Franz Xaver am Ortsrand von Javier

Schutzheiliger Franz Xaver – Wallfahrten im März

Nach seinem tragischen Schicksal auf Shangchuan überführte man die sterblichen Reste des Franz Xaver, spanisch Francisco Javier (1506–1552), nach Goa und setzte sie dort Mitte März 1554 bei. Im Jahre 1622 wurde Franz Xaver heilig gesprochen. Er ist Schutzpatron der Autonomen Gemeinschaft Navarra. An zwei Wochenenden im März verehren ihn die Gläubigen in Form von Javier-Wallfahrten, den so genannten „Javieradas", bei denen sich viele aus dem rund 50 Kilometer entfernten Pamplona zu Fuß auf den Weg machen; abschließende Höhepunkte sind die Freiluftgottesdienste auf dem Vorplatz der Burg. In heutiger Zeit vereinen die Javieradas Zehntausende Pilger aus über 70 Ländern. Franz Xavers Todestag, den 3. Dezember, begeht man in Navarra als Feiertag.

Ein tödliches Dessert

In der Tierra de Sangüesa, dem Landstrich um Sangüesa, lebte in ferner Vergangenheit Don Alfonso als Burgherr in Cáseda. Nach seinen Heldentaten im Kriege hatte ihm der König das Kastell vermacht und die Steuerabgaben des Ortes auf Dauer überschrieben. Mit auf der Festung lebte Don Pedro, ein Arzt aus der Fremde, der Alfonso nach der letzten Schlacht von seinen schweren Verletzungen geheilt und ihm somit das Leben gerettet hatte. Sie waren engste Freunde. Alfonso, ein edler Streiter, fühlte sich tief in Pedros Schuld. Er hatte diesem geschworen, ihm jedweden Wunsch zu erfüllen, und hatte ihn aufgefordert, ihn in seine Heimat Navarra nahe an den Camino Aragonés zu begleiten und dort ein neues Leben aufzubauen. Erfreut hatte Pedro zugestimmt.

Es trug sich an einem Frühlingstag zu, als die beiden Freunde vor den Toren Cásedas umherstreiften und einmal mehr der gemeinsamen Kriegserlebnisse gedachten. Plötzlich tauchten der Bürgermeister, der Richter und die Herren des örtlichen Rates auf. Eilig hielten sie Alfonso an, ein Todesurteil zu besiegeln. Es gehe um eine junge Conversa, eine konvertierte Jüdin mit Namen Blanca, die sich schuldig gemacht habe, heimlich ihren alten Glauben zu pflegen. Es gebe keinen Zweifel, berichteten sie, und sie verdiene nichts anderes als die Höllenpein des Scheiterhaufens. Der Burgherr tat, wie ihm geheißen, und setzte die Todesstunde auf den Nachmittag des folgenden Tages fest. Die Ortsoberen rieben sich die Hände, denn eine Exekution war stets ein vortreffliches Schauspiel.

Die Kunde von der bevorstehenden Hinrichtung verbreitete sich wie ein Lauffeuer und lockte tags darauf Leute aus nah und fern an. Händler und Gaukler trafen ein, Akrobaten und Wahrsager. Alle hofften auf ein einträgliches Geschäft. Früh drängten die Schaulustigen auf den Burgplatz und ließen sich kein einziges Detail der Vorarbeiten entgehen.

Hornist und Ausrufer kündigten schließlich das Zeremoniell an, das Don Alfonso persönlich präsidierte. Gleich daneben bezog Don Pedro Position. Planmäßig tauchte die Beschuldigte auf. In Ketten und von zwei Wächtern begleitet führte man sie durch ein Spalier aus Gaffern. Die Leute bespuckten und beschimpften sie und fieberten mit glänzenden Augen dem Spektakel entgegen. Mit schweren Schritten und gesenkten Hauptes ging die junge Frau ihrem unabwendbaren Schicksal entgegen. Wer konnte ihr in dieser Stunde noch beistehen? Langsam hob sie den Kopf und schaute verloren um sich. In diesem Moment kreuzten sich die Blicke Blancas und Pedros. Ihr verzweifelter Ausdruck aus dunklen Augen traf ihn mitten ins Herz. Es durchfuhr ihn heiß und kalt. Welch eine Schönheit, welch eine Anmut! Er atmete schwer, das innere Feuer trieb Schweißperlen auf seine Stirn. Während sich Blanca dem Aufbau des Scheiterhaufens näherte, flogen die Gedanken Pedros wild hin und her. Er musste es wagen, ihm blieb keine andere Wahl.

„Herr", sprach er mit zitternder Stimme und beugte sich zu Alfonso hinüber, „Ihr seid mächtig genug, um den Beschluss zu widerrufen."

„Was redet Ihr, Pedro?", entgegnete dieser sichtlich verwirrt.

„Werter Freund, begnadigt die Frau und nehmt von mir, was Ihr wollt!"

„Pedro, was ist in Euch gefahren?"

„Herr", flehte ihn sein Freund weiter an, „erinnert Ihr Euch an den Schwur, mir jedes Anliegen zuzugestehen? Niemals habe ich Euch um einen Gefallen gebeten, es soll jetzt und hier das erste und letzte Mal sein. Darum bitte ich Euch: Vergebt ihr, vertraut sie meiner Obhut an!"

Der Burgherr bemerkte die tiefe Ergriffenheit des anderen.

„Pedro, sprecht, warum?"

„Fragt nicht, Herr, bitte fragt nicht. Bedenkt, dass ich es war, der Euch einst gerettet hat! Opfert mein Leben, aber verschont das ihre!"

Als Blanca den Scheiterhaufen erreichte, gebot der Burgherr dem Ablauf Einhalt.

„Hört alle her!", rief er den Menschenmassen zu, „kraft meiner Befugnis begnadige ich die Verurteilte."

Wie eine Welle ging ein Raunen durch die Menge, die junge Frau sank ohnmächtig zu Boden. Der Arzt bahnte sich den Weg durch das Volk und beugte sich zu Blanca hinab. Er nahm sie auf und trug sie, unter den übelsten Flüchen der Umstehenden, in seine privaten Gemächer.

Es war erst wenig Zeit verstrichen, als Don Pedro seinen Freund bat, einer Heirat mit Blanca zuzustimmen. Er willigte ein. Um den Ruf des Arztes nicht weiter zu schädigen und die junge Frau zu rehabilitieren, ließ er über die Ortsoberen die Kunde von ihrer Unschuld verbreiten.

In der Burgkapelle schlossen Pedro und Blanca den Bund fürs Leben, gefolgt von einem rauschenden Fest, das die Dörfler versöhnte.

Fortan lebte das Paar zufrieden, so schien es, auf der Burg vor sich hin. Eines Tages jedoch trat Pedros treuer Diener mit betrüblicher Miene vor den Arzt.

„Herr, sind wir allein und ungestört?", fragte er.

„Aber ja, was bedrückt Euch?"

„Es bricht mir das Herz, Herr, es Euch zu sagen."

„So sprecht, was ist geschehen?"

„Eure Frau, Doña Blanca, ist die Geliebte Eures besten Freundes."

Ungläubig musterte der Arzt seinen Diener. „Wisst Ihr, was Ihr da sagt?"

„Herr, ich habe gesehen, wie sie sich heimlich beim Burgturm trafen, als Ihr ausgeritten ward zur Jagd."

Pedro beschloss, sich mit eigenen Augen von der ungeheuerlichen Kunde zu überzeugen. Er gab seine Kleider dem treuen Diener, ließ diesen baldmöglichst in Don Pedros nobler Kluft mit kleinem Gefolge zur Jagd ausreiten und hielt sich am Burgturm hinter einem Busch versteckt. Es dauerte nicht lange, bis Blanca und Alfonso hastig zusammenkamen. Sie wähnten sich allein. Pedro stockte der Atem, als er vernahm, wie sich die beiden für die übernächste Nacht an derselben Stelle verabredeten. Er sann auf tödliche Rache ...

Als die beiden Freunde und Blanca tags darauf zusammensaßen, erschien ein reitender Bote. Im Auftrag des Königs sei er gekommen, verkündete er, und übergab Alfonso einen versiegelten Brief. Der Empfänger zeigte sich erschrocken und erfreut zugleich. Er öffnete das Schriftstück, seine Augen flogen über die Zeilen hinweg.

„Worum handelt es sich?", fragte Pedro scheinheilig.

„Eine Nachricht des Königs", antwortete Alfonso. „Heute noch soll ich aufbrechen an den Hof, um einen wichtigen Auftrag zu erfüllen."

„Welchen Auftrag, mein Bester?"

„Seltsam, gerade das steht hier nicht", sagte Alfonso, nachdem er die wenigen Sätze erneut überflogen hatte.

„Nun, mein Freund, so lasst den König nicht warten. Bereitet Euer Gefolge vor."

„Nein, das geht nicht. Der König will, so steht es geschrieben, dass mich nur ein einziger Mann begleitet. Pedro, ich bitte Euch, kommt mit mir."

„Wenn Ihr es wünscht, Herr, ich stehe Euch treu zu Diensten, auch wenn sich übermorgen der Hochzeitstag mit meiner schönen Frau zum ersten Mal jährt. Ihr wisst, wie lang der Weg ist, und ich glaube kaum, dass wir bis dahin zurückgekehrt sind."

„Pedro, ich verspreche Euch, wir werden die Feier gebührend nachholen!"

Unwohl blickte Blanca den beiden Männern hinterher, als sie die Burg von Cáseda verließen. Die Freunde kamen nicht weit. In ei-

nem einsamen Waldstück sahen sie sich von maskierten Wegelagerern umringt und erkannten ihre aussichtslose Lage. Sie leiste-
ten keine Gegenwehr, als sie gefesselt in eine nahe Höhle gebracht
wurden. Man warf sie auf den steinigen Boden. Plötzlich erhob
sich Pedro und streifte seine Ketten ab.

Mit wirrem Blick schaute er hinab auf den Burgherrn und eröffnete ihm, wie er hinter seine Untreue gekommen war. In
Gegenwart der Wegelagerer, die nichts weiter waren als bezahlte
Komplizen Pedros, berichtete er von dem unechten Boten, dem
erlogenen Schreiben und dem fingierten Überfall.

Der Arzt nahm sein Messer und beugte sich zu Alfonso hinab.
Er kniete sich auf den wehrlosen Körper des Freundes und stieß
ihm die Klinge tief in die Halsschlagader. Alfonso verblutete bei
lebendigem Leib. Den falschen Schurken schnürte es die Kehle
zu, als der Arzt seine Utensilien hervorholte und den Brustkorb
des Freundes öffnete. Pedro, längst von Sinnen, schnitt das Herz
Alfonsos heraus und steckte es in einen Beutel. Dann entfachte er
ein Feuer und setzte einen Topf mit Wasser darauf, ehe er sich mit
größter Sorgfalt daranmachte, die Hände des Toten abzutren-
nen. Kenntnisreich zog er die Hautstreifen ab und warf die ent-
häuteten Gliedmaßen in den Topf, um das Fleisch gut weich zu
kochen und später von den Knochen zu schälen. Ein bestialischer
Gestank durchzog die Grotte. Pedros Begleiter wandten sich vor
Übelkeit ab und suchten das Weite.

Nach einer Nacht in der Höhle kehrte Pedro gegen Mittag auf die
Festung von Cáseda zurück. Neugierige scharten sich um ihn und
fragten, was mit dem Burgherrn geschehen sei. Er beruhigte die
Gemüter und sagte, Alfonso habe ihn vorzeitig zurückgeschickt,
um seinen anstehenden Hochzeitstag in angemessenem Rahmen
zu feiern. Die Großmut des Herrn leuchtete allen ein. Sogleich
begab man sich daran, die Feier für den nächsten Tag vorzuberei-
ten. Blanca kam die Sache seltsam vor ...

Cáseda feierte wieder ein freudiges Fest. Ein Bankett wie dieses hatte man in der Tierra de Sangüesa selten erlebt, kein Wunsch blieb offen. Man aß und trank und war vergnügt und wartete gespannt auf die Überraschung, die Pedro angekündigt hatte.

Plötzlich trat ein Diener heran und zog die staunenden Blicke aller auf sich. In Händen hielt er eine kleine Kiste, sorgfältig eingewickelt in rotes Tuch.

„Das Geschenk für meine Frau!", rief Pedro. „Gleich wird sie es öffnen." Unter dem neugierigen Geraune der Gäste erschien ein zweiter Diener und tischte Blanca ein erlesenes Dessert auf, eine herrliche rote Gelatine.

„Altes Familienrezept", rief Pedro triumphierend und lächelte irr, „ich habe es eigens zubereitet."

Die Süßspeise trug einen bitteren Beigeschmack, doch Blanca wollte ihren Gemahl nicht enttäuschen. Sie aß alles auf.

Pedro gab seiner Frau ein Zeichen, die mysteriöse Schatulle zu öffnen. Voller Vorfreude hob sie den Deckel. Blanca wurde kreidebleich, der Schrei blieb ihr im Halse stecken. Auf samtigem Grund lagen zwei fein drapierte knöcherne Hände, zwischen die ein Pergament geklammert war, das die Worte trug: „Ich war der Ehebrecher Don Alfonso."

Wie von Sinnen lächelte der Arzt sie an. „Schaut her, Gemahlin, wie es feigen Sündern ergeht. Schaut her, solange Ihr noch könnt. Die Gelatine war das pürierte Herz Eures Liebhabers, vermengt mit Gift." Im selben Moment sackte Blanca tot zusammen.

Jakobspilger auf dem Weg zwischen Sangüesa und Monreal

Küsse auf den Totenschädel

In schaurig belehrender Weise haben Bildhauer am Jakobsweg das Motiv der Untreue verarbeitet. Als prägnantes Beispiel sticht das einer leidlich bekleideten Dame an der Puerta de las Platerías der Kathedrale von Santiago de Compostela hervor. Hier, an der Südfassade, zeigt der Künstler nachhaltig, wie Sünder und Sünderin enden: Der Betrachter schaut zu einer sitzenden Frau auf, die auf ihrem Schoß einen Totenschädel umfasst hält und bereits im Codex Calixtinus erwähnt wurde. Folgt man dem Codex, handelt es sich um das verweste Haupt ihres Liebhabers – abgerissen von ihrem Mann, der ihr überdies auferlegt hat, den skelettierten Kopf zweimal pro Tag zu küssen. Eine makabere Liebkosung, die manche Stadtführer in Santiago zu steigern wissen und von täglich drei Küssen sprechen.

43

Cáseda – Tierra de Sangüesa

Geschichte und Gegenwart: Der heutige 1000-Einwohner-Ort Cáseda ist seit dem Mittelalter dokumentiert und kam 1129, während der Herrschaftsepoche von Navarras König Alfonso I. el Batallador, in den Genuss steuerlicher Sonderrechte. Im Jahre 1468 gestand der aragonesisch-navarresische Herrscher Juan II. dem Dorf Sitz und Stimme in den Cortes (der Volksvertretung) zu. Die Ursprünge der Burg reichen ins 12. Jahrhundert, erhalten haben sich nur spärliche Reste. Über das Ortsbild verteilen sich Adelshäuser aus dem 16. bis 18. Jahrhundert, der Río Aragón wird von einer neunbogigen Brücke überspannt. Markantestes Bauwerk ist die in spätgotischem Stil begonnene *Iglesia de Santa María*, deren prächtiges Renaissanceretabel auf Juan de Anchieta zurückgeht und Szenen aus dem Leben Mariens zeigt.

Lage und Anfahrt: Cáseda liegt an den Ufern des Río Aragón, derselbe Fluss, der an *Sangüesa* vorbeiströmt. Während der Jakobsweg nördlich verläuft, schließt sich südwärts die knapp 900 Meter aufragende Sierra de San Pedro an. Cáseda liegt acht Kilometer südwestlich von Sangüesa und ist über Nebenstraßen ab Sangüesa erreichbar.

Sangüesa und die wundertätige Virgen de Rocamador

Herzstück des Landstrichs ist das Jakobswegstädtchen Sangüesa, dortiges Wahrzeichen die Iglesia de Santa María la Real (12./13. Jh.) mit ihrem achteckigen Turm und einem bestechenden romanischen Figurenportal. Im Innern beten die Gläubigen vor dem gotischen Bildnis der Virgen de Rocamador, deren Name mit der Vielzahl französischer Pilger in Verbindung steht. Seit jeher hängt ihr der Ruf einer wundertätigen Jungfrau nach, vor allem bei den mittelalterlichen „Juicios de Dios", den Gottesurteilen. Kam es in Sangüesa wieder einmal zur „Wasserprobe", bei der man den Beschuldigten in Sichtweite der Kirche gefesselt in den Río Aragón warf, griff die Virgen de Rocamador häufig helfend ein. Selbst einem Ritter in voller Rüstung soll sie einmal das Leben gerettet haben.

Die Knöchelketten des reuigen Spielmanns

Ausgezehrt von Kämpfen zwischen Spaniern und Franzosen, lagen Teile Pamplonas schwer zerstört da. Sogar der Bischof hatte sein Prunkdomizil neben der Kathedrale verlassen müssen und residierte vorübergehend in einem außerhalb gelegenen Burgpalais. An einem frostigen Wintertag hörte er von der Ankunft eines Pilgers aus fernen Landen, der in schweren Knöchelketten unterwegs war und einen merkwürdig geformten Sack auf dem Rücken trug. Der Mann bot einen ebenso seltsamen wie bedauerlichen Anblick. Seine Fußgelenke waren wund und entzündet, sein Körper mit Hämatomen übersät, die Kleidung hing ihm in Fetzen vom Leib.

Der Bischof, ein weiser alter Mann, ließ den Fremden zu sich rufen und fragte nach dessen Schicksal. Er sei ein Spielmann, antwortete dieser, und habe sich mit einer entsetzlichen Bluttat versündigt. In seiner Heimat habe ihn der Klerus zu Recht für schuldig befunden und dazu verurteilt, in Ketten zum Grab des Apostels Jakobus zu ziehen. Überall, wo er hinkomme, müsse er von Haus zu Haus gehend um Vergebung bitten. Uneingeschränkt wolle er erfüllen, was ihm aufgetragen worden sei, und keiner Strapaze aus dem Wege gehen. Der Fremde erzählte von seiner langen gefahrvollen Wanderschaft und dem erschöpfenden Aufstieg durch Eis und Schnee zum Kloster von Roncesvalles, der ihn fast das Leben gekostet habe. Er versorge sich mit dem, was ihm gütige Menschen zukommen ließen, und trage seine Leier stets auf dem Rücken mit sich. In Tavernen und Herbergen hole er sie aus dem Sack hervor und spiele auf und singe dazu, worauf man ihm gelegentlich einen Bissen Brot und ein Stückchen Speck zustecke. Im Grunde könne er sich glücklich schätzen, ein Spielmann zu sein, endete dieser seine Rede.

Wortlos hatte der Bischof dem Fremden gelauscht und konnte seine Neugier nicht verbergen. Wie mochte der reumütige

Spielmann wohl musizieren? Er bat ihn, sein Instrument auszupacken und einige Strophen vorzutragen. Der Spielmann folgte dem Wunsch und löste die Riemen seines unförmigen Bündels. Er zog die Leier ans Licht und trug eine anrührende Weise vor. Bewegt vernahm der Bischof die Klänge. Voller Erbarmen lud er den Büßer zu einer üppigen Mahlzeit ein und verschaffte ihm später im Stroh neben den Stallungen einen warmen Platz für die Nacht.

Am nächsten Morgen brach der Fremde auf. Zum Abschied steckte ihm der Bischof ein paar Silbermünzen für die Weiterreise zu und segnete ihn. Lange noch war das Rasseln der Knöchelketten zu hören, ehe es sich in der Ferne verlor.

Viele Monate waren ins Land gezogen, als der Spielmann erneut die Stadtgrenzen Pamplonas erreichte. In Santiago de Compostela hatte er die Beichte abgelegt und um Gnade gebeten, befand sich nun auf dem Weg zurück in die Heimat und wirkte ausgemergelter als je zuvor. In gebeugtem Gang schleppte er sich voran und erduldete nach wie vor die Last der Ketten. Die Haut um die Knöchel war verdickt und aufgerieben, bis zu den Schenkeln hinauf wucherte eitriger Ausschlag.

In Pamplona hatten sich die Zustände gebessert, manche Zerstörungen waren behoben. Selbst der Bischof, erfuhr der Spielmann, residiere wieder an gewohnter Stätte. Erfreut wurde er im Palast vorstellig, um dem Geistlichen noch einmal für die Münzen zu danken, mit denen er in Santiago Altarkerzen gekauft und zu Ehren des heiligen Apostels entzündet hatte.

Mit größter Betrübnis vernahm der Fremde, dass der alte Bischof gestorben war. Auf inständiges Bitten hin führte man ihn zu seiner letzten Ruhestätte im Kreuzgang der Kathedrale. Vor dem Grab warf sich der Spielmann auf die Knie und betete. In sanften Tönen stimmte er dann das ergreifendste Danklied an, das ihm je in den Sinn gekommen war. Im selben Moment lösten sich die Ketten von seinen Knöcheln.

Pamplona

Geschichte und Gegenwart: In der alten Römerstadt Pamplona tobten Ende des 13. Jahrhunderts die spanisch-französischen Konflikte. Zu
jenen Zeiten erhob sich im Stadtviertel *Navarrería* eine romanische Kathedrale, die 1391 einstürzte und den gotischen Nachfolgebau bewirkte. Die Hauptfassade wurde Ende des 18. Jahrhunderts durch eine klassizistische ersetzt, Blickfang im Innern des Doms ist das Alabastergrab-
mal des navarresischen Königspaares Carlos III. el Noble und Leonor
de Trastámara.

Um die Versorgung der Jakobspilger kümmerten sich vom Bischof be-
stellte Kanoniker. Dem Kreuzgang war eine Küche angegliedert, die sowohl dem Klerus als auch den Wallfahrern diente und einen 27 Meter
hohen Rauchabzug besaß. Heute gehört die einstige Küche ebenso zum
Diözesanmuseum wie das restaurierte Refektorium, das eine Sammlung
von Marienskulpturen aus längst verschwundenen Kirchen des Umlands
präsentiert. Dem Museum ist außerdem der gotische Kreuzgang angeschlossen, der durch sein prachtvolles Maßwerk besticht; aus dem 14.
Jahrhundert datieren die dortige Grabkapelle des Bischofs Arnalt de

*In Pamplona lohnt sich auch ein Besuch im Regionalmuseum, wo der
„geraubte" Elfenbeinschrein von Leyre (s. S. 26) zu sehen ist.*

47

Barbazán sowie zwei sehenswerte Pforten, die *Puerta Preciosa* und die *Puerta del Amparo*. Der Museumseingang liegt in der *Calle de la Dormitalería*, ein Straßenname, der sich vom spanischen *dormitar* (zu Deutsch: im Halbschlaf liegen) ableitet und auf die Jakobuswallfahrer deutet. Nachweislich befand sich hier die „Schlummergasse" der Pilger, in der sie sich von ihren Strapazen erholen und auf Hilfe eines eigens abgeordneten Kanonikers, des *canónigo dormitalero*, bauen konnten.

Öffnungszeiten: Pamplonas Diözesanmuseum öffnet täglich außer sonn- und feiertags, samstags nur vormittags.

Lage und Anfahrt: Knapp 50 Kilometer vom Pyrenäenpass *Ibañeta* entfernt, macht sich die Hauptstadt der Autonomen Gemeinschaft Navarra im Becken des Río Arga breit. Mit ihren rund 200.000 Einwohnern ist Pamplona, baskisch *Iruña*, die größte Stadt am Jakobsweg. Ab hier führen Pilgerpfad und Landstraße N-111 südwestlich weiter über die *Sierra del Perdón* nach *Puente la Reina*.

Besondere Tipps: Aus Richtung Roncesvalles kommend, ziehen Fußpilger dem gewaltigen Stadtmauergürtel Pamplonas über die *Puente de la Magdalena* entgegen. Am Aufgang zur Flussbrücke über den Arga erhebt sich ein steinernes Wegekreuz mit Motiven des gekreuzigten Christus und der Jungfrau Maria mit dem Kinde, nahebei befand sich im Mittelalter wahrscheinlich ein Aussätzigenhospital.

Hier geschah es: An der Iglesia de San Ignacio markiert eine Bodenplatte den Ort der Verwundung des jungen Don Iñigo.

Der Wandel des heiligen Ignatius

Ignatius von Loyola fürchtete weder Tod noch Teufel, kannte sich mit Glücksspiel und Raufhändeln aus, schien alkoholischen und amourösen Freuden nicht abgeneigt. In der Jugend war er – folgt man seinem eigenen „Bericht des Pilgers" – „ein den Eitelkeiten der Welt ergebener Mensch und vergnügte sich hauptsächlich an Waffenübungen, erfüllt von dem großen und eitlen Verlangen, Ehre zu gewinnen".

Ignatius sehnt sich nach soldatischem Ruhm. Verwegen und willensstark hängt er den Idealen einer höfisch-ritterlichen Laufbahn nach, die ihn 1521 im Dienste des Herzogs von Nájera nach Pamplona verschlägt. Die Hauptstadt des vormals eigenständigen Königreiches Navarra, erst ein knappes Jahrzehnt zuvor dem Gesamtgefüge Spanien gewaltsam einverleibt, sieht einer drohenden Invasion der Franzosen entgegen. Der Boden brennt allerdings an allen Fronten. So sind Spaniens Königstruppen in großer Zahl abgerückt, um Aufstände in Kastilien und Aragonien niederzuschlagen. In Pamplona halten geschrumpfte Einheiten die Stellung, während sich die Bewohner angesichts des nahenden Einfalls neutral verhalten. Fatalistisch nehmen sie ihr Los hin. Ob sie aus Madrid oder von Franzosen fremdbestimmt werden, ist ihnen letzten Endes egal – sofern man ihr Leben verschont.

Unter ihrem Kommandanten Francés de Beaumont verschanzen sich die königstreuen Spanier im Kastell und sehen den feindlichen Kriegszug wie eine Sturmflut auf sich zurollen. Mehr als zehntausend Mann ziehen der Stadt entgegen, bestens bewaffnet und ausgerüstet mit nicht weniger als neunundzwanzig Geschützen. Krieg oder kampflose Aufgabe? Ignatius von Loyola, als Baske von besonderem Stolz beseelt, schwört auf Gegenwehr bis zum Tod.

Die Chronik notiert den 20. Mai des Jahres 1521. Heute wird sich der ungleiche Kampf entscheiden und das Leben des Ignatius von Loyola auf ewig verändern. Überall krachen Schüsse, stundenlang riecht es nach Schwarzpulver. Wie Donnerschläge zerreißt der Hall der Kanonen die Luft. Plötzlich fliegt ein Geschoss auf Ignatius zu. Er hat nicht den Hauch einer Chance. Unterhalb des rechten Knies zerschlägt ihm die Kugel das Bein, zieht auch das linke in Mitleidenschaft. Haut und Knochen sind zerfetzt, die Blutströme kaum zu stoppen. Ignatius bleibt am Boden liegen. Die Festung von Pamplona fällt.

Die Feinde helfen mit, Ignatius zu versorgen. Er ist bei vollem Bewusstsein, schenkt einem der Retter seine Nahkampfwaffe. Als die Wunden provisorisch verarztet sind, geben die Franzosen Erlaubnis, ihn auf einer Tragbahre ins heimatliche Turmhaus derer von Loyola zu schaffen. Später wird Esteban de Zuasti, ein Vetter des heiligen Franz Xaver, erklären, dass er es war, der ihn zusammen mit acht weiteren Männern in Sicherheit brachte.

Gute zwei Wochen dauert der beschwerliche Krankentransport ins Hinterland der baskischen Küste. Ignatius erleidet unsägliche Pein. Nicht minder qualvoll sind die ärztlichen Eingriffe, denen er sich im Turmhaus von Loyola unterziehen muss. Ohne Narkose richtet und streckt man ihm die zertrümmerten Knochen. Sein Zustand verschlechtert sich. Ende Juni glaubt er sich dem Tode geweiht, vertraut sich dem heiligen Petrus an, fühlt sich nach den Gebeten aber wieder besser.

Ignatius bleibt ans Krankenbett gefesselt. Er hat Zeit, viel Zeit. Seine Blicke fallen hinaus auf die Bäume, den Himmel, die Sterne. Um die zählebige Leere des Wartens auf Besserung zu füllen, verlangt er nach Ritterromanen. Im Hause jedoch ist nichts weiter vorhanden als ein Buch mit frommen Heiligenlegenden und ein mehrbändiger Wälzer über das Leben Jesu Christi.

Er vertieft sich in die Glaubenswelten und begeistert sich allmählich an dem, was dort geschrieben steht. Vor seinen Augen leuchten ihm neue Ideale, immer deutlicher sieht er den kommenden Weg seines Daseins voraus. Im „Bericht des Pilgers", den

Ignatius kurz vor seinem Tod diktiert und in dem er sein Ich in der dritten Person zurücknimmt, heißt es: „Bei der Lektüre des Lebens unseres Herrn und der Heiligen machte er sich Gedanken und überlegte bei sich: Wie wäre es, wenn ich all das täte, was der heilige Franziskus getan hat, oder das, was der heilige Dominikus tat?" Ein ums andere Mal schlägt er in seinen blühenden Gedankenwelten die Brücke zwischen den Extremen: „Wenn er sich mit weltlichen Gedanken beschäftigte, hatte er zwar großen Gefallen daran, wenn er dann aber, müde geworden, davon abließ, fand er sich wie ausgetrocknet und missgestimmt. Wenn er jedoch daran dachte, barfuß nach Jerusalem zu gehen und nur noch wilde Kräuter zu essen und alle anderen Kasteiungen auf sich zu nehmen, die – wie er las – die Heiligen auf sich genommen hatten, da erfüllte ihn nicht bloß Trost, solange er sich in solchen Gedanken erging, sondern er blieb zufrieden und froh, auch nachdem er von ihnen abgelassen hatte."

Ignatius überträgt seine ritterlichen Sehnsüchte auf die geistliche Ebene. Er spürt ein übergroßes Verlangen, auf jede Weise dem Herrn zu dienen. Auf dem Weg seiner inneren Umkehr gibt es kein Zurück mehr. Eine Vision der Mutter Gottes bestärkt ihn in seinem Vorhaben.

Im Februar des Jahres 1522 fühlt er sich genesen und stark genug, Loyola zu verlassen. Er sucht das baskische Sanktuarium Aránzazu auf und gelobt vor dem Bildnis der heiligen Jungfrau, fortan in Keuschheit zu leben. Über den Jakobswegort Navarrete führt ihn sein weiterer Weg nach Katalonien ins Gebirge von Montserrat. Hier findet er sich im Marienheiligtum ein, legt eine Lebensbeichte ab, kleidet sich als Bettler und entledigt sich vor dem Altar für immer seiner Waffen. Eine ganze Nacht lang wacht er vor dem Bildnis Unserer Lieben Frau von Montserrat. Später wendet er sich über Monate hinweg im nahen Manresa einem gestrengen Büßerleben zu, begleitet von mystischen Erlebnissen am Fluss: „Und als er so dasaß, begannen sich ihm die Augen des Verstandes zu öffnen. Es wurde ihm das Verständnis und die Erkenntnis vieler Dinge über das geistliche Leben sowie die Wahrheiten des Glaubens und über das menschliche Wissen geschenkt. Dies war von einer so großen Erleuchtung begleitet, dass ihm alles in neuem Licht erschien."

Das Licht des heiligen Ignatius von Loyola strahlt bis heute. Dank des Zufallstreffers einer französischen Kanonenkugel am 20. Mai 1521 in Pamplona.

Ignatius von Loyola – Vermächtnis und Spurensuche

Gott dienen und den Menschen helfen: Die Maxime des vom heiligen Ignatius begründeten Jesuitenordens gilt bis heute. Als er am 31. Juli 1556 in Rom verstarb, zählte seine Gesellschaft Jesu rund 1000 Mitglieder. Heute sind es über 20.000 in aller Welt – ein beeindruckendes Vermächtnis.

Geboren wurde Ignatius von Loyola, spanisch Ignacio de Loyola, 1491 als letztes von dreizehn Kindern im stark befestigten Wohnturm der Adelsfamilie in Loyola. Das baskische Örtchen liegt in der Nähe von Azpeitia und erstrahlt im Glanz einer monumentalen Wallfahrtsbasilika aus dem 17./18. Jahrhundert. Gleich dahinter schließt sich das mehrgeschossige Turmhaus an, das zahlreiche Erinnerungen an den Heiligen bewahrt. Hier steigt man bis ins stark restaurierte Geburtszimmer und bis zur Dachkapelle auf, wo eine Skulptur von Lorenzo Coullaut Valera die innere Wende des Ignatius prägnant vor Augen führt.

Im Herzen Pamplonas führt die Spurensuche in die nach ihm benannte Avenida de San Ignacio. An der schmucklosen Iglesia de San Ignacio markiert eine Bodenplatte genau den Punkt, wo er verwundet wurde. Gegenüber der Kirche, auf einem begrünten Dreieck, erinnert ein Figurendenkmal mit dem auf einer Tragbahre liegenden Ignatius ebenfalls an jenes Ereignis. Heute macht der Vandalismus vor dem steinernen Monument leider nicht Halt.

Pamplona

Geschichte und Gegenwart: Dreh- und Angelpunkt im über 2000 Jahre alten Pamplona ist die jüngst neu gestaltete *Plaza del Castillo*, wenige Gehminuten von der *Iglesia de San Ignacio* entfernt. Im Zentrum führt der Jakobsweg über den Rathausplatz und an der mittelalterlichen Wehrkirche *San Saturnino* vorbei, vor der eine eingelassene Gedenkplatte auf jene Stelle weist, wo der heilige Saturnino die ersten Christen der Stadt taufte; dem Gotteshaus ist heute eine Pilgerherberge angeschlossen. Einem weiteren Heiligen aus römischen Zeiten, dem Märtyrer San Fermín, ist die alljährliche Megafiesta vom 6. bis 14. Juli gewidmet, die mit den weltberühmten Auftrieben der Kampfstiere durch die Altstadtgassen einhergeht.

Literatur: In kurzen prägnanten Zügen beleuchtet Stefan Kiechle in seiner Biografie *„Ignatius von Loyola"* das Leben und Wirken des Heiligen. Ernest Hemingways 1926 erschienener Klassiker *„Fiesta"* spielt vor dem Hintergrund des ausgelassenen Stierfestes in Pamplona.

Don Iñigo, der heilige Ignatius von Loyola; eine Skulptur von Lorenzo Coullaut Valera am Geburtsort des Heiligen, im Turmhaus von Loyola im Baskenland

Die seltsame Reise des rheinischen Christus

Irgendwo im Rheinland des 14. Jahrhunderts muss die Geschichte ihren Ursprung genommen und der Meister sein Schnitzwerk von allen Seiten zufrieden betrachtet haben. Es war genau so geworden wie geplant, die Proportionen ausgewogen und der dramatische Ausdruck ergreifend. Mit langen und hoch erhobenen Armen breitete sich der gekreuzigte Christus über einen natürlich wirkenden Stamm in „Y"-Form, Symbol für den Baum des Lebens. Unter der Dornenkrone hielt er sein Antlitz tief rechts nach unten gesenkt, brustabwärts krümmte sich der magere Körper leicht nach links, die schmalen Füße liefen stimmig über Kreuz. Fehlte einzig die Polychromie und der Transport zum Bestimmungsort – doch weder Aachen noch Andernach, weder Köln noch Xanten lautete das Ziel. Der gekreuzigte Christus aus dem Rheinland war dem Jakobsweg zugedacht und ging eines Tages auf Reise gen Santiago. Aus Gründen der Buße und der Ehrbezeugung vor dem heiligen Apostel, so hört man sagen, nahm eine Gruppe deutscher Wallfahrer das Bildwerk auf ihre Schultern. Während seiner wochenlangen Wanderschaft erregte der seltsame Pilgerzug überall Aufsehen. Häufig kamen Leute gelaufen, um den Gekreuzigten zumindest einmal kurz zu berühren.

In Puente la Reina sollte der rheinische Christus dank himmlischer Fügung für immer Station machen. Ihm war ein Ehrenplatz in der *Iglesia de Santa María de las Huertas* zugedacht, wo die Gläubigen *Unsere Liebe Frau der Obst- und Gemüsegärten* als Patronin verehrten. Man erweiterte das vom Templerorden begründete Kirchlein um ein gleichartiges Schiff, malte die Apsis aus und platzierte den Gekreuzigten eindrucksvoll hinein. Obgleich man die romanische Skulptur der Jungfrau im älteren Schiff an ihrer gewohnten Stelle beließ, sah sich Maria im Laufe der Zeit vom Ruf ihres gerichteten Sohnes übertroffen. Jeder Jakobspilger

Ein Kreuz gibt Rätsel auf: der weit gereiste rheinische Christus in der Iglesia del Crucifijo.

schaute ergriffen zum Gekreuzigten auf, eine örtliche Laienbruderschaft stellte sich unter seinen Schutz, das Gotteshaus prägte sich unter dem neuen Namen ein: *Iglesia del Crucifijo*, „Kirche des Kreuzes".

Puente la Reina

Geschichte und Gegenwart: Der rheinische Christus gibt unverändert Rätsel auf. Wer der Meister oder Stifter war, wie sich künstlerische Einflüsse aus Deutschland und Italien verbanden, wo das Bildwerk herstammte und auf welchen Wegen es wirklich nach *Puente la Reina* gelangte – all die Fragen sind ungeklärt, lassen aber die Möglichkeit offen, dass der Legende ein wahrer Kern zu Grunde liegen könnte. Mit Gewissheit ist einzig behauptbar, dass der Gekreuzigte aus dem ersten Drittel des 14. Jahrhunderts stammt und einen der größten Kirchenschätze Navarras darstellt.

In der Außenansicht der *Iglesia del Crucifijo* legt sich ein Bogen hinüber zum alten Pilgerspital. Unter dem Bogen hindurch verläuft der Jakobsweg und spannt sich schnurgerade bis zur berühmten romanischen Brücke von Puente la Reina. Im Ortskern erhebt sich die *Iglesia de Santiago* mit ihrem maurisch inspirierten Stufenportal.

Lage und Anfahrt: Puente la Reina liegt am Río Arga, knapp 25 km südwestlich von Pamplona; Anfahrt über die Landstraße N-111.

Besondere Tipps: Am östlichen Ortsrand von Puente la Reina markiert eine moderne kleine Pilgerplastik die Vereinigung der beiden wichtigsten Jakobswegachsen aus Roncesvalles und Somport. In den Weinbaugebieten westlich von Puente la Reina erreicht der *Camino* hinter *Mañeru* das Örtchen *Cirauqui*, steigt ein malerisches Gassengeflecht hinauf und deckt sich auf dem steinigen Ortsabstieg mit Teilen einer alten Römerstraße.

Feste: In Puente la Reina steht das einwöchige Stadtfest Ende Juli ganz im Zeichen des Jakobus.

Durch Weingärten führt der Jakobsweg in das idyllische Örtchen Cirauqui.

Die Schäfer und die Sternenlichter

Über einem dicht bewaldeten Hügel, den sie dereinst *Irizarra* nannten, erblickten Hirten eines Nachts ein merkwürdiges Leuchten am Himmel. Es schien ganz so, als schickten die Sterne glitzernde Fäden hinab und wiesen auf einen bestimmten Punkt. Zunächst erschauderten die Schäfer, doch von den erdwärts fallenden Strahlenbündeln ging ein erwärmender Glanz aus, der ihnen sämtliche Ängste nahm. Selbst die Tiere schienen nicht die geringste Furcht zu verspüren und weideten ruhig weiter. Ergriffen beobachteten die Männer das Schauspiel und überlegten angestrengt, was zu tun sei. Sie kamen überein, die folgende Nacht abzuwarten und zu sehen, ob sich das Phänomen wiederholte.

So geschah es. Als tags darauf die Finsternis einsetzte, dauerte es nicht lange, bis der himmlische Schein erneut aufblitzte und auf die Anhöhe tropfte. Über dem Bergbuckel stand ein taghelter Lichtdom und tauchte die Landschaft rundherum in sanften Schimmer. Über Äste und Wipfel flossen die Strahlen bis an den Río Ega heran.

In der dritten Nacht erreichte der Sternenglast eine schier unglaubliche Stärke. Nun nahmen die Hirten all ihren Mut zusammen, steckten vorsorglich Steinschleudern in die Wollwesten und packten ihre kräftigen Stäbe. Einer suchte die Hand des andern, ehe sie zum Anstieg aufbrachen. Mühsam bahnten sie sich den Weg bergauf durch das Unterholz und holperten und stolperten über Wurzeln. Dornengestrüpp strich an ihren Körpern entlang, Blätter und Ranken warfen die seltsamsten Schattenspiele auf den Grund.

Niemand sprach ein einziges Wort. Je höher die seltsame Prozession durch den Wald zog, desto intensiver fiel die Sternenglut herab und richtete ihre ganze Leuchtkraft auf einen buschbewachsenen Felsblock. Unschlüssig blieben die Hirten stehen. Was mochte sich hinter den Sträuchern verbergen? Neugierig schoben sie die Zweige beiseite und entdeckten einen Zugang in eine Höhle. Sie folgten dem Licht, das wie ein breites Band in die Grotte strömte. Nach wenigen Schritten hielten sie überwältigt inne. Ihr Blick fiel auf ein Bildnis der heiligen Jungfrau, ein Werk von einzigartiger Schönheit. Sorgsam in eine Felsennische platziert, zeigte es Maria mit ihrem Sohn. Die Hirten senkten ihr Haupt, bekreuzigten sich und sprachen ein leises Gebet. Dann trugen sie die frohe Kunde ins nahe Kloster Santa María la Real de Irache.

Zu Füßen des Hügels gründete Navarras König Sancho V. Ramírez wenig später eine Stadt. Abgeleitet von *estrella*, Stern, gab man ihr den Namen Estella. Das Bildnis der heiligen Jungfrau nannte man „Unsere Liebe Frau vom Hügel" – *Nuestra Señora del Puy.*

Wundersame Funde, Lichtphänomene und Erscheinungen

Vielerorts ist der Jakobsweg mit Legenden um wundersame Funde und himmlische Lichter verbunden. Mysteriöse Leuchterscheinungen wiesen schon dem Einsiedler Pelayo den Weg zum Grab des Apostels Jakobus. Im Estella des ausgehenden 13. Jahrhunderts soll nächtelanger gleißender Schimmer im Kreuzgang der Kirche San Pedro de la Rúa über einem Grab gestanden haben – bis man es öffnete und das „Geheimnis des Bischofs von Patras" entdeckte (vgl. gleichnamige Legende im Tyrolia-Band „Geheimnisse am Jakobsweg").

Mittelalterliche Geschichten um Bildnisfunde der Muttergottes sind aus dem riojanischen Nájera und dem leonesischen Ponferrada überliefert. In Navarras Hauptstadt Pamplona soll die heilige Maria 1487 erschienen sein, nahe León im Jahre 1505. In beiden Pilgerstädten ist sie als Virgen del Camino bekannt, als „Jungfrau vom Wege".

Estella

Geschichte und Gegenwart: Wer beim Bildnisfund der Hirten an historische Substanz glaubt, muss die zeitliche Datierung um 1080 ansetzen – zu dieser Zeit rief König Sancho V. Ramírez Estella ins Leben. Um Neusiedler anzulocken und dieser strategisch bedeutsamen Pilgerstation zwischen Pamplona und Nájera Gewicht zu verleihen, gestand ihr der Herrscher zahlreiche Privilegien zu. Heute trägt das beidseits des *Río Ega* gelegene Jakobswegstädtchen im Volksmund den Beinamen *Estella la bella*, „Estella die Schöne", was sich vor allem auf die Vielzahl der Monumente gründet. Besonders sehenswert: die kunstvollen Kirchenfassaden von *Santo Sepulcro* und *San Miguel*, die Reste des Kreuzgangs der *Iglesia de San Pedro de la Rúa* sowie der romanische Palast der Könige von Navarra. Auf dem nördlich gelegenen Stadthügel, dem Schauplatz der Legende, erhebt sich eine 1951 nach Plänen des Architekten Victor Eusa vollendete Basilika. Dort verehren die Gläubigen das gotische Bildnis der Stadtpatronin Nuestra Señora del Puy, das allerdings deutlich jünger ist (14. Jh.) als unsere Legende. Zur Zeit der Legende (ausgangs des 11. Jh.) müsste es sich um eine romanische Skulptur handeln. Entweder gab es ein Vorläuferbildnis – oder aber der Zusammenhang zwischen fragwürdiger Überlieferung und fassbarer Geschichte ist schlecht verkittet.

Lage und Anfahrt: Estella liegt 44 km südwestlich von Pamplona; Anfahrt über die Landstraße N-111.

Güte und Wunder des San Veremundo

Von frühester Jugend an ließ Veremundo keine einzige Fastenzeit aus, trug stets ein kleines Kreuz in der Tasche und legte das Bußhemd nie weit von sich weg. Bald fühlte er sich zum nahen Monasterio de Santa María la Real de I   rache gezogen, zumal sein Onkel Don Munio dort das Amt des Abtes bekleidete. Mit dem Leben der Benediktiner machte er sich zunächst als Pförtner vertraut, eine Aufgabe, die in Klöstern eigentlich nur weisen Älteren anvertraut wurde.

Stetig machten Bettler Halt und ersuchten ihn um eine milde Gabe. Nach besten Kräften verteilte Veremundo die Almosen, seine Großherzigkeit kannte keine Grenzen. Eines Tages versprach er einigen Jakobspilgern ein wenig Wegzehrung. Heimlich nahm er ein paar Bissen Brot, versteckte sie unter der Kleidung und huschte hinaus. Draußen begegnete ihm sein gestrenger Onkel, der ihn von Kopf bis Fuß beäugte.

„Veremundo, sag, was trägst du mit dir herum?", fragte Don Munio mit einem Anflug von Argwohn.

„Nichts weiter, verehrter Oheim, lediglich eine Hand voll Späne, damit die Pilger dort hinten ein Feuer entzünden können", entgegnete Veremundo mit fester Stimme und deutete den Hang hinab.

„Gestatte mir zu sehen, ob du die richtigen Hölzchen genommen hast", sagte der Abt.

Da holte Veremundo Späne hervor ...

Die Verwandlung des Brots in Späne war eines von vielen Wundern, die das gütige Wirken des heiligen Veremundo begleiteten. Folgt man den Chroniken, heilte er nach seinem Eintritt in die Klostergemeinschaft zahlreiche Kranke, trieb Wahnbefallenen den Teufel aus dem Leib und schenkte Blinden das Augenlicht. Später, als Abt, gehörten die Könige Navarras zu seinen häufigen Gästen. Sie ersuchten ihn um Rat und vermachten dem Kloster zahlreiche Schenkungen. Ein ums andere Mal zog sich Veremundo in die Kirche zurück und betete zur Jungfrau Maria.

In der Gegend genoss der wohltätige wie wundersame Abt hohe Verehrung. Nach starken Unwettern stürzte einmal ein frommer Mann in den angeschwollenen Río Ega und drohte zu ertrinken. In höchster Not rief er Veremundo an. Umgehend glätteten sich die Fluten, der Gläubige erreichte sicher das Ufer. Eines anderen Tages steckten üble Gesellen ein Kornlager in Brand, worauf der Heilige in Gebete versank und das Feuer alsbald erlosch. Zu anderem Zeitpunkt schritt Veremundo bei Dieben ein, die zu dunkler Stunde das Vieh des Klosters wegschaffen wollten. Kraft seiner Gebete hielten die Räuber inne und vermochten sich weder vor noch zurück zu bewegen. Wie angewurzelt verbrachten sie die Nacht auf freiem Feld, während die Tiere instinktiv in die Ställe trotteten. Am kommenden Morgen löste sich die Lähmung der Langfinger. Wie von unsichtbarer Hand gelenkt, schlichen sie gebückt zum Kloster und verlangten nach Veremundo. Reumütig fielen sie vor ihm auf die Knie und gestanden ihre Schuld ein. Mit einem vielsagenden Lächeln vergab ihnen der Abt die Sünden.

In den Wundergeschichten um Veremundo nimmt die Speisung der dreitausend besonderen Raum ein. Navarra war von einer tragischen Dürre heimgesucht worden und die Vorräte erschöpft, in andere Gegenden ausgesandte Knechte kehrten mit leeren Händen zurück. Verzweifelt drängte sich das Volk vor dem Kloster Irache zusammen und sah in Veremundo seine letzte Rettung. Der Abt wusste den Menschen nicht anders zu helfen, als zum Gottesdienst zu rufen und ihnen Mut zuzusprechen. Inniglich flehte er den Herrn um Hilfe an, als eine weiße Taube heranflog. Sie flatterte über den Köpfen eines jedes Einzelnen der dreitausend umher, ehe sie zum Himmel aufstieg und verschwand. Auf sonderbare Art fühlten sich plötzlich alle rundum gesättigt, ganz so, als hätten sie die herrlichste Mahlzeit verzehrt. Zufrieden traten sie den Weg in ihre umliegenden Dörfer an.

Nach Ende seines irdischen Daseins sehnten die Gläubigen weiter die Hilfe des Heiligen herbei. Während einer langen Trockenperiode trug man seine Reliquien eigens in einer großen Prozession hinüber nach Estella zur Basílica de Nuestra Señora de Rocamador. Kurz darauf ging der ersehnte Regen nieder.

Geteilte Reliquien eines Heiligen

Veremundo ist als historische Gestalt belegt, obgleich wichtige biographische Angaben voneinander abweichen. Ungeklärt ist die Frage, ob er 1020 in Villatuerta oder Arellano geboren wurde. Mitte des 11. Jahrhunderts – hier schwanken die Quellen zwischen 1052 und 1056 – nahm er seine Tätigkeit als Abt auf und übte sie etwa vier Jahrzehnte lang aus. Veremundos Todesjahr gibt ein weiteres Rätsel auf. Manche Chroniken führen 1092 an, andere sprechen von 1099.

Zum alljährlichen Gedenktag pflegt man in Veremundos Heimat ein geflügeltes Wort: „Mientras el mundo sea mundo, el ocho de marzo San Veremundo." Will heißen: Solange die Welt noch Welt ist, wird man den Tag des Heiligen stets am 8. März begehen.

In der Iglesia de los Santos Emeterio y Celedonio in Dicastillo, einem Örtchen südlich der Jakobswegachse, verehrt man Veremundos plateresken Reliquienschrein vom Ende des 16. Jahrhunderts. Bekannter noch ist die kuriose „Teilung" weiterer Reliquien zwischen Arellano und Villatuerta. Alle fünf Jahre, so gilt eine alte Tradition, werden sie in feierlichem Rahmen vom einen Ort in den andern überführt und im Jahre 2008 erneut ihren Weg von Villatuerta nach Arellano nehmen. San Veremundo ist Schutzpatron beider Dörfer sowie des Jakobsweges durch Navarra.

Monasterio de Irache

Geschichte und Gegenwart: Das 958 erstmals dokumentierte Kloster von Irache durchlebte alle erdenklichen Höhen und Tiefen und lag von Beginn an in Händen der Benediktiner. Mitte des 11. Jahrhunderts, als Estella noch nicht gegründet war, gliederte Navarras König García Sánchez III. dem *Monasterio de Santa María la Real de Irache* ein Pilgerhospital an. Zu Zeiten von Abt Veremundo setzte eine erste Blüte ein, die sich im 12./13. Jahrhundert fortsetzte und mit dem Bau der Kirche einherging. Im weiteren Verlauf des Mittelalters verlor das Kloster an Bedeutung und erfuhr ab 1522, unter hinzugekommenen Mönchen aus Valladolid, einen neuerlichen Aufschwung. Im Jahre 1569 stieg die Studienanstalt von Irache zur Universität auf und wurde 1615 durch eine Bulle von Papst Paul V. in ihrer Funktion bestätigt. In der ersten Hälfte des 19. Jahrhunderts sorgten die Einfälle napoleonischer Truppen und die Säkularisation für Einschnitte, von denen sich Irache nicht mehr erholte. Erhalten hat sich eine ausgedehnte Anlage mit der romanischen Ursprungskirche, zwei Kreuzgängen und dem 1609 fertig gestellten Glockenturm.

Öffnungszeiten: Täglich außer montags sowie dienstags nachmittags, im Dezember meist komplett geschlossen.

Die „Weinquelle" von Irache lockt Pilger und Ausflügler gleichermaßen an.

Lage und Anfahrt: Das Monasterio de Santa María la Real de Ira-che liegt zwei Kilometer südwestlich von Estella am Ortsrand von *Ayegui* und im Schatten des rund 1050 Meter hohen Montejurra-Berges. Der Pilgerpfad führt direkt an der alten Klosteranlage vorbei, gleich gegenüber erhebt sich der Komplex der Bodegas Irache; Abzweig ab der Stadtumgehung Estella oder in Ayegui ab der Durchgangsstraße N-111.

Kostenloser Wein für die Pilger

Seit Jakobusgedenken pflegt man die alkoholisch akzentuierte Weisheit „Un buen vino resucita al peregrino" – ein guter Wein er-weckt den Pilger zum Leben! Kein Wunder, dass am Camino de Santiago die „Fuente de Vino" in aller Munde ist, eine leibhaftige „Quelle des Weins". Man trete näher, öffne den Hahn und schon sprudelt Rebensaft hervor, blutrot und kostenlos – ein Hauch Schlaraffenland!

Mit der zu Beginn der 1990er Jahre eröffneten Weinquelle be-treiben die Bodegas Irache halb Werbegag und halb Traditions-pflege. Gerne zitiert man den Codex Calixtinus, der bereits im Mittelalter den vorzüglichen Wein der Gegend um Estella rühmte – und den soll jeder kosten, eine zeitgemäße PR-Strategie, die den Bekannt-heitsgrad der Weinkellerei hat ansteigen lassen! Natürlich sollen Pilger ihren Pegelstand nicht in hochpromillige Sphären treiben. Ein Vierzeiler an der Bodegarückwand mahnt zur Mäßigung, ein weite-rer Spruch animiert zum Pilgerschlückchen in Ehren – doch abfüllen und mitnehmen gilt nicht!

Die „Fuente de Vino" liegt am Pilgerpfad zwischen Ayegui und dem Kloster von Irache, der umgitterte Freiluftwinkel davor ist im Regelfall von morgens bis abends zugänglich. Wer Pech hat, findet die Weinquelle von seinen Vortrinkern geleert vor. Ein zweiter Hahn spendet nur schwachen Trost, aber immerhin kühles Wasser.

Die letzten Stunden des Çesare Borgia

Man schreibt die Nacht vom 11. auf den 12. März des Jahres 1507. Kräftiger Sturm treibt Regen vor sich her, Sturzbäche durchfluten Felder und Wälder, es ist eiskalt. Der Westen Navarras erbebt unter grollendem Donner, gelegentlich zucken Blitze herab und erhellen das gespenstische Dunkel. Ansonsten liegt Rabenschwärze über Viana. Seit Tagen hält Cesare Borgia die Zitadelle des Städtchens belagert, während sich drinnen die kastilischen Anhänger des Grafen von Lerín auf Gedeih und Verderb verschanzen. Borgia, auf der Seite des Königs Juan von Navarra und mit dem Kommando über mehr als tausend Mann betraut, plant so schnell wie möglich den entscheidenden Sturm auf die Festung. Die Zeit ist reif, der aufrührerische Graf seinen Gegnern schon lange ein Dorn im Auge.

Cesare Borgias Ungeduld wächst. In dieser verregneten Nacht jedoch, so glaubt er, lässt sich nichts mehr ausrichten. Seine Soldaten sind hoffnungslos durchnässt, die Moral der Truppe liegt am Boden. Er löst die Wachen auf, gönnt ihnen und sich selbst eine Rast. So bemerkt niemand den geheimnisvollen Reitertrupp, der sich seinen Weg durch frostige Schauer und Finsternis bahnt. Die düsteren Gestalten kennen die Gegend haargenau und treiben ihre schwer beladenen Pferde an die verabredete Stelle heran. Ihr Ziel: eine Geheimtür mit Zugang zur Zitadelle. Mit Hilfe der Belagerten gelingt es ihnen, Proviant für die kommenden Wochen abzuladen. Ein Sack nach dem andern verschwindet hinter den Mauern, ohne dass jemand Verdacht geschöpft hätte. Es beginnt zu dämmern, höchste Zeit zum Aufbruch. Bedachtsam ziehen sich die Reiter zurück. Als sie sich in Sicherheit wissen, stoßen sie aus der Ferne Triumphrufe aus. „Es lebe der Graf von Lerín!"

Ihre Schreie zerreißen die Stille. Zu Tode erschreckt fährt Cesare Borgia aus dem Schlaf. „Es lebe der Graf von Lerín!" Ganz deutlich hört er die Worte und ahnt, was geschehen ist. Er fühlt sich verspottet, in seiner Ehre verletzt. Wer mochte es wagen, einen Borgia zu reizen?

Die Ereignisse überstürzen sich. Irgendjemand schlägt Alarm. Hastig lässt sich Cesare Borgia Kleider und Rüstung anlegen. Er nimmt Schwert und Schild und Lanze auf, verflucht den Grafen und all seine Helfer. In verblendeter Wut wartet der Feldherr nicht auf seine Soldaten und übersieht in der Hektik des Aufbruchs die versehentlich ungeschützt gebliebenen Stellen unter seinen Armen. Er verlangt nach dem erstbesten Ross, stürzt auf dem rutschigen Untergrund in den Morast, rappelt sich mühsam auf und prescht in die Kälte hinein. Aus den Nüstern des Pferdes stiebt Eishauch.

Borgia nimmt die Verfolgung auf, klar und deutlich sieht er die Spuren vor sich im Schlamm. Wie viele mögen es sein? Ein Dutzend oder mehr? Seine Gedanken wirbeln umher. Er fühlt sich stark, unbezwingbar und wird es mit jedem aufnehmen, der ihn verhöhnt hat.

Im diffusen Licht des aufsteigenden Morgens entdeckt er drei Gestalten, die in einer kleinen Schlucht geradewegs auf ihn zureiten. Spätere Chroniken notieren ihre Namen: Pedro de Allo und García de Agreda, der Dritte bleibt unbekannt. Borgias restliche Feinde warten auf einer Anhöhe. Sie sind Zaungäste des bevorstehenden Schauspiels und besorgte Ausgucker hinüber nach Viana. Ihr eiliger Verfolger hat ihren Plan zerstört und die Rückkehr ins nahe Mendavia gefährdet, die königlichen Truppen dürften ihnen bald im Nacken sitzen.

Cesare Borgia, der kampferprobte Streiter und geltungssüchtige Papstsohn, ist zu drei Duellen bereit – hat die Rechnung jedoch ohne seine Gegner gemacht. Sie scheren sich wenig um Ehrenkodex und faire Zweikämpfe, sondern stürmen zu dritt auf den Kontrahenten ein. Borgia scheint unkonzentriert, das fremde Pferd spielt nicht mit wie gewohnt. Vergebens hofft er auf die

rechtzeitige Ankunft seiner Soldaten. Er ist zu schnell vorausge-
eilt – ein verhängnisvoller Fehler.

In einem ungleichen Kampf haben die drei leichtes Spiel.
García de Agreda entdeckt die ungeschützten Punkte unter Borgias Armen und rammt ihm eine Lanze in den Leib. Der Getrof-
fene stöhnt vor Schmerz, fällt vom Rücken seines Tieres. Am Boden geben ihm die Gegner den Rest, stechen ihn regelrecht ab.
Sie erbeuten seine Rüstung, seine Waffen, seine reichen Unter-
kleider.

Der stolze Cesare Borgia ist tot. Einsam bleibt er zurück.
Nackt und im eigenen Blut.

Der machtgierige und stolze Cesare Borgia fand hier sein unrühmliches Ende.

Cesare Borgia – ein Leben im Zeichen der Macht

Das Adelsgeschlecht derer von Borgia hieß ursprünglich Borja und stammte aus Spanien. Ausgangs des Mittelalters siedelte die Dynastie nach Italien über und brachte äußerst herrschsüchtige Persönlichkeiten hervor. Rodrigo Borgia (um 1430–1503) schaffte es als Papst Alexander VI. bis auf den Heiligen Stuhl und nutzte Amt und Einfluss zur Versorgung seiner Kinder: Cesare (1475–1507) und Lucrezia (1480–1519). Im Alter von 16 Jahren wurde Cesare Borgia zum Bischof Pamplonas ernannt, 1492 stieg er zum Erzbischof von Valencia und kurz darauf zum Kardinal auf. Nach Beendigung seiner geistlichen Laufbahn verlegte er sein Leben im Zeichen der Macht auf die weltliche Schiene und startete in Italien diverse Eroberungszüge. Er galt als berechnend und skrupellos. Spanien allerdings brachte ihm wenig Glück. Hier kam er längere Zeit in Haft. Seine Ehe mit Carlota, der Schwester des navarresischen Monarchen Juan III. de Albret, stand unter einem schlechten Stern. Mangels Finanzen und Alternativen endete er im März 1507 in seinem 32. Lebensjahr – wie in der Geschichte beschrieben – wenig rühmlich im militärischen Dienste seines königlichen Schwagers.

Viana

Geschichte und Gegenwart: Der gewaltsame Tod des Cesare Borgia muss sich zwischen Viana und dem knapp 15 Kilometer südöstlich gelegenen Mendavia ereignet haben; auf der Suche nach dem exakten Ort klaffen die Ansichten von Historikern auseinander. Sein Leichnam wurde geborgen, in das Jakobswegstädtchen *Viana* gebracht und in der *Iglesia de Santa María* beigesetzt. Wenige Jahre später, 1512, fiel das Königreich Navarra an Kastilien.

Im weiteren Verlauf des 16. Jahrhunderts erschien dem Bischof von Calahorra die letzte Ruhestätte Borgias zu ruhmvoll. Auf Geheiß des Kirchenfürsten wurden seine sterblichen Reste ans Licht geholt und mitten auf der Straße beigesetzt, genau auf dem Jakobsweg – damit Menschen und Tiere über ihn hinwegtrampeln und er ewiglich für seine Schuld bezahle. Die genaue Stelle geriet im Laufe der Zeit in Vergessenheit, bis man sie 1886 auf Betreiben eines französischen Archäologen wieder auffand. Heute erinnert eine Gedenkplatte vor der Kirche Santa María an die Grabstätte des Cesare Borgia, nahe der Iglesia de San Francisco hat man ihm ein modernes kleines Denkmal errichtet. Die Mauerreste Vianas künden von der einstmaligen militärischen Bedeutung, die aus der strategischen Lage im Grenzgebiet zwischen Navarra und der Rioja resultierte.

Landschaft: Viana liegt am Westrand der hügeldurchsetzten Region Navarra, Richtung Logroño fällt das Land zum weiten Becken des Río Ebro hin ab. Bezeichnend für die Gegend sind Mandelbäume und Weingärten.

Lage und Anfahrt: Viana zählt heute 4000 Einwohner und liegt rund 80 Kilometer südwestlich von Pamplona und knapp zehn Kilometer vor der riojanischen Hauptstadt Logroño; Anfahrt über die Landstraße N-111.

Andrang beim Warten auf einen Platz in der Pilgerherberge von Logroño

Der Jungfrauentribut und die Schlacht von Clavijo

Keine Tricks, keine Finten, keine Gnade – die Auflage der Mauren schien unumgänglich. Exakt 100 Jungfrauen, bestimmten sie, seien jedes Jahr von den Christen des Nordens an den Emir von Córdoba zu liefern. Falls man dem Tribut nicht nachkomme, drohe nie da gewesenes Blutvergießen. Schwachmütig gab Asturiens König Mauregato dem Zwangspakt den Vorzug vor Sanktionen und dachte nicht im Traum daran, sein eigenes Leben zu gefährden. So fügten sich die im eigenen Land unterworfenen Spanier ihrem Schicksal. Auf ewig nahmen sie Abschied von blutjungen Töchtern und Schwestern und schickten sie regelmäßig in die maurisch besetzten Gebiete des Südens, wo sie bestenfalls als Haremsdamen endeten – bis Ramiro I. als asturisch-leonesischer König ans Ruder der Macht gelangte. Obwohl er um die erdrückende Übermacht der Muselmanen wusste, weigerte er sich standhaft. Ramiro ließ dem Emir Abd ar-Rahman II. nach Córdoba ausrichten, er sei nicht bereit, den Ungläubigen weiterhin eine solche Abgabe zu entrichten. Die Reaktion blieb nicht aus. Unter dem Banner des Islam rückten die bis an die Zähne bewaffneten Truppen gen Norden vor. Ramiro beratschlagte sich mit Vertretern aus Adel und Klerus, zog alle verfügbaren Männer zusammen und zeigte sich zum Äußersten entschlossen.

Trotz tapferen Kampfes endete die erste Schlacht bei Logroño mit einer verheerenden Niederlage. Die Muselmanen waren deutlich überlegen und fügten dem Christenheer schwere Verluste bei, worauf sich Ramiro und die Seinen aus der Ebene an die Gebirgsflanken von Clavijo zurückzogen. Hier wollten sie neue Kräfte schöpfen, wohl wissend, dass nur ein Wunder sie vor dem sicheren Tod bewahren könne.

In der Nacht erschien der Apostel Jakobus dem König im Traum. Er spornte ihn zum Gegenangriff an und versprach, den Streitern Ramiros am kommenden Tage beizustehen.

Militärischer Retter in höchster Not – das legendäre Einschreiten des hl. Jakobus bei der Schlacht von Clavijo beflügelte zahlreiche Darstellungen des Heiligen als „Santiago Matamoros – Jakobus der Maurentöter". Ein prägnantes Beispiel bietet die Darstellung an der Südfassade der Iglesia de Santiago in Logroño.

Der Heilige hielt Wort. Als sich die Christen in der Schlacht von Clavijo erneut in die Defensive gedrängt sahen, erhellte plötzlich ein strahlender Schein den Kampfplatz zwischen den Bergen der Tierra de Cameros und der weit auslaufenden Senke des Río Ebro. Aus gleißendem Lichtkranz löste sich eine Gestalt auf einem prachtvollen Schimmel, in der einen Hand ein Schwert, in der anderen eine kreuzgekrönte Standarte: Santiago, der heilige Jakobus, der Erlöser!

Euphorisch trieb der Retter sein Ross mitten in die schreckstarren Feindesscharen hinein, wirbelte wild mit der Klinge um sich und hieb einen Kopf nach dem andern ab. Dutzende, Hunderte, Tausende. Santiago Matamoros, Jakobus der Maurentöter!

Sprachlos verfolgten die Christen das Schauspiel, ehe die Totenstille in Jubel umschlug und der Jubel die Massen mobilisierte. Angespornt vom heiligen Apostel, setzten die Kämpfer Ramiros ungeahnte Kräfte frei und stürmten auf das muselmanische Kriegervolk zu. Wie von Sinnen stießen und stachen sie auf die Feinde ein, deren Blutlachen den Boden um Clavijo tränkten. Am Ende war das Schlachtfeld mit den leblosen Körpern der Sarazenen übersät.

Als der Sieg der Christen besiegelt war, löste sich das Bild des schillernden Jakobus in Luft auf. Die Schlacht von Clavijo markierte das Ende des Tributo de las Cien Doncellas, des unseligen „Tributs der hundert Jungfrauen".

Santiago Matamoros, Jakobus der Maurentöter

Mochten zwischen der Schlacht von Clavijo (844 oder 859) und dem Ende der Reconquista (1492) viele Jahrhunderte liegen – das legendäre Gemetzel in der Rioja mit der sagenumwobenen Erscheinung des Jakobus löste ein wegweisendes spanisches Identitäts- und Nationalgefühl aus, das vielfältigen Niederschlag in Literatur- und Kunstgeschichte fand.

In ganz Spanien ist der heilige Apostel als „Santiago Matamoros" allgegenwärtig, „Jakobus der Maurentöter" hoch zu Pferd und mit schwingendem Schwert, die abgetrennten Köpfe der Sarazenen zu seinen Füßen. So begegnet man ihm vielerorts auch am Jakobsweg, dargestellt in Stein oder Holz, als Relief oder Skulptur, auf Gemälden oder als Portalverzierung. Ob an der Südfassade der Santiago-Kirche in Logroño, in der Kathedrale zu Burgos, im Jakobswegmuseum von Astorga oder am Hauptportal der Iglesia de Santiago in Villafranca del Bierzo. Ebenso wenig darf er in Santiago de Compostela fehlen. Hier prescht er als polychromiertes Bildnis durch eine Kapelle der Kathedrale, an der Praza do Obradoiro thront er in marmorner Monumentalform über dem Giebel des Raxoi-Palastes.

Clavijo

Geschichte und Gegenwart: Ende des 8. Jahrhunderts soll fürwahr ein Jungfrauentribut begonnen haben. Ob dieser allerdings in der überlieferten Weise endete, ist ungewiss. Historiker stellen die Großschlacht von Clavijo grundsätzlich infrage und bezweifeln, dass sie sich – wenn überhaupt – unter Führung von Ramiro I. (Herrschaft 842–850) ereignet habe. Als geschichtlichen Rahmen sehen sie allenfalls die Ära des asturischen Monarchen Ordoño I. (Herrschaft 850–866). Heute liegt das Örtchen Clavijo still und friedlich da, beherrscht von den imposanten Ruinen einer mittelalterlichen Felsenburg.

Das riojanische Örtchen Clavijo wird von einer imposanten Felsenburg beherrscht – hier behielt das Kreuz die Obermacht über die feindlichen Mauren.

Lage und Anfahrt: Clavijo liegt rund 15 Kilometer südlich von Logroño und ist Endpunkt einer kleinen Landstraße.

Feste: In diversen Gemeinden des nördlichen Spanien erinnern Feste an den „Tributo de las Cien Doncellas". So setzt sich im riojanischen Sorzano, südlich des Jakobswegortes Navarrete gelegen, alljährlich am dritten Sonntag im Mai die „Jungfrauen-Prozession" in Marsch; die Frauen kommen ganz in Weiß daher und tragen übermannshohe Zweige, die mit Papierblumen geschmückt sind.

Jakobsweg durch Logroño

In Logroño, Hauptstadt der weltbekannten Weinregion La Rioja, kreuzt der Jakobsweg den Ebro auf einer vielbogigen Steinbrücke, der Puente de Piedra. Im historischen Viertel zieht er sich an der Pilgerherberge vorbei durch die Rúa Vieja und die Calle de Barriocepo bis zu den kärglichen Stadtmauerresten der Muralla de Revellín. Am Wege liegen die Santiago-Kirche (16. Jh.), der barocke Pilgerbrunnen und die alte Tabakfabrik, heute Abgeordnetenhaus der Rioja. Etwas abseits der Pilgerachse bestimmen die Turmsilhouetten der Kathedrale und der Iglesia del Palacio das Bild. Sehenswert sind darüber hinaus die Hauptpromenade Espolón sowie das gotische Figurenportal der Iglesia de San Bartolomé.

Die Burg von Clavijo

Das tragische Schicksal der sieben Infantes

Affronts, Intrigen, grausamer Tod – Vorhang auf für eine blutgetränkte Tragödie aus den Adelskreisen des Mittelalters, die als Siete Infantes de Lara Eingang in spanische Lexika und ihren Weg auf die Bühnenbretter gefunden hat. Ihre Mitwirkenden:

- – die sieben Infantes (Adelssöhne)
- – Gonzalo Gustios, Vater der sieben Infantes
- – Doña Sancha, Gemahlin von Gonzalo Gustios und Mutter der sieben Infantes
- – Rodrigo de Lara, Bruder von Doña Sancha und Onkel der sieben Infantes
- – Doña Lambra, Gemahlin von Rodrigo de Lara, angeheiratete Tante der sieben Infantes
- – Almanzor, Maurenführer in Córdoba
- – Mudarra, Halbbruder der sieben Infantes.

Die verhängnisvolle Geschichte der sieben Infantes beginnt während des Hochzeitsfestes von Rodrigo de Lara und Doña Lambra, einer Adelsdame höchsten Ranges, die als Cousine des kastilischen Grafen García Fernández besonderes Ansehen genießt. Obgleich als Rahmen wenig geeignet, geraten die Mitglieder beider Geschlechter während der pompösen Feierlichkeiten in Streit. Auslöser ist ein harmloser Disput zwischen Gonzalo, dem jüngsten der Adelssöhne, und einem Verwandten Doña Lambras. Der Zwist eskaliert. Verärgert gibt Doña Lambra einem Bediensteten den Auftrag, Gonzalo vor den Augen aller einen Becher voll Tierblut zu servieren. Der Infante fühlt sich gekränkt und herausgefordert. In Windeseile macht er Jagd auf den Diener, der sein Heil in der Flucht sucht und Schutz unter dem weiten Rock seiner Herrin findet. Doña Lambra ist zu überrascht, um dem unehrenhaften Gebahren des Verfolgten Einhalt zu gebieten. Starr vor Schreck sieht sie mit an, wie nun Gonzalo unter ihr Gewand kriecht. Er spürt den Diener auf und befördert ihn kurzerhand ins Jenseits ...

Die Familien werden sich spinnefeind. Auf der einen Seite stehen die sieben Infantes mit ihren Eltern Gonzalo Gustios und Doña Sancha, auf der anderen das frisch vermählte Paar Doña Lambra und Rodrigo de Lara.

Doña Lambra hegt unerbittlich Rachegelüste und infiziert ihren Gemahl mit einer teuflischen Idee. Rodrigo de Lara, von der Schönheit seiner Frau betört, zeigt sich ihr zu Gefallen zu allem bereit. Er verfasst einen Brief an Almanzor, den Maurenführer in Córdoba, mit dem er sich gut steht und von Zeit zu Zeit paktiert. Er versiegelt das Schreiben und schickt es an seinen Schwager Gonzalo. In wichtiger Mission, heißt es, müsse er, Gonzalo, umgehend in die Kalifenstadt Córdoba reisen und Almanzor persönlich das Schriftstück übergeben. Als Gesandter dürfe er es unter keinen Umständen öffnen, es erwarte ihn ein gerechter Lohn.

Gutgläubig begibt sich Gonzalo Gustios auf einen langen Ritt in den spanischen Süden und führt seinen Auftrag aus. Verwundert fliegen die Blicke Almanzors über die Zeilen, in denen nichts weiter geschrieben steht, als dass er den Überbringer des Briefes umgehend töten müsse. Der Maurenführer fühlt sich wie vor den Kopf gestoßen. Warum sollte er, der große Almanzor, den Weisungen eines anderen folgen? Steht es nicht einzig ihm zu, Befehle zu geben? Er verschont das Leben Gonzalos, setzt ihn vorsorglich in Haft und wartet ab.

Die Vorgänge in Córdoba kommen Doña Lambra und Rodrigo de Lara zu Ohren. Die beiden, von Bosheit durchtrieben, denken sich eine neue Strategie aus, um die gegnerische Familie zu zerrütten. Listenreich gelingt es ihnen während der Schlacht von Almenar de Soria, die Adelssöhne in einen tödlichen Hinterhalt der Mauren zu treiben. Alle sieben fallen den Sarazenen in die Hände und werden enthauptet: Diego, Martín, Suero, Fernán, Rui, Gustios und Gonzalo. Dann lassen Doña Lambra und Rodrigo de Lara die Köpfe in Säcke verpacken und senden sie zu Gonzalo Gustios ins Gefängnis nach Córdoba.

Gonzalo Gustios schnürt es die Kehle zu, als er die abgetrennten Häupter seiner Söhne zum Vorschein bringt. Er zittert vor Schmerz und Wut. Sogar Almanzor, obgleich selber in vielerlei Grausamkeiten verstrickt, machen die Geschehnisse betroffen. Zum Troste schenkt er Gonzalo die Freiheit, bietet ihm zuvor jedoch die Liebesdienste seiner Schwester an. Aus dem Verhältnis geht Mudarra hervor, der am Hofe von Córdoba bleibt und dort erzogen wird.

Als Mudarra den Kinderschuhen entwachsen und zu einem tapferen Streiter aufgestiegen ist, kennt er nur ein Ziel: die Schuldigen am Tod seiner sieben Halbbrüder mit dem Leben bezahlen zu lassen. Er bricht in die Heimatregion seines Vaters auf, wohin dieser nach der Haft als gebrochener Mann zurückgekehrt war.

Der junge Mudarra macht kurzen Prozess. Er stellt Rodrigo de Lara und richtet ihn mit dem Schwert. Auch Doña Lambra entgeht ihrer grausamen Strafe nicht. Man verbrennt sie bei lebendigem Leib.

Was geschah mit den sterblichen Resten der sieben Adelssöhne? Man überführte sie aus Córdoba in den Norden des Landes und wies ihnen zwei letzte Ruhestätten zu. Die Köpfe kamen nach Salas de los Infantes und erhielten ihren Ehrenplatz in einem Schrein der Kirche Santa María. Die enthaupteten Körper der Infantes setzte man im Kloster von Suso bei.

San Millán de la Cogolla

Geschichte und Gegenwart: Weist man der wüsten Story um die sieben Adelssöhne einen wahren geschichtlichen Hintergrund zu, liegt dieser in der zweiten Hälfte des 10. Jahrhunderts. Im Jahre 974 soll Gonzalo Gustios mit der Wiederbesiedlung der Gegend um das heutige burgalesische Städtchen *Salas de los Infantes* beauftragt worden sein; zur gleichen Zeit mag sich das blutige Ende der Infantes abgespielt haben. Als Stätte ihres Todes kommt sowohl *Almenar de Soria* als auch das bei Olvega gelegene Tal des *Río Araviana* in Betracht; beide Orte liegen in der kastilisch-leonesischen Provinz Soria. Während Almanzor (938–1002) ebenfalls eine historische Gestalt darstellt, ist die Existenz des Rächers Mudarra nicht belegt.

Im Monasterio de Suso, einer kleinen Klosteranlage in den Wäldern über San Millán de Cogolla, liegen die Körper der sieben Infantes begraben.

Heute ruhen die sterblichen Überreste der sieben Adelssöhne an ihren altangestammten Orten: die Köpfe im Reliquienschrein *Arqueta de los Infantes* in der *Iglesia de Santa María* in Salas de los Infantes, ihre übrigen Körperteile in den Gräbern des Klosters von Suso oberhalb von San Millán de la Cogolla. Dieses kleine Kloster gehört heute zum Weltkulturerbe der Menschheit und geht auf den Namensgeber des Ortes zurück, San Millán de la Cogolla (473–574). Im 11. Jahrhundert bekam der Heilige eine Grabstätte in einem zweiten, wesentlich größeren und leichter erreichbaren Talkloster, dem Monasterio de Yuso.

Öffnungszeiten: Nach langjährigen Renovierungsarbeiten hat das Bergkloster Suso nun wieder täglich außer montags geöffnet.

Lage und Anfahrt: San Millán de la Cogolla gehört zur Rioja, liegt etwa 20 Kilometer südöstlich von Santo Domingo de la Calzada und lockt traditionsgemäß zahlreiche Jakobspilger als Abstecher an. Salas de los Infantes, ein Städtchen in der Provinz Burgos, erreicht man rund 55 Kilometer südöstlich von Burgos über die Landstraße N-234.

Quelle literarischer Inspiration

Die mutmaßlichen Ereignisse um die sieben Adelssöhne sind als Quelle literarischer Inspiration in episch-lyrischer Form verarbeitet worden: als Romanze (romance), einer typischen spanischen Gattung, die im Mittelalter zunächst mündlich tradiert wurde und in etwa der Ballade entspricht. Im Laufe der Zeit blühten diverse Nacherzählungen und Neudichtungen auf, wobei die Verfasser den Handlungsverlauf vielfältig ausschmückten und abänderten. Statt des vorgesetzten Bechers mit Blut soll der junge Gonzalo auf der Hochzeit mit einer blutigen Gurke beworfen worden sein, in einer anderen Version löst ein tödlicher Spielunfall die Streitigkeiten bei der Hochzeit aus. Je nach Quelle wird eine Tochter Almanzors, seine Schwester oder gar eine einfache Maurin als Mutter Mudarras genannt. Im bekannten Theaterstück „Los Siete Infantes de Lara", einem Werk des spanischen Dichters Juan de la Cueva (um 1543–1610), taucht Rodrigo de Lara als Ruy Velázquez und Gonzalo Gustios als Gonzalo Bustos auf.

Ein verhängnisvolles Geschenk für Enrique de Trastámara

Enrique de Trastámara eilte nicht gerade der Ruf eines Friedensengels voraus. Unterstützt von Franzosen und vom spanischen Adel, stand er in kriegerischem Dauerkonflikt mit seinem Halbbruder Pedro I. el Cruel. Nach einer verheerenden Niederlage gegen Pedros Truppen im Jakobswegstädtchen Nájera wendete sich das Blatt und nahm in Montiel ein blutiges Ende. Enrique trieb Pedro gewaltsam in den Tod, der Streit um die Macht war entschieden. Als Enrique II. de Trastámara riss er die Königswürde Kastiliens an sich und sollte sie ein ganzes Jahrzehnt lang innehaben – bis zu seinem mysteriösen Ableben in der Rioja ...

Nach einem Friedensschluss mit Navarras Herrscher Carlos II. el Malo wehte Enrique der Wind des Schicksals nach Santo Domingo de la Calzada, dem Ort des „Hühnerwunders" und der einstigen Wirkensstätte des heiligen Domingo, der den Ausbau des Jakobsweges maßgeblich vorangetrieben hatte und in der örtlichen Kathedrale begraben lag. Überdies war Santo Domingo de la Calzada vorübergehend Station seines Halbbruders gewesen, der während der bürgerkriegsähnlichen Zustände die Anlage der gewaltigen Stadtmauern befohlen hatte.

Folgt man örtlichen Chroniken, verbrachte Enrique II. de Trastámara einige Wochen in Santo Domingo de la Calzada. Eines Tages tauchte ein Bote auf und überbrachte ein rätselhaftes Präsent ohne Absender. Vorsichtig öffnete Enrique das verschnürte Bündel und zog ein Paar *Borceguíes* hervor, hohe Schnürstiefel, wie er sie prächtiger nie gesehen hatte. Sie waren aus feinstem Leder gefertigt, sorgsam verziert und trugen seine Initialen.

„Wer mag mir ein solch herrliches Geschenk bereitet haben?", fragte sich Enrique verwundert. Er vermutete eine ihm wohl gesonnene Adelsdame oder einen anderen Monarchen, vielleicht sogar Navarras König Carlos II. el Malo, mit dem er in Freundschaft verblieben war und der ihn jetzt überraschen wollte? Trotz aller Nachfragen blieb der Schenker unbekannt.

Immer wieder fuhr Enrique mit der Hand über das samtweiche Leder der Stiefel. Er fasste den Entschluss, tags darauf zur Jagd auszureiten und die *Borceguíes* erstmals anzulegen.

Als Enrique früh am Morgen in die Stiefel stieg, bemerkte er, wie sie tief am Fuß ein wenig drückten und kratzten. Trotz leichter Schmerzen schöpfte er nicht den geringsten Verdacht und brach mit seinen Getreuen auf.

Im Laufe des Vormittags fühlte Enrique, wie eine befremdliche Übelkeit in ihm aufstieg. Er bekam hohes Fieber und Schüttelfrost und vermochte sich kaum mehr auf dem Rücken seines Pferdes zu halten. Auf schnellstem Wege brachte man ihn zurück nach Santo Domingo de la Calzada, zitierte seinen Leibarzt herbei, bereitete ein Lager und zog ihm behutsam Kleider und Stiefel aus.

Der Zustand des Königs verschlechterte sich von Moment zu Moment. Wohl ahnend, dass sein Ende nicht mehr fern war, verlangte er nach seinem kirchlichen Ratgeber, dem Bischof von Sigüenza, und erbat sich aus, eine kurze Weile mit ihm alleine zu sein.

Als der Bischof hinaustrat, fiel Enrique in tiefen Dämmerschlaf. Mit besorgter Miene untersuchte der Arzt die Füße und Beine des Herrschers, die stark angeschwollen und mit merkwürdigen kleinen Wunden übersät waren. Er nahm die vor dem Bett stehenden Stiefel zur Hand und betrachtete sie eingehend. Der Arzt schüttelte den Kopf und ließ Enriques Familie herbeirufen.

„Der König wird den heutigen Tag nicht überleben", eröffnete er den Umstehenden, „man hat ihn vergiftet."

Das Paar Schnürstiefel, sagte er, sei tödlich präpariert worden. Man habe das Innere angeraut und mit Gift und winzigen Dornen versehen, um die Haut aufzuscheuern. Durch die entstandenen Wunden seien die tödlichen Stoffe unweigerlich ins Blut gedrungen. Die Infektion sei weit fortgeschritten und der König nicht mehr zu retten. Man könne nur noch für seine Seele beten. Kurz darauf starb Enrique II. de Trastámara. Am Totenbett verkündete der Bischof von Sigüenza des Königs testamentarisch verfügten Wunsch. Sein Herz, gab er bekannt, solle in Santo Domingo de la Calzada bleiben.

Enriques letzter Wille erfüllte sich. In einer Maueröffnung des Kreuzgangs der Kathedrale setzte man das Herz des Enrique II. de Trastámara zusammen mit seinen Eingeweiden bei, während man den einbalsamierten Körper nach Toledo überführte und im dortigen Dom bestattete.

Enriques eingemauertes Herz

Enrique II. de Trastámara (Heinrich II. von Trastámara, 1333–1379) war der uneheliche Halbbruder von Pedro I. el Cruel (Peter I. der Grausame, 1334–1369), Frucht des Verhältnisses von König Alfonso XI. und Leonor de Guzmán. Als König Kastiliens hielt er sich zwischen 1369 und seinem schaurigen Ende an den Hebeln der Macht; Todestag in Santo Domingo de la Calzada war der 30. Mai des Jahres 1379. Ob und wer ihm ein tödliches Paar Stiefel schickte, ist nicht belegt; in lokalen Quellen ist von einem nicht näher bezeichneten anderen Herrscher oder sogar vom Maurenfürsten Granadas die Rede.

Im Südostwinkel des Kreuzgangs der Kathedrale von Santo Domingo de la Calzada, nahe dem Zugang zum alten Kapitelsaal, hat sich eine dekorierte Nische mit den eingemauerten sterblichen Resten des Enrique II. de Trastámara erhalten. Auf den ersten Blick wirkt das über Kopfhöhe eingelassene Herz- und Eingeweidegrab unscheinbar, aus der Nähe eröffnet sich ein kunstvolles Miniaturrelief. Unter einer hervorgewölbten Burg sieht man einen unverhältnismäßig hoch dargestellten Altar, eine Urne, ein Kreuz und zwei Geistliche.

Santo Domingo de la Calzada

Geschichte und Gegenwart: In ihrer Gesamtheit sticht die Kathe-drale von Santo Domingo de la Calzada als Besonderheit am Jakobs-weg hervor. Hohen Bekanntheitsgrad genießt sie wegen ihres Mauso-leums zu Ehren des heiligen Domingo de la Calzada (1019–1109) und aufgrund ihres Hühnerstalls mit lebendigem Hahn und lebendiger Hen-ne. Der verglaste Käfig im Südteil der Kathedrale erinnert an das popu-läre „Hühnerwunder", eine Legende um einen unschuldig gehenkten Pil-ger, der auf wundersame Weise am Leben blieb. Ebenfalls sehenswert: die romanischen Pilaster hinter dem Altarraum, das Renaissanceretabel des Damián Forment, die verschlungenen Wehrgänge mit Aufstieg auf ein Zwischenplateau sowie das auf den Kreuzgang und einstigen Kapi-telsaal verteilte Domschatzmuseum. Um den Kathedralsvorplatz legen sich der separat stehende Glockenturm, das alte Pilgerhospital (heute Parador-Hotel) und das einschiffige Kirchlein *Virgen de la Plaza* mit dem Bildnis der gleichnamigen städtischen Schutzpatronin. Hinter der Kathe-drale breitet sich der Rathausplatz aus, ganz in der Nähe erheben sich die Reste der 1367 bis 1369 auf Befehl von Pedro I. el Cruel errichte-ten Stadtmauer.

Öffnungszeiten: Kathedrale mit Kreuzgangmuseum montags bis samstags vor- und nachmittags.

Lage und Anfahrt: Santo Domingo de la Calzada liegt rund 45 Ki-lometer westlich von Logroño an der Landstraße N-120. Auf ihrem Weg Richtung Burgos passieren die Pilger am Stadtrand von Santo Domingo de la Calzada die lange Brücke über den Río Oja und fortan weitere markante Jakobswegstationen: Viloria de Rioja als Geburtsort des heili-gen Domingo de la Calzada, Tosantos mit seiner Felsenkapelle *Nuestra Señora de la Peña*, den zu westgotischen Zeiten beurkundeten Bi-schofsort Villafranca Montes de Oca und – nach dem Anstieg hinein ins Oca-Gebirge – die einstige Klosterkirche San Juan de Ortega mit ihrem Mausoleum des heiligen Juan de Ortega (1080–1163).

San Jerónimo Hermosilla – Totenschädel, Knochen und Ketten eines Märtyrers

Einen ähnlich makabren Beigeschmack wie Enriques „Herz-Begräbnisstätte" trägt ein weiteres Kuriosum in der Kathedrale von Santo Domingo de la Calzada. In der Kapelle des Jerónimo Hermosilla erlauben zwei durchsichtige Schreine den Blick auf den Totenschädel des geköpften Heiligen, auf seine Knochenreste und jene Ketten, mit denen er einst zur Richtstätte geführt wurde.

Jerónimo Hermosilla erblickte im Jahre 1800 in Santo Domingo de la Calzada das Licht der Welt und trat früh dem Dominikanerorden bei. Mitte 1824 verließ er seine Heimat, um in verschiedenen Gegenden Asiens seiner ebenso beschwerlichen wie gefährlichen Missionsarbeit nachzugehen. Mit seinem Dienst am Nächsten opferte er sich regelrecht auf, Glaubensgegner ließen ihn im November 1861 im heutigen Vietnam enthaupten. 1988 wurde er in Rom von Papst Johannes Paul II. heilig gesprochen. In Santo Domingo de la Calzada begeht man das Fest zu Ehren des San Jerónimo Hermosilla alljährlich am 18./19. September.

Im Kreuzgang der Kathedrale von Santo Domingo de la Calzada zeigt ein Ölgemälde von Alonso Gallego (1525) den enthaupteten Vitores de Cerezo.

Der sprechende Kopf des enthaupteten Vitores

Nach langen Zeiten priesterlichen Wirkens und unzähligen Wohltaten in Cerezo de Río Tirón fasste Vitores de Cerezo den Entschluss, sein Leben vollends in den Dienst Gottes zu stellen. Er zog sich in eine Höhle der Sierra de Oña zurück und gab sich als Eremit dem Gebet und der Buße hin. Sieben Jahre waren vergangen, als ihn eines Tages ein Hilferuf aus seinem einstigen Heimatort erreichte. Ein Engel erschien ihm und gebot, sofort nach Cerezo de Río Tirón zurückzukehren. Dort werde er dringend gebraucht.

Trotz seines fortgeschrittenen Alters zögerte Vitores nicht einen Augenblick. Er nahm seinen Stab, durchquerte mühsam die Bergwelt und erreichte das Tal des Río Tirón. Schon vor den Toren Cerezos ahnte er, wie bedrohlich es um die Bewohner bestellt war. Maurische Truppen hielten den stark befestigten Ort belagert und versuchten die Bürger auszuhungern. Als die Sarazenen Vitores erblickten, erstarrten sie und ließen ihn ungehindert ziehen. Innerhalb der Mauern nahm man seine Ankunft erleichtert und freudig auf. Vitores sprach den Menschen Mut und Trost zu, kümmerte sich aufopferungsvoll um die Erkrankten und heilte auf wundersame Weise vielerlei Wunden.

Der Ruf seines Wirkens kam den Mauren zu Ohren, die bald einen Boten aussandten und Vitores ihrerseits um Beistand ersuchten. Ihr Feldherr, Mohammed Gaza, richtete der Kurier aus, liege in seinem Zelt und ringe mit dem Tod. Vitores, von grenzenloser Barmherzigkeit getrieben, bereitete sogleich seinen Aufbruch vor und setzte sich über die Bedenken seiner christlichen Anhängerschaft hinweg. Mohammed Gaza, so warnten sie ihn, sei grausamer und unberechenbarer als der leibhaftige Teufel.

Unbeirrt begab sich Vitores zum Feldlager Gazas und versprach, ihn mit Gottes Gnade gesunden zu lassen. Eine ganze Nacht lang wachte Vitores an seiner Seite, hielt seine Hand und betete. Von Stunde zu Stunde besserte sich der Zustand des Todkranken, den seine Getreuen insgeheim längst aufgegeben hatten.

Als die Sonne am nächsten Morgen emporstieg, war der Maurenführer geheilt. Er fühlte sich kräftiger denn je.

„Mein werter Mohammed Gaza", sprach Vitores de Cerezo, „bevor ich aufbreche, ersuche ich Euch um Erlaubnis, einen Wunsch zu äußern."

„So sprich, Alter", antwortete Gaza, in dessen Stimme ein Anflug von Argwohn mitschwang.

„In dieser letzten Nacht", fuhr Vitores fort, „habt Ihr am eigenen Leibe erfahren, was alles mit Gottes Beistand erreichbar ist. Ihr habt gespürt, was Gebete und tiefstes Vertrauen in ihn bewirken können und wie erbarmungsvoll der Allmächtige ist. Gott hat Euch geholfen, Gott wird in Zukunft für Euch da sein. Vorausgesetzt, Ihr willigt ein ..."

Während Vitores all dies sprach, verfinsterte sich die Miene seines Gegenübers.

„So will ich Euch nun bitten", schloss Vitores seine Rede, „die Gelegenheit zu nutzen und den christlichen Glauben anzunehmen."

Mohammed Gaza spürte, wie maßlose Wut in ihm aufstieg. Die Bitte klang ihm wie ein Befehl. Was bildete sich dieser seltsame Kauz ein? Gut, er selbst war plötzlich genesen, aber warum sollte gerade der Christengott seine Hand im Spiel gehabt haben? Gaza rang nach Atem und schäumte vor Zorn. „Verflucht seiest du, Ungläubiger!", rief er aus. Wie ein Beben grollte seine Stimme durch das gesamte Lager.

„Als Lohn für deine Mühen hätte ich dir freies Geleit zugesichert", fuhr er fort, „doch du gehst nicht eher zurück, bis du deinem Glauben abgeschworen und Allah als alleinigen Gott und Schöpfer und Erhalter der Welt anerkannt hast!"

Vitores de Cerezo sprach kein Wort.

„Gib mir Antwort!", donnerte Gaza. „Wirst du dich bekehren?" Unverdrossen schwieg der Angesprochene weiter.

„Bis zum Anbruch des morgigen Tages, Alter, gebe ich dir Bedenkzeit. Falls du nicht konvertierst, werde ich dich kreuzigen lassen wie euren Gottessohn! Und jetzt ab mit ihm!", befahl er und gab den Soldaten mit einer harschen Geste einen Wink. Sie führten ihn ab ins Gefangenenzelt.

Mohammed Gaza schaute ein ums andere Mal bei seinem Häftling vorbei, der leise betend und gottversunken den restlichen Tag verbrachte. Vergebens hoffte er auf ein Einsehen des Alten.

Als die Nacht anbrach und der Heerführer sich zur Ruhe gelegt hatte, wandte sich Vitores den Wachen zu. Unablässig begann er zu ihnen zu sprechen, verkündete die christliche Lehre und erzählte von Leben, Tod und Auferstehung Christi. Anfangs nahmen die Wächter seine Sätze kaum zur Kenntnis, doch nach und nach wuchs ihre Wissbegier. Sanft und kraftvoll zugleich strömten die Worte des weisen Alten auf die Männer ein und hüllten sie in ein Befinden tiefster Glückseligkeit. Noch bevor sich die Milde des Morgenlichts über das Lager legte, baten die Mauren um Vergebung ihrer Sünden und um Aufnahme in die unauflösbare Gemeinschaft mit Gott. Vitores de Cerezo wusch sie mit Wasser rein und taufte sie.

Als Mohammed Gaza am Morgen seine Wachen um Vitores de Cerezo geschart erblickte und gewahr wurde, was geschehen war, ordnete er hasserfüllt seine umgehende Kreuzigung an.

Man schlug den Heiligen ans Kreuz, worauf er in der Nachfolge Jesu Christi ausrief: „Herr, vergib ihnen, denn sie wissen nicht, was sie tun!"

Danach predigte er trotz seines qualvollen Leidens unverzagt weiter. Einige Soldaten warfen sich ehrfürchtig zu Boden und nahmen ebenfalls den christlichen Glauben an. Mohammed Gaza geriet gänzlich außer sich und überlegte wutentflammt, was zu tun sei.

„Er wird geköpft und dann verbrannt!", bestimmte er. „Und zwar sofort!"

Mit eigenen Augen überwachte Gaza seine Krieger, die Hand an den Aufbau des Blutgerüsts legten und gleich daneben den Scheiterhaufen vorbereiteten.

Der Feldherr befahl die Kreuzabnahme, ließ Vitores zur Richtstätte führen und unverzüglich enthaupten. Ein kurzer Streich trennte den Kopf vom Rumpf – doch groß war das Erstaunen aller, als aus der tödlichen Wunde ein Rinnsal aus Blut und Milch floss, sich hinüber zum Scheiterhaufen schlängelte und das verhängnisvolle Schichtwerk in ein Meer aus Blüten verwandelte. Aus nackten Holzscheiten sprossen saftgrüne Blätter, trockene Äste begannen zu knospen, aus Dornenzweigen erwuchsen die herrlichsten Beeren.

Wie angewurzelt verfolgte Mohammed Gaza das unheimliche Schauspiel, das sich auf dem Schafott fortsetzte. Unter dem lähmenden Entsetzen der Umstehenden richtete sich der Körper des Heiligen auf, seine Hände tasteten den Boden ab und wurden fündig. Vitores de Cerezo nahm seinen abgetrennten Kopf in die linke Hand, wobei dieser wieder zu predigen begann. Seine beruhigend wirkende Stimme legte sich wie Balsam auf die Seelen und nahm dem Geschehen das Grauen. Unbeschadet zog der Enthauptete an dem sarazenischen Feldherrn vorbei, der reglos an derselben Stelle verharrte.

Drei Tage lang verkündete der geköpfte Vitores de Cerezo unermüdlich die christliche Lehre und bekehrte immer weitere Muselmanen, zu denen sogar Gazas Tochter Coloma gehörte, die sich dadurch den tödlichen Hass ihres Vaters zuzog. Eigenhändig streckte Mohammed Gaza sie mit seinem Schwert nieder.

Unter den sarazenischen Truppen brach Verwirrung aus. Während die Zahl der Abtrünnigen stetig stieg, ordnete Mohammed Gaza eine verschärfte Belagerung von Cerezo de Río Tirón an. Unterdessen verschaffte sich Vitores erneut Zugang in seinen

Heimatort, um den Seinen ein letztes Mal beizustehen. Fast alle Vorräte waren zur Neige gegangen, die Menschen regelrecht ausgehungert.

„Vitores, sag, was sollen wir tun?", flehten sie ihn Hilfe suchend an.

Immer wieder führt der Jakobsweg durch pittoreske spanische Dörfer, hier Castrillo de los Polvozares.

Der Heilige verlangte nach einer Kuh und einem gut gefüllten Getreidesack. Mit Mühe schafften die Bewohner Cerezos eines der letzten verbliebenen Rinder herbei, fanden bei einer Greisin einen versteckten Sack voll Weizen und verfütterten ihn auf Geheiß Vitores' an das Tier.

„So Leid es mir tut, heute müsst Ihr die Kuh freilassen", sprach Vitores tags darauf, worauf man sie aus dem Stadttor hinaus in die Hand der Feinde trieb.

Die Mauren, nach der zähen Zeit der Belagerung selbst an den Rand ihrer Nahrungsreserven gedrängt, machten kurzen Prozess. Im Beisein Mohammed Gazas schlachteten sie das Tier und staunten nicht schlecht, als sie den mit Getreide gefüllten Bauch aufschlitzten. Mohammed Gaza, der von Vitores' Wirken in Cerezo de Río Tirón gehört hatte, fürchtete ein weiteres Wunder des Alten. Um keine weiteren Konversionen zu riskieren und seine Krieger mangels Nachschub nicht in Not zu bringen, hob er den Belagerungszustand auf. Die Truppen zogen sich zurück, Cerezo de Río Tirón war gerettet.

Es dauerte nicht lange, bis Vitores sein nahendes Ende fühlte. Er bat die Bewohner Cerezos, ihn ein Stück aus dem Dorf hinaus zu begleiten und ihm ein tiefes Grab auszuheben. Nach vollbrachter Arbeit stieg er erleichtert hinein, streckte sich aus und legte seinen Kopf auf die Brust. Mit einem zufriedenen Lächeln im Gesicht ging er heim zu Gott.

Cerezo de Río Tirón

Geschichte und Gegenwart: Die Schauplätze der Legende liegen im heutigen Grenzbereich der Provinzen La Rioja und Burgos und konzentrieren sich auf die Gebiete um Cerezo de Río Tirón. Auf der Grundlage einer alten Römerstraße lagen Leiva und Cerezo de Río Tirón – vormals auch bekannt als *Segasmunclo* – bis ins 12. Jahrhundert hinein unmittelbar an der Jakobswegstrecke von Nájera bis Burgos. Im Zuge der Ausbesserungen des Pilgerpfads und des Brückenbaus über den *Río Oja* wurde die Achse des *Camino de Santiago* ein Stückchen weiter nach Süden verlegt – eine Tendenz, die sich im Laufe der Zeit verfestigte, bis heute erhalten und die genannten Dörfer ein wenig ins Pilgerabseits gestellt hat.

Öffnungszeiten: Die Ermita de San Vitores öffnet nur unregelmäßig, die verlässlichsten Besuchsmöglichkeiten bieten sich während der Samstagswallfahrten im Mai. Das Vitores-Gemälde im Kreuzgang der Kathedrale von Santo Domingo de la Calzada ist während der üblichen Öffnungszeiten täglich außer sonntags zu sehen.

Lage und Anfahrt: Die mit dem Leben und Martyrium des heiligen Vitores de Cerezo verbundenen Dorfgemeinden liegen rund 20 Kilometer nordwestlich von Santo Domingo de la Calzada. Beste Anfahrtsmöglichkeiten: Abzweig von der Nationalstraße N-120 bei Santo Domingo de la Calzada nordwestlich Richtung Herramelluri und Leiva oder Abzweig ab der Nationalstraße N-120 in Belorado nordöstlich Richtung Fresno de Río Tirón und Cerezo de Río Tirón.

Pilgerspuren aus der Vergangenheit – an vielen Orten erinnern Einsiedeleien an frühere Büßer und Eremiten.

Gedenken an einen Heiligen

San Vitores de Cerezo stammte angeblich aus Cerezo de Río Tirón und soll im 8. oder 9. Jahrhundert enthauptet worden sein. Seine Reliquien wurden zunächst in einer eigens erbauten Kapelle aufbewahrt, aus der im späten Mittelalter auf Weisung der kastilischen Kronfeldherren ein Dominikaner- und dann ein Franziskanerkloster erwuchs. 1835 endete das Klosterleben mit der Säkularisation. Geblieben ist die Ermita de San Vitores, ein zwischen Fresno de Río Tirón und Cerezo de Río Tirón gelegenes Kirchlein, in dem die Gläubigen sowohl die Reliquien als auch die Grabtruhe des Heiligen verehren. Im Wallfahrtsmonat Mai brechen jeden Samstag verschiedene Dorfgemeinden aus der Umgebung zur Ermita de San Vitores auf. Dazu gehören Fresno de Río Tirón und Leiva ebenso wie Castildelgado; die Gläubigen aus Cerezo de Río Tirón machen sich am vorletzten Samstag im Mai auf den Weg.

Alljährlich am 26. August, dem mutmaßlichen Todestag Vitores', sind musikalisch und folkloristisch umrahmte Dorffeste in Belorado und Cerezo de Río Tirón angesetzt. Zu Ehren des Heiligen pflegt man die lokal bedeutsamen Stocktänze (truqueados), wobei die verwendeten Holzstäbe Schwerter symbolisieren. In der 800-Seelen-Gemeinde Cerezo de Río Tirón betreibt Pfarrer Restituto Barriuso Lara mit seiner jahrzehntelangen Forschungsarbeit zu San Vitores ein akribisches Hobby.

In zahlreichen Kirchen der Umgebung sieht man Skulpturen und Ölbilder mit dem Motiv des Heiligen, unter anderem in Belorado in der Iglesia de Santa María und der Iglesia de San Pedro sowie in Leiva in der Iglesia de Santa María. Auch im Nordflügel des Kreuzgangs der Kathedrale von Santo Domingo de la Calzada machen Besucher mit San Vitores de Cerezo Bekanntschaft. Ein großformatiges Ölgemälde zeigt den Heiligen, der in seiner Linken den eigenen Kopf und in der Rechten einen Stab hält; das Bild datiert aus dem Jahr 1525 und stammt von Alonso Gallego. Unter dem Einfluss der Jakobspilger hat sich die Verehrung des San Vitores de Cerezo bis nach Galicien hin verbreitet.

San Lesmes – Lichtgestalt des christlichen Glaubens

Ein Schluck des von Lesmes geweihten Wassers genügte. Sogleich wurden Kranke von üblen Geschwüren geheilt, von Fieber und Aussatz. San Lesmes bewahrte Verzweifelte vor dem Selbstmord und sorgte dafür, dass einigen vom Unheil Befallenen gar lebendige Schlangen aus ihren Hälsen krochen. Einmal soll selbst der leibhaftige Teufel aus dem Schlund einer Besessenen hervorgesprungen sein, ein scharlachrotes Tuch geschwenkt und in Panik die Flucht ergriffen haben ...

Während seiner Jahre in der Benediktinerabtei von La Chaise-Dieu genoss er bereits hohes Ansehen. Über Gebete und Buße hinaus ging Lesmes in der Krankenpflege auf. Menschen aus nah und fern ersuchten ihn um Rat und Hilfe, sogar das englische Königshaus. Sein Ruf drang bis nach Spanien zu Doña Constanza, der Gemahlin des kastilischen Herrschers Alfonso VI., die aus dem Frankenreich stammte wie der Heilige selbst. Ihr größter Wunsch war es, San Lesmes als Vorbild und Lichtgestalt nach Kastilien zu holen und das Reich mit seinem christlichen Geist zu erleuchten. In einem an ihn gerichteten Brief betonte sie, dass ohne seine tatkräftige Mithilfe sicher viele Seelen verloren gingen. Alfonso erhoffte sich von der Präsenz des Heiligen überdies Schutz für die Reconquista, denn der Sturm auf das maurisch beherrschte Toledo stand kurz bevor.

San Lesmes fasste die Bitte der kastilischen Monarchen als göttliche Fügung auf. Er kam nach Spanien, hielt sich einige Zeit am Hofe auf und griff entscheidend in die Einnahme Toledos ein. Als die Truppen Alfonsos vor dem Río Tajo standen, schien Hochwasser den geplanten Vorstoß zu verhindern. Ungeachtet dessen, so besagt die Legende, riet San Lesmes zum Aufmarsch der Armee. Der rechte Zeitpunkt sei gekommen, prophezeite er. König Alfonso vertraute den Worten des Heiligen und brachte die christlichen Truppen zu nächtlicher Stunde in Stellung. Lesmes bekreuzigte sich, sprach ein Gebet und ritt auf einem Esel in den Strom voran. Sofort wichen die wilden Wasser zurück. Die Heerscharen konnten ungehindert passieren und überraschten die Mauren mit ihrem Angriff. Toledo fiel – ein Meilenstein der blutigen Reconquista.

König Alfonso VI. fühlte sich dem Heiligen zu Dank verpflichtet, wohl wissend, dass diesem weder der Sinn nach dem Leben am Hofe noch nach Kriegsschauplätzen stand. Er stellte Lesmes frei, innerhalb der Reichsgrenzen einen beliebigen Ort für sein weiteres Wirken zu wählen. Lesmes entschied sich für Burgos, um die Jakobspilger zu versorgen und zu betreuen. Er verlangte nichts weiter, als dass ihm der Monarch die Capilla de San Juan Evangelista zur Verfügung stelle. Freudig überantwortete ihm der Herrscher die Kapelle und gleich dazu ein Pilgerspital. Obgleich sich Lesmes in aller Bescheidenheit sträubte und sein fortgeschrittenes Alter ins Feld führte, ernannte ihn Alfonso später zum Abt des Benediktinerklosters San Juan.

Am Abend seines Lebens blühte Lesmes noch einmal auf. Am Camino de Santiago hatte er stets ein offenes Ohr für Leiden und Nöte, spendete den Wallfahrern Trost und heilte sie von vielerlei Gebrechen. Als die Flusswasser in Burgos einmal über die Ufer zu treten drohten, bewahrte er die Stadt vor einer tragischen Flut. Mit seinem Stab gebot er den Wassern Einhalt. Im Laufe der Zeit ließ Lesmes Gebiete entsumpfen und Kanäle anlegen und sorgte eines Tages für eine wundersame Brotvermehrung. Jedermann verehrte ihn schon zu Lebzeiten.

Zwischen seiner inneren Einkehr und dem Dienst am Nächsten verbrachte der Heilige die spärlichen Ruhezeiten auf hartem Boden und beschied sich bei seiner Kost mit dem, was übrig geblieben war. Ein aufopferungsvolles Dasein wie dieses blieb nicht ohne Folgen. Als Lesmes fühlte, dass sich sein irdischer Pilgerweg vollenden würde, kündigte er den Gläubigen persönlich seinen baldigen Tod an. Traurig und ergriffen eilten sie in Scharen herbei, um Abschied zu nehmen und sich ein letztes Mal von ihm segnen zu lassen. Im Kloster San Juan nahm man ihm die Beichte ab, ehe er sich von den Mönchen in seine geliebte Kapelle San Juan Evangelista bringen ließ und friedlich entschlief.

Nach seinem Tode bewirkte Lesmes viele weitere Wunder. In die Stärken des Heiligen vertrauend, riefen ihn Gelähmte an und gesundeten. Blinde erlangten ihr Augenlicht zurück, Ertaubte ihr Gehör. Lesmes wies verirrten Pilgern den Weg zum Kloster und brachte Ungläubige auf den rechten Pfad. Er wurde Stadtpatron von Burgos, die Kapelle San Juan Evangelista bekam seinen Namen.

Seit vielen hundert Jahren fließt die wechselvolle Geschichte von Burgos unter dem Schutz San Lesmes dahin. Auch wenn man nicht an ihn glaubt, ist er spätestens beim alljährlichen Patronatsfest am 30. Januar in aller Munde: mit panecillos del santo, dem örtlichen „Heiligengebäck".

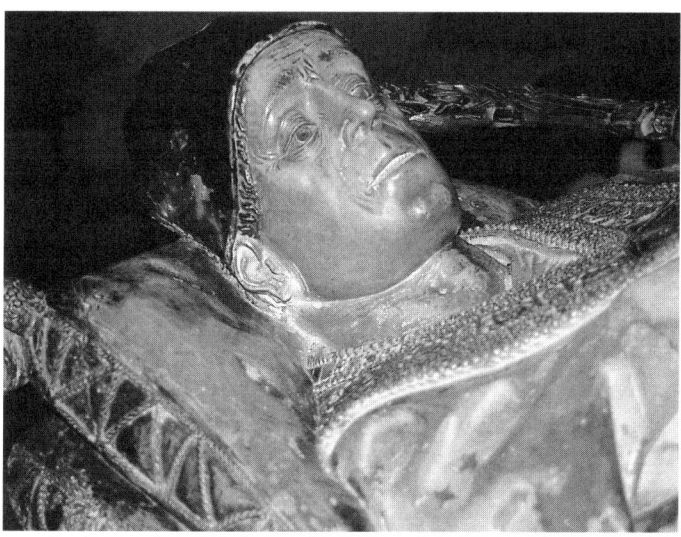

Nach einem Leben im Dienste der Pilger und der Mitmenschen fand er hier seine letzte Ruhe: San Lesmes, Stadtpatron von Burgos.

San Lesmes

Der heilige Lesmes mag als klassisches Beispiel für die Verzahnung von Historie und Legende stehen. Als historische Figur lag seine Heimat im französischen Landstrich Poitou. Um 1035 erblickte er in einem Örtchen namens Loudun das Licht der Welt und hieß zu jener Zeit wahrscheinlich Alesmes. Er stammte aus einer wohlhabenden Familie und trat früh in den Militärdienst ein. Der Tod seiner Eltern bewirkte einen entscheidenden Wandel hin zu Gott. Gegen den Widerstand seiner Verwandtschaft verteilte er die geerbten Güter, ehe er sich barfuß und besitzlos auf Wallfahrt nach Rom begab. Auf dem Rückweg blieb er in der Auvergne im Kloster von La Chaise-Dieu, dem er zwischen 1077 und 1079 sogar als Abt vorstand. Kurz darauf kam er nach Kastilien an den Hof von Alfonso VI., dem Tapferen (1040–1109) und soll 1085 an der Einnahme Toledos beteiligt gewesen sein – sicher jedoch nicht in der überlieferten legendenhaften Form.

Lesmes' Lebensetappe in Burgos begann möglicherweise im selben Jahr 1085, sechs Jahre später wurde der Bau des Klosters San Juan vollendet. Der Heilige verstarb am 30. Januar 1097.

Burgos

Geschichte und Gegenwart: In Burgos wurde San Lesmes in der Capilla de San Juan Evangelista beigesetzt, einer Kapelle, die man 1382 im Zuge der Erweiterungen der Stadtmauer abriss. Dank tatkräftiger Hilfe des Königshauses, der Benediktiner und vieler Spendenwilliger setzte wenige Jahre darauf der Bau der Iglesia San Lesmes ein. Hier gedenkt man des Heiligen bis heute, sein Grabmal im Mittelschiff zeigt eine liegende Skulptur aus dem 15. Jahrhundert. Das Gotteshaus liegt an der Plaza de San Lesmes, schräg gegenüber fällt der Blick auf die Ruinen des Klosters San Juan. Auf der Mitte des San-Lesmes-Platzes erhebt sich ein Reiterdenkmal zu Ehren des Grafen Diego Porcelos, der Burgos 884 im Auftrag des asturisch-leonesischen Königs Alfonso III. gründete.

Lage und Anfahrt: Burgos zählt knapp 170.000 Einwohner, ist Hauptstadt der gleichnamigen kastilisch-leonesischen Provinz und breitet sich an den Flüssen *Arlanzón* und *Vena* aus. Pilgerweg und Landstraße N-120 laufen quer durch die Stadt.

Jakobsweg durch Burgos

In Burgos führt der Pilgerweg an der Kirche San Lesmes vorbei, über den eingefassten Río Vena hinweg und durch den Torbogen San Juan in die Kernstadt hinein. Allgewaltiges Ziel ist die 1221 begonnene Kathedrale, die während ihrer jahrhundertelangen Bauzeit riesige Kosten verschlang und von der UNESCO als Weltkulturerbe geadelt worden ist. Die prachtvollen gotischen Turmhelme gehen auf Hans von Köln zurück, die „Vergoldete Treppe" auf Diego de Siloé, das im Renaissancestil gehaltene Hauptretabel zu Ehren der Jungfrau Maria auf Rodrigo und Martín de la Haya. Ein geflügelter Spruch besagt, man könne zwei Jahre in der Kathedrale verbringen und immer wieder neue Details entdecken. Zu den Höhepunkten zählen der Domschatz, das unter der Vierungskuppel gelegene Grabmal des Ritters El Cid sowie die reich ausstaffierte Kapelle der kastilischen Kronfeldherren.

Oberhalb der Plaza de Santa María streift der Jakobsweg die Kirche San Nicolás de Bari mit ihrem prachtvollen Retabel des Simon und Franz von Köln, wendet sich später den Ufern des Río Arlanzón zu und verläuft westwärts über die Meseta Richtung León.

Der König und der mörderische Spitalmeister

„Die Stadt hat hübscher Türme viel / und welcher Bruder die Säule sehen will / daran man den Spitalmeister erschossen hat / der dreieinhalbhundert Brüder vergiftet hat / wenn du gehst über die Brücke zur rechten Hand / nah bei des Königs Spital ist sie zur Hand." In seinem 1495 erschienenen Pilgerbericht „Die walfart und straß zu Sant Jacob" gibt der Servitenmönch Hermann Künig van Vach eine bestialische Episode aus Burgos wieder, die das spätmittelalterliche deutsche Pilgerlied „Wer das elend bawen wel" ausführlicher aufgreift.

In der Geschichte geht es um einen König, der von den mörderischen Machenschaften eines Spitalmeisters erfährt – und das im Hospital del Rey, des von ihm selbst gestifteten Königshospitals zu Burgos! Für den Monarchen ist es eine Frage der Ehre, die Sache persönlich aufzuklären, denn die Geschehnisse drohen einen dunklen Schatten auf sein eigenes Ansehen zu werfen.

In Burgos folgt der Herrscher dem Jakobsweg durch dichten Wald bis zum abseits gelegenen Hospiz, in dem er als verkleideter Pilger Aufnahme findet. Hier begegnet er dem fraglichen Spitalmeister, der bald ausländerfeindliche Flüche verbreitet und die „teutschen hunde" verdammt – was ein deutliches Licht auf sein Tatmotiv als Massenmörder wirft.

Von Beginn an provoziert ihn der König, ob Teil seiner geplantenÜberführungstaktik oder aufgrund der wahrlich verkommenen Zustände im Pilgerspital. Mit seiner Kritik am spärlichen Essen und am schmutzigen Bett lockt er den Verdächtigen aus der Reserve. Er reizt ihn bis aufs Blut und treibt sein Spiel fast zu weit. Spät am Abend versetzt der cholerische Spitalmeister dem König einen derartig starken Schlag, dass dieser in Todesangst davonstürzt. Morgens darauf stürmen bewaffnete Truppen das Gebäude, machen den Grobian dingfest und werfen ihn in den Ker-

ker der Burg. Indem sie gleichfalls die „teutschen hunde" be-
schimpft, bringt sich des Spitalmeisters Tochter zwischendurch
mit gehässigen Worten an den Galgen. Auch die tödliche Strafe
für ihren Vater lässt nicht lange auf sich warten. Er wird schlich-
terdings „erschossen", wie Hermann Künig van Vach festhält, was
„mit Pfeilen hingerichtet" bedeutet.

Die Iglesia San Lesmes beherbergt das Grabmal des Stadtpatrons von Burgos.

Das Pilgerhospital

Geschichte und Gegenwart: Ob und wann sich die Geschichte abgespielt hat, ist ungewiss. Sollte man ihr einen wahren historischen
Hintergrund zuweisen, kann man vom Ende des 12. oder Beginn des
13. Jahrhunderts ausgehen und in der Figur des Monarchen den kastilischen König Alfonso VIII. (1158–1214) sehen. Dieser stiftete im Jahre
1195 das Hospital del Rey, das sich bis in unsere Zeiten erhalten hat –
allerdings nicht als Pilgerunterkunft, sondern als restaurierter Sitz der
Rechtsfakultät der Universität von Burgos.

Lage und Anfahrt: Der Komplex des Hospital del Rey liegt weit
außerhalb des Zentrums von Burgos am westlichen Stadtausgang.

Literatur: Unter dem Titel „Pilgerführer nach Santiago de Compostela
(1495) von Hermann Künig van Vach" hat Ludwig Hengstmann „Die
walfart und straß zu sant Jacob" als Originaltext und Nachschrift in heutiger Schreibweise herausgegeben (Nink-Verlag). Eine andere Ausgabe
ist im Thorbecke-Verlag unter dem Titel „Die Straß zu St. Jakob" erschienen, weiters fanden die 651 Vach'schen Verse sowie das Pilgerlied
„Wer das elend bawen wel" Eingang in den Band „Nach Santiago zogen sie" (dtv, München; von Klaus Herbers und Robert Plötz).

San Amaro – Helfer in der Not

*Amaro war ein ergebener Diener Gottes und ein gütiger Geist am Ja-
kobsweg. Er stammte mutmaßlich aus Frankreich und ging auf Wallfahrt zum Grab des Apostels nach Santiago. Auf seiner Rückkehr ließ
er sich in Burgos nieder, um sich ganz in den Dienst der Pilger zu stellen. Im Hospital del Rey wusch er ihnen die Füße, trug Balsam auf die
Wunden auf, stand Kranken und Todgeweihten bei. Auf Amaro war
stets Verlass. Mitunter sah man ihn, wie er kraftlosen Wanderern ent-
gegenging und sie auf seinem Rücken ins Pilgerspital trug. Auf dem
Friedhof des Hospital del Rey gab man Amaro seine letzte Ruhestätte.
Heute verehren die Gläubigen das Grab in der Ermita de San Amaro
und finden sich jeden Sonntagmittag zur Messe ein.*

Das Hostienwunder von Frómista

„Feuer! Feuer! Zu Hilf, ihr Leut, zu Hilf, ihr Leut!" Als die ver-
zweifelten Rufe des Spitalverwalters durch das nächtliche Frómista hallten und die Bürger mit Wassereimern gelaufen kamen, war
es längst zu spät. Das Pilgerhospital San Martín stand lichterloh
in Flammen. Entsetzt und hilflos sahen alle mit an, wie das Haus
bis auf die Grundmauern niederbrannte. Obgleich kein Verlust
an Leben zu beklagen war und die untergebrachten Wallfahrer
sich in höchster Not hatten retten können, herrschte rundherum
das blanke Entsetzen. Wer trug Schuld? Warum hatte der Verwalter die Flammen nicht frühzeitig bemerkt?

Die Brandursache blieb ungeklärt. Der Spitalverwalter indes
fühlte sich den Jakobspilgern verpflichtet und gelobte den
Wiederaufbau des Hospital de San Martín. Was fehlte, waren fi-
nanzielle Mittel. Heimlich ging er zu einem wohlhabenden jüdischen Geldleiher. Die beiden verständigten sich auf Zinshöhe
und Rückgabefrist, doch der Verwalter brach sein Wort. Tage und
Wochen verstrichen. Der Jude wartete vergeblich auf den verein-
barten Betrag. Ein ums andere Mal fragte er nach und sah sich
vom Verwalter mit allen erdenklichen Ausflüchten vertröstet. Am
Ende war die Geduld des Gläubigers erschöpft.

Der Geldverleiher zeigte den Verwalter bei der Kirchenobrigkeit
an. Der Klerus reagierte verärgert und schloss den Schuldner bis
auf Weiteres aus der Glaubensgemeinschaft aus. Schließlich erstattete der Spitalverwalter dem Juden das Geld auf Heller und
Pfennig zurück und maß dem Versäumnis keine weitere Bedeutung mehr bei. Er fühlte sich automatisch von seiner Schuld befreit und verschwendete keinen Gedanken mehr daran.

Eines Tages aber überfiel den Verwalter eine schwere Krankheit, von der er sich nicht mehr erholen sollte. Auf dem Sterbe-
bett verlangte er nach dem Pfarrer der Kirche San Martín, um zu
beichten und die Absolution zu erlangen. Der Priester nahm ihm

das Sündenbekenntnis ab und legte eine Hostie auf die mitgebrachte Patene. Als er dem Sterbenden den Leib Christi reichen wollte, war sein Erstaunen groß. Die Oblate haftete auf dem silbernen Untergrund fest. So sehr er sich mühte, die Hostie ließ sich nicht von der Schale lösen. Er fragte den Spitalverwalter, ob er bei seiner Beichte womöglich etwas vergessen habe. Mit letzter Kraft dachte dieser angestrengt nach. Kurz bevor sein Lebenslicht erlosch, entsann er sich der Episode mit dem Geldverleiher und bekannte sein Vergehen.

Der Pfarrer sprach den Verwalter erneut los und nahm eine andere Oblate. Die erste Hostie hingegen blieb wie festgewachsen auf der Patene. Am Jakobsweg sprach sich die Begebenheit bald herum. Frómista bekam den Beinamen *„villa del milagro"*, Ort des Wunders.

Frómista

Geschichte und Gegenwart: Frómistas fassbares Wunder ist die im 11. Jahrhundert erbaute Iglesia de San Martín, die am Jakobsweg als eines der wichtigsten Schmuckstücke der Romanik gilt. Mit ihrer achteckig eingefassten Rundkuppel, den beiden schlanken Fassadentürmen und dem Dreiapsidenabschluss zeigt sich die Kirche von ausgewogener Harmonie. Hinzu kommen über 300 verschiedenartige Sparrenfiguren sowie kunstvolle Steinbänder, die sich in verschiedenen Höhen rund um das Bauwerk legen. Im Gegensatz zur Außenansicht fällt das Innere mit seinen stark restaurierten Kapitellen ab. Im Altarbereich sieht man eine schmiedeeiserne Öllampe (12. Jh.), einen gekreuzigten Christus (13. Jh.) sowie Bildnisse des heiligen Martin (14. Jh.) und des Apostels Jakobus (16. Jh.). Die umliegenden Kloster- und Spitalbauten San Martín sind im Strudel der Zeiten untergegangen; der Zeitpunkt der erzählten Geschichte könnte um die Mitte des 15. Jahrhunderts gelegen haben.

Landschaft: Frómista liegt eingefasst in die Feldgebiete der *Tierra de Campos*, eines weiten Landstrichs, der vor allem für seinen Getreideanbau bekannt ist. Zu Ortsbeginn führt eine Brücke über den mehrstufig

Die Kirche San Martín im Herzen von Frómista, ein Juwel der Romanik

abfallenden Kastilien-Kanal, *Canal de Castilla*, der bereits im 18. Jahrhundert für den Antrieb von Getreidemühlen sorgte und noch heute der Bewässerung dient.

Öffnungszeiten: Die Kirche San Martín hat täglich vor- und nachmittags geöffnet.

Lage und Anfahrt: Frómista liegt rund 30 Kilometer nordöstlich der kastilisch-leonesischen Provinzhauptstadt Palencia und etwa auf halbem Weg zwischen den ebenfalls bedeutsamen Pilgerstationen Castrojeriz und Carrión de los Condes.

Besondere Tipps: Wegen ihres interessanten kleinen Sakralmuseums lohnt in Frómista die wenige Gehminuten von der Martinskirche entfernte *Iglesia de San Pedro* (15./16. Jh.) einen Besuch.

Feste: Das lokale Stadtfest hat einen beweglichen Termin und fällt im Regelfall in den April. Die Fiesta steht im Zeichen von San Telmo (um 1190–1246), eines aus Frómista stammenden Dominikaners, den es als Wanderprediger in die nordwestlichen Meeresgegenden der Iberischen Halbinsel verschlug und der noch heute von den Seefahrern als Schutzpatron verehrt wird.

Der rätselhafte Hahn von San Isidoro

Antonio Viñayo, langjähriger Seelenhirt der Colegiata de San Isidoro in León, sollte Recht behalten. Der Turmhahn sei genauso
alt wie die bald tausendjährige Stiftskirche selber, hatte er hartnä-
ckig behauptet und sich ein ums andere Mal ein nachsichtiges Lächeln seiner Gesprächspartner eingehandelt. Man brauche nur
die Hähne zu vergleichen, jenen des Turms mit dem in den romanischen Fresken des Pantheons der Könige verwendeten Motiv, zog Viñayo als Beweis für seine These heran, die Parallelen
seien verblüffend. Doch gleichen sich Hühnervögel nicht ohne-
hin wie ein Ei dem andern und wurden von verschiedenen
Künstlern entsprechend ähnlich abgebildet ...?

Obgleich in León nie jemand die Geschichte des Turmhahns
von San Isidoro ernsthaft aufgerollt hatte, vermutete man nichts
weiter als ein wertloses metallenes Federvieh. Man wusste einzig,
dass napoleonische Soldaten aus Spaß an der Freud mit Gewe-
ren auf ihn angelegt und zerstörerische Spuren hinterlassen hatten.

Unter dem rauen Klima Leóns und schädlichen Umwelteinflüs-
sen verfärbte sich der Hahn im Laufe der Zeiten dunkel und rief
im Zuge des neuen Jakobswegbooms Restauratoren auf den Plan.
Vor einigen wenigen Jahren segneten Behörden und Klerus ein
Projekt ab, das vorsah, den verschmutzten Hahn von seinem Aus-
guck zu holen und in Werkstätten reinigen und instand setzen zu
lassen. Es dauerte nicht lange, bis man die erste Überraschung erlebte. Als man die schwärzlichen Schichten mit organischen Lö-
semitteln entfernte, trat nach und nach ein strahlendes Leuchten
hervor. Metallographische Analysen in einem hoch spezialisierten
Laboratorium in Madrid ergaben, dass Hahn und Stützelemente
in äußerst aufwändigen Arbeitsvorgängen entstanden waren. Die
Grundstruktur bestand aus einer Kupfer- und Bleilegierung, versehen mit einem wertvollen Schmelzgoldüberzug – und das Gan-

ze stammte wahrscheinlich aus dem 10. oder 11. Jahrhundert. Eine echte Sensation!

Über alle Disziplinen hinweg begannen Forscher, den Turmhahn von San Isidoro zu inspizieren. Dabei stießen sie auf diverse Inschriften, darunter eine arabische und eine in Form des Wortes Berlana, mutmaßlich der Name des Künstlers.

*Prominentes Ausstellungsstück im Museum von San Isidoro:
der rätselhafte, goldene Turmhahn von León*

Bald überraschte der Hahn aufs Neue. Im Bauch des gold-überzogenen Tieres entdeckten Biologen Reste von Bienennestern, genauer gesagt von einer Gattung, die für den Nestbau sandsteinhaltige Materialien verwendete. Aus der Biologischen Fakultät der Universität León ließen die Professoren María Amor Fombella und José María Salgado verlauten, dass weder die untersuchten Erdelemente noch die als Larvennahrung aufgefundenen Pollen in León oder Umgebung vorgekommen sein könnten. Alles deute auf Spuren aus dem Mittelmeerraum hin, sogar eine Herkunft aus dem Orient sei denkbar.

All die Analysen und Schlüsse öffneten den Spekulationen um den rätselhaften Turmhahn von San Isidoro Tür und Tor.
 – Wer gab ihn wo in Auftrag?
 – Wurde er, wie manche vermuten, in Valencia gefertigt?
 – War Berlana wirklich der Name des Künstlers?
 – Wann und wie oft wechselte der Hahn seinen Standort?
 – Waren es die Mauren, die ihn aus christlicher Hand als
   Kriegstrophäe erbeuteten, ehe sie selber Federn ließen und
   das Tier im Zuge der Reconquista wieder an ihre Glaubens-
   feinde verloren?
 – Auf welch verschlungenen Wegen kam er schlussendlich
   nach León?

Fragen über Fragen, die den Hahn weite Kreise ziehen ließen und den Forschergeist mit Blickrichtung Zukunft weiter beflügeln werden. In einem sind sich alle einig: Der Turmhahn ist ein einzigartiger mittelalterlicher Kunstschatz am Jakobsweg! Längst hat man ihn als „historisches Symbol Leóns" in den Himmel gelobt, nach Abschluss der Arbeiten aber am Boden belassen. Im Kreuzgang der Stiftskirche hat er einen eigenen „Hahn-Raum" mit Luxusstall in Gestalt einer stark gesicherten Vitrine erhalten. Sein altangestammter Platz auf dem Glockenturm ist nicht verwaist. Heute hält eine Bronzereplik die Stellung in luftiger Höhe.

Symbolträchtiger Turmhahn

Der Turmhahn von San Isidoro zeigt sich als stattlicher Vogel mit markantem Kamm, während Beine und Krallen fehlen. Der von Schnabel bis Schwanzende rund neunzig Zentimeter hohe Körper besteht ebenso aus einer vergoldeten Kupfer- und Bleilegierung wie die unterliegenden Elemente, auf denen sich das Tier hält. Diese setzen sich – von unten nach oben – aus einem breiten Fuß, einem Kegelstumpf, einer großformatigen Kugel und einem leuchterähnlichen Verbindungsstück zusammen. Von Fuß bis Kopf misst das übermannsgroße Gebilde rund zwei Meter und bringt insgesamt achtzig Kilo auf die Waage.

Knapp vierzig Meter über den Dächern von León hat die eigens angefertigte Replik ihren Platz eingenommen. In den Augen von Antonio Viñayo, der seine Stiftskirche kennt wie kaum ein Zweiter, ist der Turmhahn von San Isidoro seit ehedem „Wächter der Stadt" gewesen, treuer Gefährte und Beschützer. Nach christlichem Verständnis des Mittelalters versinnbildlicht der Hahn den Sieg des Lichtes über die Dunkelheit, er gilt als Vorbote der Auferstehung und weist auf Jesus Christus hin.

Die Geschichte des alten Hahns ist jung, erst zu Beginn des neuen Jahrtausends wurden die Reinigungs- und Restaurierungsarbeiten abgeschlossen. Die Erstellung der Replik verlangte nach einem Zusatzetat. Zwischenzeitlich hat der Hahn einen ersten wissenschaftlichen Kongress bewirkt, auf der Homepage der Stiftskirche San Isidoro hat er samt Foto seinen eigenen Internetauftritt.

León

Geschichte und Gegenwart: In der alten Römerstadt León formt die Stiftskirche San Isidoro zusammen mit der Kathedrale und dem *Convento de San Marcos* das große Kulturdreieck. Die gotische Kathedrale beeindruckt vor allem durch ihre Glasfensterpracht, das einstige Kloster San Marcos (heute Hotel) durch seine monumentale pl at ereske Fassade.

Die stimmungsvolle Fußgängerzone bietet Cafés und Bars und einige bemerkenswerte Bauten: die Backsteinkirche *San Marcelo*, den prächtigen *Palacio de los Guzmanes* (16. Jh.) sowie die *Casa de Botines*, die unverkennbar die Handschrift des weltbekannten Jugendstilarchitekten Antonio Gaudí trägt. Ihr gegenüber sitzt Meister Gaudí auf einer Bank, eine moderne Skulptur aus Bronze. Ausgehfreudige tauchen im Bereich der Plaza de San Martín ab ins „Feuchte Viertel", *Barrio Húmedo*.

Öffnungszeiten: Das neben dem Eingang zur Stiftskirche zugängliche Museum San Isidoro (Pantheon der Könige, Schatzkammer, Bibliothek, Turmhahn) öffnet täglich vor- und nachmittags, sonntags jedoch nur vormittags.

Lage und Anfahrt: León ist knapp 150.000 Einwohner groß, Hauptstadt der gleichnamigen Provinz und am Río Bernesga gelegen. Der Jakobsweg stößt vom südöstlich gelegenen Mansilla de las Mulas hinzu und zieht sich südwestlich von León durch weitgehend ungeschütztes Flach- und Ödland nach Astorga.

Am „Portal des Lammes" von San Isidor segnet der berühmte spanische Kirchenlehrer die Pilger.

*Da erstaunt selbst der einfache Pilger vor all dem plateresken Prunk:
Das einstige Pilgerhospital San Marcos in Leon beherbergt heute ein Hotel.*

Der heilige Isidor von Sevilla

Isidor von Sevilla (um 560–636), spanisch San Isidoro, hatte zwischen dem Jahre 600 und seinem Tod das Amt des Erzbischofs von Sevilla inne. Als Kirchenlehrer strahlte sein Einfluss weit ins Mittelalter hinein, als beschlagener Vielschreiber bündelte er das Wissen jener Epoche in seinem enzyklopädischen Werk „Etymologíae". Im Jahre 1063 wurden seine sterblichen Reste von Sevilla nach León überführt und sind heute im Reliquienschrein der Stiftskirche San Isidoro zu sehen. Hoch über dem zentralen „Lammportal", Puerta del Cordero, ist der heilige Isidor als grausamer Maurentöter zu Pferde unterwegs – ein Beispiel dafür, wie ein um- und weitsichtiger Heiliger vollkommen abwegig und viele Jahrhunderte nach seinem Tod für die Reconquista als Antreiber vereinnahmt wurde. Schöner ist die in jeder Hinsicht erdnähere Darstellung des Isidoro als Bischof mit Hirtenstab in friedfertiger Pose am Portal. Die am Querhaus liegende Puerta del Perdón ist als eines von zwei „Vergebungsportalen" am Jakobsweg dokumentiert, das zweite findet man an der Santiago-Kirche in Villafranca del Bierzo.

Zum San-Isidoro-Komplex gehören die Schatzkammer mit der einstigen Reliquientruhe Isidors, der Kreuzgang, die Bibliothek sowie die Königsgruft mit ihren einzigartigen Gewölbe- und Wandmalereien aus dem 12. Jahrhundert. Ehrfürchtig betreten Besucher hier die so genannte „Sixtinische Kapelle der romanischen Kunst". Der Raum des jüngst berühmt gewordenen Turmhahns ist vom Kreuzgang her zugänglich.

Der Tränensee der verstoßenen Nixe

Im Landstrich des Bierzo erzählt man sich unverändert von einer Nixe, die zu Römerzeiten in den Feuchtgebieten bei Ponferrada lebte. Sie war von zauberhafter Gestalt, hatte grüne Augen und langes blondes Haar. Was jedoch nützte ihr die Schönheit? Sie lebte einsam vor sich hin und fand niemanden, dem sie gefallen konnte. Das Alleinsein bedrückte sie, ihre Sehnsucht nach einem Gefährten wuchs stetig an.

Eines Tages zog die Nixe ihre Kreise in einem Teich und bemerkte am Ufer eine Gestalt. Vorsichtig schwamm sie näher und erblickte einen römischen Feldherrn, ein Bild von einem Mann, in den sie sich vom Fleck weg verliebte. Kurzerhand nahm sie sich vor, ihre Reize bis zum Äußersten auszuspielen. Als der General einen Augenblick lang zur Seite schaute, stieg sie auf und setzte sich verführerisch in Positur auf den Spiegel des Wassers. Der Heerführer drehte sich um und war sogleich von ihrem Anblick angetan. In sanften Tönen stimmte die Nixe ein Lied an und kämmte ihr Haar.

Auf Kostproben ihrer Sangeskunst folgte ein kleiner Plausch. Sie verabredeten sich für den kommenden Tag. Der Feldherr, kein Kind von Traurigkeit und von Neugier auf den fremdartigen Körper getrieben, kam sofort zur Sache. Fortan trafen sie sich öfter in ihrem Liebesnest an den Gestaden des Tümpels.

Nach einiger Zeit fragte die Nixe den Feldherrn, wann er für ein gemeinsames Leben bereit sei. Ihr Gegenüber, dessen Interesse an den feurigen Stunden allmählich erloschen war, geriet in flammenden Zorn. Was solle er, ein General aus dem Römischen Reich und mit höchsten Ehren dekoriert, mit einer Nixe anfangen? Und das in unzivilisierten Gegenden wie dieser? Das Land nutze allenfalls, um in den nahen Minen möglichst große Mengen an Gold zu gewinnen. Aus den Tiefen der Wasser des Bierzo könne sie ihm, flehte die Nixe, so viel Gold ans Licht bringen, wie er wolle. Ha, entgegnete der General mit höhnischer Stimme, wozu verfüge er über riesige Kontingente an Sklaven. Ein paar kräftige Peitschenhiebe genügten, fuhr er fort, und sie würden die Arbeit besser und schneller verrichten als irgendjemand anders. Ohne weitere Worte wandte er sich ab und verließ sie für immer.

Zutiefst enttäuscht glitt die Nixe in den Tümpel, schwamm hinaus und begann zu weinen. Ihre bitteren Tränenströme wollten nicht enden, worauf der Pegel des kleinen Teiches stieg und stieg und stieg. Bald fluteten die Wasser Hecken und Hügel, Wiesen und Wälder und sogar ein ganzes Dorf. So entstand der See von Carucedo.

Noch heute, weiß der Volksmund, lebt die verstoßene Nixe in den Gründen des Lago de Carucedo. Nur einmal im Jahr, mitten in der Johannisnacht, taucht sie auf und richtet ihr langes blondes Haar. Wer zu jenen Stunden in die finstere Stille hineinlauscht, glaubt aus weiter Ferne Gesänge zu hören. Ganz leise dringen sie ans Ohr: Melodien, erfüllt von tiefstem Schmerz ...

*Blick in das Gebiet der Goldminen von Las Médulas,
das heute zum Weltkulturerbe der Menschheit zählt*

Las Médulas

Geschichte und Gegenwart: Die märchenhafte Geschichte um den Feldherrn und die Nixe trägt als wahren Hintergrund die Ausbeutung der Goldreserven im Bierzo zu Zeiten der Römer. Im Zuge der Goldgewinnung zerstörten sie ganze Gebirgszüge, wobei Sklaven im Erdinnern zuerst balkengestützte Netzwerke aus Schächten und Gängen anlegten. Später durchspülte man die dergestalt vorbereiteten Berge mit Hilfe von Wasserkanälen. Die Hügel sackten in sich zusammen und schickten ihren Inhalt abwärts in eigens angelegte Auffangbecken, wo man den edelmetallhaltigen Massen auf den Grund ging. Nebeneffekte der Methode: die Entstehung von Seen in tieferen Lagen. Als bedeutendstes römisches Goldminengebiet hat sich das bizarre Areal Las Médulas erhalten, heute Weltkulturerbe der Menschheit.

Ponferrada ist ebenfalls seit der Epoche der Römer dokumentiert und erlebte mit dem Jakobsweg seinen wahren Aufschwung. Im Zuge des mittelalterlichen Pilgerbooms ordnete Astorgas Bischof Osmundo den Bau einer eisenverstärkten Flussbrücke an. Zwischen 1178 und 1312 waren die Templer hier mit dem Schutz des Camino de Santiago beauftragt und haben hoch über den Ufern des Río Sil ein gigantisches Felsenschloss hinterlassen: das Castillo de los Templarios, heute Wahrzeichen von Ponferrada. In der städtischen *Basílica de la Encina* schauen die Gläubigen zu einem Marienbildnis auf, das die Templer bei den Rodungsarbeiten für die Burg im Stamm einer Steineiche (*encina*) entdeckt haben sollen.

Landschaft: Der fruchtbare Landstrich des *Bierzo* ist von Weingärten und Kirschbaumhainen durchsetzt und begleitet die Wallfahrer westlich von *Ponferrada* bis *Villafranca del Bierzo*.

Lage und Anfahrt: Die heutige 60.000-Einwohner-Stadt Ponferrada dient als wichtige Pilgerstation zwischen dem leonesischen Astorga und dem Übergang nach Galicien. Der See von Carucedo und das Gebiet Las Médulas liegen rund 25 Kilometer südwestlich von Ponferrada und somit etwas abseits des Jakobsweges.

Besondere Tipps: Der *Mirador de Orellán*, ein Aussichtspunkt hoch über dem alten Goldminengebiet Las Médulas, gibt einen der spektakulärsten Blicke in ganz Spanien frei. Wem die Anfahrt hinauf zu beschwerlich ist, der kann sich im gleichnamigen Örtchen Las Médulas auf eine Wanderschaft durch die bizarren Kulissen der zerstörten Berge begeben.

Goldene Spuren am Jakobsweg

Ausbeuten und ausgebeutet werden – seit Menschengedenken regiert im Reich der Zweibeiner das Recht das Stärkeren. In Spanien waren zunächst die Römer am Zug, ließen die Goldreserven in den eroberten Territorien rapide schmelzen und stürzten im 2./3. Jahrhundert n. Chr. in Gebieten wie Las Médulas unzählige Sklaven ins Verderben.

Als spätere Weltmacht versorgte sich Spanien mit Schätzen aus anderen Ländern, verpulverte sie in Kriegen und steckte sie nicht zuletzt in Prunkprojekte am Jakobsweg. Bestes Beispiel: das berühmte Retabel des Kartäuserklosters Miraflores in Burgos, ein Werk von Gil de Siloé und Diego de la Cruz, das mit dem ersten Gold aus der Neuen Welt überzogen worden sein soll.

Ohne ständigen Nachschub aus den Kolonien wäre all die spanische Kirchen-, Kloster- und Palastpracht kaum denkbar gewesen. Leidtragende waren die ausgebeuteten Indios in ganz Lateinamerika. Alleine in den Stollen des legendären Silberberges der bolivianischen Andenstadt Potosí trieben die Fremdherrscher über Jahrhunderte hinweg Millionen Zwangsarbeiter in den Tod. Die in Potosí gewonnenen Schätze hätten ausgereicht, so ein Sprichwort, um eine silberne Brücke bis nach Spanien zu bauen.

Die vollbusigen Nymphen der Benediktiner von Samos

Entblößte Oberweiten im Kreuzgang? Splitterfasernackte Damenbrüste aus Stein an einem hochheiligen Ort der Einkehr? Irgendwann zwischen den Jahren 1713 und 1717, während der Amtszeit des Abtes Pedro Vea, rundete man den kleineren der beiden Kreuzgänge des Klosters von Samos mit einem großen Wurf ab: der Fuente de las Nereidas, dem Brunnen der Nymphen.

Juan Vázquez, ein ortsansässiger Mönch mit gestalterischer Ader, fertigte die Entwürfe und überwachte persönlich den Fortgang der Arbeiten. Im Zentrum des Hofes entsprang alsbald ein Brunnenwerk, das Experten später in höchsten Tönen lobten und Parallelen zu italienischen Meisterstücken der Renaissance aufwarfen. Man rühmte die Eleganz des Ensembles mit seinen ausgewogenen Schalenbecken und dem kreuzgekrönten Aufsatz und berauschte sich an den erquicklichen Effekten der plätschernden Wasser. Besondere Hand hatte man an die Nymphen gelegt, die grazil und schlangengleich aus den Tiefen stiegen und sich auf schuppigen Unterkörpern hielten. Die Nereiden, halb Frau und halb Meeresgeschöpf, waren von formvollendeter Ornamentik – und zeigten über Hüfthöhe unverhüllt ihre Reize! Zu allen Seiten des Kreuzgangs hin trugen sie ihre üppigen Rundungen zur Schau, ganz so, als sollten sie ein wenig Pläsier ins zölibatäre Leben der Benediktiner bringen. Wie mochte man sich da besinnen, wenn es ein paar Meter weiter zwischen dem murmelnden Nass verlockend knisterte und die Blicke zwangsläufig über steinerne Evaskostüme mit detailgetreu gehärteten Knospen wanderten? Waren dem talentierten Mönch Juan Vázquez die Wesen einzig der Fantasie entsprungen? Oder mochte er Maße an Lebendobjekten genommen haben?

Die Fuente de las Nereidas erregte die Gemüter auf diese oder jene Art. Wer und wann genau Anstoß nahm und den Entschluss bekannt gab, die leidlich bekleideten Kreaturen aus dem Kreuzgang zu verbannen, verliert sich im Dunkel. Folgt man der Legende, war dieser Zeitpunkt eines Tages jedoch gekommen. Auf Dauer schien der Ruf des Klosters gefährdet. Die Einwände einiger Mönche blieben ungehört. Sie führten die beschützerischen Funktionen der Nereiden ins Feld, verwiesen auf die Vorbilder aus der griechischen Mythologie und stellten den rein künstlerischen Ausdruck heraus. Es half alles nichts, die Entscheidung war gefallen, der anrüchige Anstrich musste zeitnah beseitigt werden. Ohne Milde begab man sich an den Abbau des Brunnens und zerlegte ihn in all seine Einzelteile, um diese später problemlos abtransportieren zu können.

Die Arbeit schritt rasch voran. Mühelos ließen sich die Nereiden aus ihren steinernen Verankerungen lösen und lagen zusammen mit den kunstvollen Bassins und dem Aufsatz auf dem Boden verstreut und harrten ihrer letzten Reise.

Zuerst packten zwei Handwerker eine der Nereiden – doch diese ließ sich nicht bewegen. „Seltsam", flüsterten sie und winkten ihre Kollegen heran. Man sah sie zu viert, zu sechst, zu acht, zu zehnt. Sie hebelten und zogen und zerrten an den barbusigen Wesen herum. Nicht einen Millimeter rührten sich die Nymphen vom Fleck.

Alle Versuche blieben erfolglos, die Arbeiter rangen nach Atem. Ihre schweren Schnaufer hallten durch den Hof und lockten den Abt und die anderen Mönche an. Sie kamen gelaufen und vernahmen die befremdlichen Klagen. Man müsse die Sache halt selbst in die Hand nehmen, gebot der Abt und richtete vorbildhaft seinen Habit. Mit vereinten Kräften machten sich die Ordensbrüder an dieser und jener Nymphe zu schaffen. Es war vergebene Mühsal. Die felsenschwer gewordenen Nereiden blieben wie angewurzelt an ihrem Platz.

Verunsichert schickten die Benediktiner die angeheuerten Männer heim und zogen sich zu Gesprächen zurück. Tags darauf traten die Mönche vor die Arbeiter und verkündeten das Ergebnis ihrer Beratung. Man habe die deutlichen Zeichen verstanden und

Noch heute stehen sie dort, nackt, wie Meister Vázquez sie erschaffen hat: die vollbusigen Nymphen im Klosterkreuzgang von Samos.

aus diesem Grund den Entschluss gefasst, ließ der Abt verlauten, die Fuente de las Nereidas an derselben Stelle wieder aufzubauen. Verdutzt schauten sich die Umstehenden an. Es gelte, fuhr der Abt fort, größte Vorsicht walten zu lassen und den Nereiden kein steinernes Härchen zu krümmen.

So begab man sich daran, die Fuente de las Nereidas ein zweites Mal zu errichten. Als ein Dutzend starker Männer unter eigens eingespielten Kommandos die erste Nymphe zu wuchten

versuchte, fuhren sie erschrocken zurück. Das Bildnis war feder-
leicht und brauchte kaum zwei Träger. Hier, so ahnten die Handwerker, könne es nicht mit rechten Dingen zugehen. Sie verrich-
teten den Auftrag in Windeseile, strichen ihren Lohn ein und
wurden nie mehr gesehen.

Noch heute stehen sie dort, wie Meister Vázquez und Gott sie
erschaffen haben. Der galicische Regen und die neugierigen Blicke der Betrachter tropfen an ihnen ab, sie fortzubewegen hat
sich seither niemand mehr getraut: die vollbusigen Nymphen der
Mönche von Samos.

Samos

Geschichte und Gegenwart: Obgleich keine gesicherten Doku-
mente vorliegen, scheint das Kloster von Samos bereits im 6. Jahrhundert gegründet worden zu sein. Als Schutzpatrone und Namensgeber
fungieren Julián und Basilisa, zwei mutmaßlich aus Antiochia stammen-
de Märtyrer, deren Reliquien man im Jahre 1614 von Rom nach Samos
überführte.

Nach einer langen und wechselvollen Geschichte geht die jetzige Bau-
struktur des Klosters im Kern auf das 16. bis 18. Jahrhundert zurück. Im
Kreuzgang der Nereiden, dem *Claustro de las Nereidas*, plätschert unverändert der beschriebene Nymphenbrunnen, an dem sich heute fünfzehn verbliebene Benediktiner erfreuen.

Öffnungszeiten: Das Kloster von Samos hat täglich vor- und nachmittags geöffnet, lediglich sonntags kommt es wegen des Mittagsgottes-
dienstes zu eingeschränkten Zugangszeiten.

Lage und Anfahrt: Samos liegt zwischen *O Cebreiro* und *Sarria* unmittelbar am Camino de Santiago und verfügt über eine angeschlossene Pilgerherberge. Die Durchgangsstraße führt unmittelbar um den Klosterkomplex herum.

Das Geheimnis der verhexten Quelle

In ganz Galicien erzählt man sich von rastlos wandernden Seelen, fürchtet sich vor üblen Hexen und glaubt ernsthaft an bösen Zauber (*meigallo*). Die unheimlichen Mächte sind allgegenwärtig und wollen besänftigt oder vertrieben werden: mit Blumengebinden, Feuern oder kultischen Tänzen. In einer Traditionsregion von Fischern und Bauern schwingt überdies die stete Angst vor Naturgewalten mit. Nach alter Väter Sitte bringt man auf den Getreidespeichern, den hórreos, steinerne Kreuz- und Fruchtbarkeitssymbole an und erhofft sich umfassenden Schutz.

Glaube und Aberglaube gehen im einstmals keltisch geprägten Galicien stärker als andernorts in Spanien Hand in Hand. Kein Wunder, dass sich im Volksmund Geschichten um orakelhafte Steine und verwunschene Stätten verbreitet haben und nicht zuletzt auch den Pilgern zu Ohren kamen. Der Jakobswegort Arzúa bildet da keine Ausnahme:

In Arzúa, so hört man sagen, gab es in ferner Vergangenheit eine verhexte Quelle. Wer, so wie ein adeliger Grundherr der Gegend, ihr Geheimnis kannte und mit Magie vertraut war, der vermochte es, eine Jungfrau vom Erdboden verschlucken zu lassen und dem Schutz einer riesigen Schlange zu unterstellen: Um seine bildschöne Tochter nicht von einem der örtlichen Bürschlein entehrt zu sehen, führte der Grundherr das arglose Mädchen eines Nachts an die Quelle. Mit einem Zauberspruch lockte er das gigantische Reptil aus den Wassern und ließ das Mädchen in den dunklen Tiefen verschwinden. Niemand hätte sie je wieder zu Gesicht bekommen, wäre nicht einer der Knechte des Herrn gewesen, der den beiden gefolgt war. Voller Gänsehaut und zitternd vor Furcht, hielt er sich hinter dichtem Strauchwerk versteckt. Laut und deutlich vernahm er den Spruch, schärfte ihn sich ein und kehrte in der nächsten Nacht zurück. Seit langem hatte er einen Blick auf die anmutige Adelstochter geworfen, sein Verlangen überstieg die Angst. Er wusste genau, was zu tun war. Aus voller Kehle rief er vor der Quelle die Zauberformel, worauf es gluckste und die Schlange aus der Unterwelt aufstieg. Rasch küsste er ihr feuchtes Haupt. Das Tier verschwand, die Jungfrau kam zum Vorschein, die Geschichte nahm ihr märchenhaftes Ende.

Arzúa

Geschichte und Gegenwart: Im Arzúa von heute besteht weniger Gefahr vor Schlangen und verhexten Quellen als vielmehr vor dem Durchgangsverkehr. Das Städtchen ist von nicht allzu großem Belang, wichtigstes Bauwerk die *Iglesia de Santiago*.
Landschaft: Typisch galicisch zeigt sich der umliegende Landstrich mit seinen seichten Hügeln und Flusstälern. Saftgrüne Wiesen und Weiden wechseln sich mit Apfelbäumen, Maisfeldern und herrlich duftenden Eukalyptushainen ab. In manchen Vorgärten sind sogar Palmen zu sehen, die Käseproduktion genießt einen regional bedeutsamen Ruf.
Lage und Anfahrt: Arzúa liegt rund 40 Kilometer östlich von Santiago direkt am Jakobsweg und an der Nationalstraße N-547.
Besondere Tipps: Galicier nehmen ihre Aberglaubensbekenntnisse todernst, was Vermarktung nicht ausschließt: In den Souvenirshops von Santiago de Compostela stehen „gute Hexen" als hakennäsige Glücksbringer en miniature im Angebot.

Typisch galicisch: die allgegenwärtigen Kornspeicher, hórreos

Der arme Köhler und Franz von Assisi

Als Franz von Assisi auf seiner Pilgerschaft kurz vor den Toren Santiagos stand, fand er Unterschlupf bei einem armen Köhler. Der Mann lebte von der Hand in den Mund und litt häufig Hunger. Sein kärgliches Leben und seine Bleibe entsprachen dem Armutsideal des Ordensstifters, dessen Ziel es war, eine Stätte der Franziskaner in der heiligen Stadt des Apostels Jakobus zu gründen, um Bedürftigen Beistand zu leisten. Er ging nach Santiago hinein und sah sich nach einer geeigneten Stelle für den Bau um. Nicht allzu weit von der Kathedrale entfernt, fand er ein Freigelände, das zu den Besitztümern eines nahen Klosters gehörte. Franz von Assisi suchte den Abt auf und bat um Bereitstellung des Terrains. Dieser willigte ein und erbat als einzige Auflage, seiner Gemeinschaft jedes Jahr einen Korb voller Fische zu liefern.

Zufrieden kehrte Franz von Assisi zur Hütte des Kohlenbrenners zurück und sagte:

„Nachdem ich nun den Platz für das kommende Ordenshaus gefunden habe und bald in die Heimat aufbrechen muss, bestimme ich dich dazu, den Bau zu bezahlen und den Fortgang der Arbeiten bis zum letzten Handgriff zu überwachen."

„Herr", entgegnete der arme Köhler, „ich verspreche alles zu vollbringen, was Ihr mir auftragt. Aber sagt, wie soll ich die Kosten bestreiten? Ich habe kaum genug zu essen."

„Siehst du die alte Wasserstelle dort?", fragte Franz und wies hinüber zu einem ausgetrockneten Brunnen. „Beginne gleich dort zu graben. Mit Hilfe des allmächtigen Herrn wirst du bald alles finden, was du benötigst."

Der arme Köhler zweifelte nicht im Geringsten an den Worten des Heiligen. Er tat, wie ihm geheißen, und machte sich an die Arbeit. Beseelt von blindem Gottvertrauen, hob er im Schweiße seines Angesichts das harte Erdreich aus und stieß auf eine versteckte Truhe. Er zog sie ans Licht, stemmte die Verschlüsse auf

121

und stand wie angewurzelt vor dem geöffneten Deckel. Die Kiste war bis oben hin mit Gold und Edelsteinen gefüllt.

Der Köhler löste sein Versprechen ein. Unter seinen Augen entstand der *Convento de San Francisco*. Nach einem langen Leben ohne weitere Not setzte man den Köhler in der Franziskanerkirche bei.

Santiago

Geschichte und Gegenwart: Die Geschichte um die Gründung des Convento de San Francisco dürfte im Reich der Legende anzusiedeln sein. Gleichwohl ist das Ordenshaus seit dem 13. Jahrhundert dokumentiert und im Laufe der Zeit ein ums andere Mal verändert worden; die Kirche und die beiden Kreuzgänge datieren im Wesentlichen aus dem 17./18. Jahrhundert. Heute teilt sich eine zwanzigköpfige Franziskanergemeinschaft den Komplex mit Gästen aus aller Welt – Teile der in der Altstadt Santiagos gelegenen Anlage werden als Hotel genutzt.

Endlich am Sehnsuchtsziel – die Türme der Kathedrale von Santiago

Lage und Anfahrt: Pilger betreten das historische Viertel der 100.000-Einwohner-Stadt Santiago an der *Puerta del Camino*, wo sich im Mittelalter ein Zugangstor in den Mauerring befand; für Motorisierte ist am Rand der weit ausgreifenden Fußgängerzone Endstation.

Spuren des Franz von Assisi am Jakobsweg

Der heilige Franz von Assisi (um 1182–1226), auf Spanisch als San Francisco de Asís bekannt, dürfte um die Jahre 1213/14 tatsächlich von Italien nach Santiago de Compostela gepilgert sein. Vermutlich erkrankten in Navarra gleich mehrere seiner Anhänger, was einen längeren Zwangsaufenthalt nach sich zog. Nahe der heutigen Kleinstadt Sangüesa richtete Franz ihnen eine Bleibe her, damit sie wieder zu Kräften kämen. Aus dem Provisorium erwuchs das erste Ordenshaus der Franziskaner auf spanischem Boden. An jener Stelle hat sich einzig die Ermita de San Francisco erhalten, bekannt auch unter dem Namen Oratorio de San Bartolomé, ein Nachfolgebau aus dem 17. Jahrhundert. Noch heute erzählt man sich in der Gegend von Wundern des Heiligen, in dessen Gegenwart eine Quelle entsprang und ein verdorrter Maulbeerbaum augenblicklich die herrlichsten Blüten trieb. Im nahen Convento de San Francisco de Asís in Sangüesa leben gegenwärtig sieben Kapuziner, eine von zahlreichen Franziskanergemeinschaften in Spanien.

Am Camino de Santiago ist Franz von Assisi vielerorts fassbar zugegen. Auf der Plaza de San Francisco in Pamplona erhebt er sich auf einem modernen Denkmal an der Seite eines Wolfs, im Museum der Kathedrale von Santo Domingo de la Calzada ist er als 1590 geschaffene Skulptur des Meisters López de Gamiz ausgestellt. Zu den bekanntesten San-Francisco-Kirchen am Wege zählt jene im leonesischen Städtchen Villafranca del Bierzo, von der die Einheimischen gerne behaupten, der Heilige persönlich habe sie begründet.

Der geborgte Esel

Es war einmal ein frommes Christenpaar, das sich aus dem west-französischen Landstrich Poitou unter großer Beschwer auf Wall-fahrt nach Compostela begab. Daheim grassierte eine verheeren-de Epidemie, die viele Menschen dahingerafft hatte. Ihre letzte Hoffnung lag nun auf dem Apostel Jakobus, den sie um Hilfe an-rufen und bitten wollten, er möge der Seuche Einhalt gebieten und ihre Nächsten gesunden lassen.

Das gläubige Paar war mit seinen beiden Kindern und ihrem treuen Esel unterwegs. In stoischer Ruhe trottete das Tier voran, trug die Bündel und nahm gelegentlich einen der Jungen oder die Frau auf den Rücken. Diese litt zusehends unter den Strapazen, die aus der Heimat mitgeschleppte Krankheit hatte ihr bereits zu-gesetzt. Nach dem beschwerlichen Weg über die Pyrenäen spürte sie, dass ihr Tod nicht fern war. Sie wollte ihrem Mann und den Kindern jedoch nicht zur Last fallen und ließ sich nichts anmer-ken. Nach all den entbehrungsreichen Wochen des Pilgerns war es ihr letzter Wille, wenigstens an einem geruhsamen Fleckchen zu sterben. Am Abend traf die kleine Familie in Pamplona ein. Die Frau gab starke Müdigkeit vor und sagte, sie wolle sich heu-te einmal in einem Gasthof ausruhen. Der Mann wunderte sich über das Ansinnen seiner sonst so genügsamen Frau, denn die dürftigen Ersparnisse waren fast aufgebraucht.

„Mein Weib sieht wirklich ein wenig mitgenommen aus", dachte der Mann, „ein wenig Wärme und ein weiches Lager wer-den ihr gut tun. Hauptsache, sie kommt wieder richtig zu Kräften."

Als ihnen der mürrische Gastwirt den Übernachtungspreis nannte, verschlug es ihm den Atem. Es blieb ihnen danach kaum etwas mehr übrig an Geld! Dennoch brachte er es nicht übers Herz, seiner Frau den Wunsch abzuschlagen. Auf dem weiteren Weg nach Santiago müssten sie sich eben von milden Gaben er-nähren, tröstete er sich.

Während die Frau das Quartier bezog, ging der Mann mit den beiden Knaben nach draußen. Sie versorgten den Esel und brachten ihn in einem nahen Stall unter. Als sie zurückkehrten, fanden sie ihre geliebte Frau und Mutter unter einer wollenen Decke. Sie war tot.

Der Wirt nutzte die Not des Witwers aus und bot ihm an, mit seinen Söhnen so lange im Gasthaus wohnen zu können, bis die Frau bestattet sei. Im Gegenzug luchste er ihnen die letzten Münzen ab und verlangte zur Begleichung der restlichen Schulden den Esel.

Betrübt und besitzlos zog der Mann mit seinen Sprösslingen nach wenigen Tagen weiter. Hand in Hand stapften sie in die Ferne. Bald trafen sie mit einem anderen Pilger zusammen, der auf einem Esel unterwegs war. Der Reiter fragte sie nach dem Ziel und sprach dann zu ihnen:

„Ich sehe, dass Euch der Marsch ermattet. Nehmt meinen Esel, ich borge ihn Euch bis Santiago. Es ist ein braves und starkes Tier, das ohne Probleme beide Kinder auf einmal wird tragen können. In Santiago, wo ich zuhause bin, könnt Ihr ihn mir zurückgeben."

Dankbar nahm der Mann das Angebot an und fragte, wie er ihn am Zielort ausfindig machen könne.

„Sorgt Euch nicht", sprach der Fremde, „ich werde mich dort zu erkennen geben." Dann verschwand er.

Wohlbehalten erreichte der Mann mit seinen Söhnen das Grab des Apostels in Santiago. In der Kathedrale betete er für die Seele seiner verstorbenen Frau und für die Seuchenbefallenen in der Heimat. Er erschrak, als eine fremde Gestalt an ihn herantrat.

„Erinnert Ihr Euch, mein Bruder? Ich bin der Apostel des Herrn, der Euch hinter Pamplona seinen Esel geliehen hat. Ich sehe, dass Ihr gesund in meiner Stadt eingetroffen seid und das Tier gut gepflegt habt. Für Euren langen Weg zurück in die Heimat borge ich Euch gerne meinen Esel aufs Neue."

Ergeben fiel der Mann vor dem Heiligen auf die Knie. Noch vielen weiteren Pilgern stand der heilige Jakobus auf ihrem Weg nach Santiago bei. Auch der betrügerische Gastwirt erhielt schließlich seine gerechte Strafe.

Santiago

Geschichte und Gegenwart: Santiago de Compostela steht ganz im Zeichen des Wunders, auf dem der gesamte Jakobuskult fußt: das vom Einsiedler Pelayo im 9. Jahrhundert aufgefundene Grab des Apostels. Heute ruhen des Heiligen sterbliche Reste in einem silbernen Reliquienschrein (19. Jh.) in der Kathedrale, dem Herzstück der von der UNESCO zum Weltkulturerbe ernannten Altstadt. Mitunter bilden sich sowohl vor dem Zugang zur Krypta als auch vor dem Treppenaufstieg zur Apostelfigur im Altarraum lange Schlangen. Besondere Anstürme herrschen während der Heiligen Jahre, aktuell 2004 und demnächst 2010, wenn von der Seite der *Praza da Inmaculada* her die Heilige Pforte (*Puerta Santa*) zugänglich ist, welche die Gläubigen direkt in den Chorumgang leitet.

Die granitene Hauptfassade der Kathedrale wendet sich zur *Praza do Obradoiro* hin und schützt den romanischen *Pórtico de la Gloria* des Meisters Mateo, eine einzigartige Bildhauerarbeit mit geradezu lebendigen Personen. Es scheine, hat Galiciens berühmte Dichterin Rosalía de Castro (1837–1885) einmal geschrieben, dass „die Lippen sich bewegen, dass sie sprechen, verbleibend / die einen mit den anderen, und in der Höhe / des Himmels die Musik wird beginnen, / denn die ruhmreichen Konzertspieler / stimmen die Töne der Instrumente".

Landschaft: Santiago de Compostela liegt in die grüne, niederschlagsreiche Hügelwelt des westlichen Galicien eingefasst und in knapp 35 Kilometer Luftlinie vom Atlantik entfernt.

Öffnungszeiten: Die Kathedrale und das angeschlossene Museum (Domschatz, Kreuzgang) sind in der Regel täglich zugänglich.

Besondere Tipps: In der Kathedrale schwingt man mitunter den legendären Weihrauchkessel, den botafumeiro. Ein eingespieltes Seilzieherteam lässt ihn im Querschiff mit einem Tempo von bis zu 70 km/h über die Köpfe der Besucher hinwegzischen und übertüncht sämtliche Gerüche und Ausdünstungen mit süßlicher Schwere.

Feste: Santiagos großes Stadtfest legt sich in der zweiten Julihälfte rund um den Jakobustag (25. Juli) und geht mit Feuerwerk und Folklore einher.

Die figurenreichen Fassadenteile der Kathedrale von Santiago geben einen Vorgeschmack auf Meister Mateos berühmten Portico de la Gloria im Innern.